Vier Kriegsherren gegen Hitler

Vier Kriegsherren gegen Hitler

Herausgegeben von
Wolfgang Schoen und Holger Hillesheim

nicolai

Dieses Buch erscheint zu der vierteiligen ARD-Fernsehreihe
»Vier Kriegsherren gegen Hitler«, produziert von »schoenfilm«, Frankfurt/M.,
für den SWR.

© 2001 Nicolaische Verlagsbuchhandlung GmbH, Berlin
Lektorat: Antonia Meiners
Umschlaggestaltung: Jonas Maron
Buchgestaltung: ⓢ sans serif, Berlin
Lithographie: Mega-Satz-Service, Berlin
Druck und Bindung: Clausen & Bosse, Leck
Printed in Germany

ISBN 3-87584-051-8

Inhalt

Wolfgang Schoen / Holger Hillesheim
Vorwort 7

Torsten J. Halsey
George S. Patton jr. Verdammt zum Krieg 11

Susanne Stenner
Bernard L. Montgomery Verloren im Triumph 63

Heike Rossel
Charles de Gaulle Verpflichtet zum Kampf 111

Ingeborg Jacobs
Georgij K. Schukow Verurteilt zum Sieg 155

Literaturverzeichnis 208
Mitarbeiter des Buches 211
Mitarbeiter der Fernsehreihe 212
Personenregister 213
Bildnachweis 216

Wolfgang Schoen / Holger Hillesheim
Vorwort

Wir sind es gewohnt, den Zweiten Weltkrieg aus deutschem Blickwinkel zu betrachten. Dieses Buch nimmt eine andere, ungewöhnliche Perspektive ein. Es entfaltet, vor dem Hintergrund welthistorischer Ereignisse, die Biographien von vier Männern: George S. Patton, Bernhard Law Montgomery, Charles de Gaulle und Georgij Konstantinowitsch Schukow. Es handelt sich dabei nicht um die Geschichte des Zweiten Weltkriegs, geschildert werden vielmehr die Geschichten vierer Männer, die den Verlauf dieses Krieges entscheidend mitgeprägt haben. Motivation und Mentalität dieser Kriegsherren waren so unterschiedlich wie ihre Charaktere. Wirklich gemeinsam hatten sie eigentlich nur eines – den Willen zum Sieg der Alliierten über Hitler und Nazi-Deutschland.

General George S. Patton jr. war zu seiner Zeit der amerikanische Kriegsheld schlechthin. Keiner eignet sich so gut zur Heldenverehrung wie dieser »Cowboy« mit seinen elfenbeinbeschlagenen, versilberten Colts. Er sucht die Kameras und die Kameras suchen ihn. Er inszeniert sich selbst mit Leidenschaft und mit einem eigens kreiertem »War-face«, dieser Mann aus der kalifornischen Oberklasse, der zeitlebens ein Kindheitstrauma mit sich herumträgt. Eine unbescheidene, ehrgeizige und selbstgerechte Ausnahmeerscheinung, zur Heldenverehrung wie geschaffen. Aber er ist auch politisch ungeschickt – was fatale Folgen hat. Trotz aller Fehler, die er in der öffentlichen Selbstdarstellung beging, zum Mythos hat es allemal gereicht.

Das kann man auch von Bernhard Law Montgomery behaupten. Die von vielen so geschätzte Kunst des britischen Understatements war bei »Monty« nicht übermäßig ausgeprägt: Es habe, so der Brite, nur drei große Feldherren gegeben – Alexander den Großen, Napoleon und ihn selbst. Zum Oberbefehlshaber der britischen Wüstenarmee in Ägypten wird er jedoch nur, weil die Deutschen seinen Vorgänger in einem Flugzeug abgeschossen hatten. Doch Monty siegt über die deut-

Soldaten der Roten Armee überschreiten die Oder

*Juni 1945:
Der britische Feldmarschall Montgomery und der sowjetische Marschall Schukow am Brandenburger Tor im besiegten Berlin*

sche Militärlegende Rommel und wird damit zum Hoffnungsträger und zur britischen Nummer Eins in diesem Krieg. Er ist zutiefst davon überzeugt, der Beste zu sein. Oberbefehlshaber der alliierten Streitkräfte allerdings wird er nicht. Die Briten spielen hinter den Amerikanern zunehmend die zweite Geige. Und das ist für einen Querulanten wie Montgomery, der sich nur schwer mit Autoritäten abfindet, doppelt bitter. In der Öffentlichkeit agiert der immer etwas kühl und steif wirkende Brite durchaus so, wie man es von ihm erwartet. Hinter der Fassade aber steckt eine zerrissene Persönlichkeit, die zeitlebens an ihren Widersprüchen leidet.

Diesen Eindruck hat der robuste Georgij Konstantinowitsch Schukow nie hinterlassen. Der Sohn eines armen Bauern avanciert zu Stalins Lieblingsgeneral. Eine durchaus lebensgefährliche Position. Doch der bis heute meistverehrte sowjetische Heerführer des »Großen Vaterländischen Krieges« und Sieger von Berlin reitet gar bei der großen Siegesparade auf einem Schimmel über den Roten Platz. Seinen Bewunderern gilt er als strategisch-organisatorisches Genie, seinen Gegnern als menschenverachtender Schlächter. An die Front fliegt er mit einem amerikanischen Flugzeug, nicht selten begleitet von seiner Geliebten. Er siegt in einem Krieg, der zur Vernichtung seines Volkes gedacht war. Und nach dem Sieg residiert er in Berlin wie ein indischer Vizekönig. Doch nur kurz. Neid und Eifersucht Stalins lassen Schukow bald in der Versenkung verschwinden.

Noch ein Mythos: Ein scheinbar unbedeutender Oberst führt die französische Nation aus ihrer schlimmsten Demütigung zurück in die Reihe der Weltmächte. Schon als kleiner Junge hatte Charles de Gaulle davon geträumt, General zu werden und Frankreich vor den Deutschen zu retten. Genau das wird er tun. Privat ein charmanter Gastgeber, ein liebevoller Vater, der sich rührend um die behinderte Tochter kümmert, politisch ein schier grenzenloser Sturkopf. Wenn es um französische Interessen geht, kennt er meist nur eine Haltung: Unnachgiebigkeit. Ein unbequemer, nicht selten ungeliebter alliierter Partner. Ein Mann auch, der das vielleicht spektakulärste politische Comeback des 20. Jahrhunderts feierte. Heute halten ihn die Franzosen auf jeden Fall für bedeutender als den Sonnenkönig Ludwig XIV.

So unterschiedlich die vier Protagonisten sich zeigten, so unterschiedlich präsentieren sich auch die Aufsätze. Das ist durchaus so gewollt – jeder der Autoren hat sich mit seinem eigenen Stil auf seinen Helden eingestellt. Entstanden ist so schließlich auch ein Buch über den Zweiten Weltkrieg, aber erzählt aus einer völlig neuen, höchst persönlichen Sicht.

Torsten J. Halsey

George S. Patton jr. Verdammt zum Krieg

Für den gut aussehenden älteren Herrn in der Generalsuniform der US-Streitkräfte war die Zeit des Helden- und Draufgängertums endgültig vorbei. Alles, was ihm in den letzten vier Jahren Halt und Sinn in seinem Leben gegeben hatte, war ihm abhanden gekommen. Seine Welt, die seit seiner frühesten Kindheit von den Geistern der Vergangenheit bestimmt worden war, für die er lebte und auch sterben wollte, hatte mit dem alliierten Sieg über Hitlers Deutschland ihren Kulminationspunkt erreicht und überschritten. Die Stimmung an diesem nasskalten Sonntag des 9. Dezember 1945 stand im Einklang mit der Gemütslage des hohen Militärs, der sich in einem dunkelgrünen Cadillac auf dem Weg durch das besetzte Nachkriegsdeutschland befand. Es war der letzte Ausflug von General George Smith Patton junior, Amerikas gefürchtetsten und erfolgreichsten Heerführer des Zweiten Weltkriegs, in dem Land, gegen das er schon zwei Mal innerhalb eines Jahrhunderts in den Krieg gezogen war. Am nächsten Morgen sollte Patton ein Flugzeug nach London besteigen – der erste Schritt vor seiner endgültigen Rückkehr in die USA. In den Wäldern um das Bad Homburger Römerkastell Saalburg wollte er noch ein letztes Mal auf deutschem Boden seiner zivilen Lieblingsbeschäftigung nachgehen: der Jagd.

Der sechzigjährige Patton machte sich nichts vor. Als einziges Mitglied der US-Kriegsgeneralität war er ohne berufliche Perspektive. »Frieden«, hatte er im Mai 1945 prognostiziert, »wird die Hölle für mich sein.« In den acht Monaten nach dem Kriegsende in Europa und der wachsenden Feindschaft zwischen Ost und West sollte sich dies auch bewahrheiten.

Viele höhere Offiziere der amerikanischen Streitkräfte hatten nach dem Ende des Krieges die Möglichkeit erhalten, sich andernorts zu betätigen. Mac Arthur, Omar Bradley, Dwight Eisenhower – alle hatten entweder Führungspositionen am Kriegsschauplatz im Pazifik ergattert, genossen das Rampenlicht und die Lorbeeren ihrer Kriegsbe-

George Smith Patton jr. (1885–1945)

rühmtheit oder schielten schon auf das lukrative Geschäft der Politik. Pattons Antrag auf eine Versetzung in den Pazifik war von Mac Arthur schon Monate zuvor abgelehnt worden, und Eisenhower empfand die vormals enge Freundschaft zu Patton jetzt als unangebracht und peinlich. Nach Pattons öffentlichen Entgleisungen blieb Eisenhower nur die Möglichkeit, seinen alten Freund aus seiner Position des Militärgouverneurs von Bayern zu entlassen. Der US-Militärgouverneur in Österreich, General Mark Clark, wollte auf keinen Fall den »son of a bitch« in seiner Nähe wissen. Und Omar Bradley, Pattons stärkster Widersacher während des gesamten Krieges, wurde noch Jahre nach Kriegsende nicht müde, Pattons militärische Erfolge in Afrika und Europa zu diskreditieren. Patton schrieb frustriert an seine Frau Beatrice: »Gott beschütze uns vor unseren Freunden. Mit dem Feind können wir es aufnehmen.«

Doch George Patton sollte Deutschland nicht mehr lebend verlassen. Der desillusionierte General war dazu verdammt, einen qualvollen Tod im Bett zu sterben. »Dies ist eine ironische Kehrtwendung des Schicksals«, hauchte er einer Krankenschwester zu, »was für eine verfluchte Art, sein Licht auszublasen.« Das war es in der Tat. Auf dem Weg von seinem Jagdausflug in das amerikanische Hauptquartier in Heidelberg hatte Pattons Limousine einen Lkw der US-Armee gestreift. Der General erlitt dabei einen Halswirbelbruch, eine Fraktur der dritten Genickscheibe mit einer partiellen Durchtrennung der Wirbelsäule. Nun lag der fast leblose Patton im amerikanischen Militärhospital in Heidelberg, umsorgt von amerikanischen und britischen Neurologen, welche langsam zu dem Entschluss kamen, dass seine Lage aussichtslos war. Zehn Tage später starb Patton im Schlaf an den Folgen des Unfalls, ohne jemals das Gefühl über seine untere Körperhälfte zurückerlangt zu haben. Als ein Mann der Tat hatte er immer gehofft, auf dem Schlachtfeld getötet zu werden: »Das richtige Ende für einen professionellen Soldaten ist der schnelle Tod durch die letzte Kugel in seiner letzten Schlacht.« Stattdessen war er das einzige schwer verletzte Opfer in einem unspektakulären Verkehrsunfall, den alle anderen Beteiligten ohne eine Schramme überstanden. In Anbetracht des merkwürdigen Unfallhergangs machten konspirative Theorien innerhalb der amerikanischen Öffentlichkeit schnell die Runde: War General Patton vielleicht wirklich das Opfer einer Intrige auf höchster Ebene?

Pattons Wunsch nach dem soldatischen Heldentod wäre fast schon im Ersten Weltkrieg in Erfüllung gegangen, nachdem eine deutsche Gewehrkugel ihn lebensgefährlich verletzt hatte. Als Befehlshaber der

Im Ersten Weltkrieg, während Pattons Einsatz in Frankreich, 1918

3. US-Armee während des Zweiten Weltkriegs war er knapp einem Absturz entkommen, nachdem sein Flugzeug von einem alliierten Jagdflieger fälschlicherweise angegriffen worden war. Er war fast von einem Panzer überrollt worden, hatte oft direkten Artilleriebeschuss überstanden. All dies war geschehen, nur um acht Monate nach dem Ende der mörderischsten Auseinandersetzung der Menschheitsgeschichte in einem leichten Verkehrsunfall tödlich verletzt zu werden. Feinde, aber auch Freunde fanden, dass es für ihn höchste Zeit sei, die öffentliche Bildfläche zu verlassen. Sogar seine Nichte Jean Gordon kam zu dem Schluss: »Ich glaube dies ist besser für Onkel Georgie. Auf dieser Welt ist kein Platz mehr für ihn da.«

Die Frage, unter welchen Umständen Patton am liebsten seinen Tod gefunden hätte, ist berechtigt. Als ein ausgesprochener Freund der Werke Richard Wagners war er vom Morbiden und Endgültigen fasziniert, das Schicksal sollte über Leben und Tod entscheiden. Man müsste es nur oft genug herausfordern.

Rückblende: 22. März 1945, Oppenheim am Rhein, 23 Uhr. Es war einer der wichtigsten Momente im Leben des Generals. Zunächst

Amerikanische Soldaten auf dem europäischen Schlachtfeld, März 1945

konnte selbst er die Tragweite seiner Aktion kaum fassen. »Meine Armee ist das 8. Weltwunder«, vertraute er aufgeregt seinem Tagebuch an, »die Ausmaße unseres Erfolges hauen mich um.« Im gleichen Atemzug gab er aber auch zu: »Und ich musste stehlen und betteln um sie hierher zu bekommen. Ich hoffe die Lage bleibt ruhig, und wir kommen hier schnell weiter. Ich habe vor meinem eigenen Glück Angst.« Nach tagelangen Kämpfen entlang des Flusses und ohne Rücksprache mit dem alliierten Oberkommando SHAEF (Supreme Headquarters Allied Expeditionary Forces) hatte Patton den Befehl zum symbolträchtigsten Akt der Westalliierten gegeben, der Überquerung des Rheins. Völlig unspektakulär setzten in dieser Nacht rund ein Dutzend Landungsboote über den deutschen Schicksalsstrom. Ohne nennenswerte Gegenwehr und ohne alliierte Luftunterstützung glitten die Boote mit den GIs auf die andere Rheinseite. Das Oberkommando der Wehrmacht war gänzlich überrumpelt. Seit Tagen hatten die Deutschen mit aller Macht versucht, amerikanische Divisionen bei Remagen zurückzuwerfen, teilweise mit Erfolg.

Die deutsche Luftwaffe hatte auch die Vorbereitungen der anglo-amerikanischen Streitkräfte unter dem britischen Field Marshal Montgomery am Niederrhein beobachten können. Die Konzentrierung der Truppen im Raum Wesel war kaum zu übersehen gewesen. Aber Pattons Nacht- und Nebelkabinettstück traf die Landser völlig überraschend, hatten sich doch die Soldaten der Wehrmacht an das vorankündigende Zermürbungsbombardement gewöhnt, mit dem alle bisherigen alliierten Offensiven eingeleitet worden waren.

Für Patton aber war dieser militärische Triumph der US-Armee gegen Nazi-Deutschland um eine Facette reicher. Noch am gleichen Abend hörte man ihn im Kreis seines Stabes jubeln: »Wir haben 36 Stunden vor den Tommys den Rhein überquert. Was für eine fabelhafte Möglichkeit, Monty eins auszuwischen!« Als um 24 Uhr die ersten motorisierten Einheiten das feindliche Rheinufer erreichten, konnte sich Patton nicht länger zurückhalten. Über Funk flehte er seinen Vorgesetzten Omar Bradley an, seinen Erfolg an die Medien weiterzuleiten: »Zur Hölle Omar, lass es die Welt so schnell wie möglich wissen, dass wir als Erste den Rhein überquert haben und nicht dieser Versager Montgomery!«

Tatsächlich schlug die Nachricht über Pattons Coup beim alliierten Oberkommando wie eine Bombe ein. Seit Wochen war alles bestens geplant gewesen, jede Eventualität durchdacht. Montgomerys 21. Armeegruppe saß wie auf einem Präsentierteller auf der linksrheinischen Seite in den Startlöchern, die alliierte Nachrichtenmaschinerie war in Gang gesetzt. Die Überquerung des Rheins sollte das medienwirksame Menetekel für das nationalsozialistische Deutschland werden und gleichzeitig die Welt von der anglo-amerikanischen Waffenbrüderschaft überzeugen. Seit dem britischen Luftlandefiasko im niederländischen Arn-

Konkurrenten um den Sieg: der Amerikaner Patton (l.) und der Brite Montgomery; in der Mitte US-General Omar N. Bradley

Frühstück am Rhein am 24. März 1945: Winston Churchill, Alan Brooke, Bernard L. Montgomery (v. l.)

heim waren Montgomery und die britische Generalität sehr darauf bedacht, das ramponierte Image der britischen Armee endlich wieder gerade rücken zu können. Von dem Rhein-Unternehmen »Plunder«, der größten militärischen Operation der Alliierten seit der Landung in der Normandie im Juni 1944, erhoffte man sich den dringend benötigten Erfolg.

Die Nachricht erreichte die oberste alliierte Heeresführung am eigentlichen »Plunder«-Stichtag, dem 23. März 1945, ganze 24 Stunden nach Pattons sorgfältig platziertem Überraschungscoup. Der Oberbefehlshaber der Alliierten Truppen in Europa, General Eisenhower, Feldmarschall Montgomery und der britische Premier Churchill erfuhren während ihres gemeinsamen Frühstücks, dass der »große Tag« bereits ohne sie stattgefunden hat. Eisenhower blieb nichts anderes übrig, als die zwei Engländer mit der Wahrheit zu konfrontieren: »Es war mal wieder Patton«, gab er kleinlaut zu, worauf der Feldmarschall frustriert entgegnete: »Wer sonst?«

George Patton hatte seinen eigenen Oberbefehlshaber vorgeführt und den britischen Premierminister, inklusive dessen Field Marshal, lächerlich gemacht. Eine direkte Provokation, die nur eine Handschrift tragen konnte – Pattons. Und das nicht zum ersten Mal.

Während Patton bei Tagesanbruch des 24. März bei einem Verlust von nur 28 GIs die meisten Truppen der 5. Infanteriedivision über den Strom bei Oppenheim geführt hatte, blieb den britischen und amerikanischen Einheiten unter dem Befehl Montgomerys keine andere

links: Amerikanische GIs vor der Überfahrt über den Rhein, März 1945

rechts: Am 24. März 1945 überquert Patton mit der 5. Infanteriedivision den Rhein. Auf der Oppenheimer Pontonbrücke uriniert er in den deutschen Grenzfluss – eine symbolische Geste, über die in der Presse viel berichtet wurde

Wahl, als bei Wesel mit Brachialgewalt gegen die bestens vorbereitete deutsche Gegenwehr vorzugehen. Ähnlich wie im Ersten Weltkrieg waren die Alliierten gezwungen, sich meterweise über einen Landstrich vorzukämpfen, der lückenlos vom Feind kontrolliert wurde. Trotz der erbitterten Rückzugsgefechte der Wehrmacht wurde das Ziel des Unternehmens, die Überquerung des Rheins, auch hier erreicht. Nur zu welchem Preis? Die alte Reichsstadt Wesel war praktisch dem Erdboden gleichgemacht worden, Deutsche und Alliierte hatten Tausende Verluste zu beklagen. Im Gegensatz dazu herrschte bei Pattons GIs 308 Kilometer stromaufwärts ausgelassene Stimmung. So leicht hatte man den Feind seit langer Zeit nicht mehr bezwungen. An diesem Morgen ließ sich Patton mit einem Jeep auf die Mitte der inzwischen errichteten Oppenheimer Pontonbrücke fahren und befahl dem Fahrer anzuhalten: »Zeit für eine kurze Pause. Auf diesen Moment habe ich schon lange gewartet.« Die Sonne sei durchgekommen, versicherten später mehrere Zeitzeugen, als er seine Hose öffnete, um dann in aller Seelenruhe in den Rhein zu pissen. Diese Geste galt nicht nur den Deutschen und ihrem Schicksalsstrom. Sie war auch seinem Konkurrenten Montgomery gewidmet. Er, Patton, hatte es wieder einmal allen bewiesen, hatte der Weltöffentlichkeit demonstriert, wer der eigentliche Held und Platzhirsch in diesem Krieg war. Aber damit nicht genug. Pattons Presseoffizier, Colonel Richard Stillmann, erinnert sich noch sehr gut an die Anschlussszene. Am gegenüberliegenden Ufer angekommen, stolperte der General und fiel absichtlich auf die Knie. Voller Pathos nahm er eine Handvoll Erde auf und erinnerte die verdutzten Soldaten an den Kniefall Wilhelm des Eroberers im Jahre 1066: »Ich halte Deutschlands Erde in den Händen! Es gibt kein Zurück mehr.«

Wer war dieser George S. Patton jr., der einem US-Marschall gleich gegen Hitler und dessen Wehrmacht zum finalen Showdown antrat? Was hatte dieser Mann bloß an sich, der durch seine Widersprüchlichkeiten und öffentlichen Auftritte Kritiker und Journalisten gleichermaßen verwirrte und verärgerte? Kein anderer Offizier der Vereinigten Staaten von Amerika erfuhr bis zum heutigen Tag eine solche Verehrung wie General Patton. Fragt man heute US-Amerikaner der Nachkriegsgeneration nach der Person des Generals, wird man meist mit folgenden Bildern konfrontiert: eine überdimensionierte leere Bühne, im Hintergrund die Stars and Stripes einer riesigen US-Flagge. Plötzlich bewegt sich eine hoch gewachsene uniformierte Figur steifen Schritts zum Zentrum der Bühne, eine Ansammlung von glitzernden Medaillen und Auszeichnungen prangen auf seiner linken Brust. Zwei mit Elfenbein besetzte 45er Revolver glitzern an seiner Hüfte, sein blank polierter Helm mit vier Sternen zeichnen ihn zum »vollen« General der Infanterie aus. Zuerst schaut er mit todernster Miene in die Runde, scheint jeden Anwesenden einzeln zu mustern. Dann beginnt er mit einer sehr tiefen Stimme schneidend zu sprechen: »Das Ziel eines Krieges ist es nicht, für euer Vaterland zu sterben, sondern den anderen dummen armen Bastard für seins sterben zu lassen.«

Nach dem Abschluss dieser Szene wird es vielen erst im Nachhinein bewusst, dass es sich hier nicht um Patton, sondern um den Schauspieler George C. Scott handelt, der im Jahr 1970 für seine Rolle im Film »Patton« den Oscar verliehen bekam.

Obwohl dieses Patton-Bild ein fester Bestandteil moderner amerikanischer Folklore ist, wissen wir eigentlich sehr wenig über die Person Patton. War er in Wirklichkeit hart, humorlos und blutdurstig, so wie es in diesem Film dargestellt wird? Oder war er ein hoffnungsloser Romantiker, eine tragische Figur, die in einem früheren Jahrhundert besser aufgehoben gewesen wäre?

Patton war der erste US-Militär, der den Hunger der amerikanischen Öffentlichkeit nach Macht und Größe, nach Einzigartigkeit und Führungsanspruch befriedigte. Kein anderer hatte es so verstanden, jene amerikanische Werte zu zelebrieren und auszuleben, die den Amerikanern bis heute ein fester Bestandteil der eigenen Sinngebung sind: Wildwest-Ideologie, Pioniergeist-Mentalität, »the land of the free and the brave«. Es verwundert also nicht, dass auch im jungen 21. Jahrhun-

Patton mit seinem Vater am Grab seiner Vorfahren, Winchester (Virginia) 1920

dert dieser General für viele Menschen in den USA einen anbetungswürdigen Mythos darstellt.

Patton verehrte seine Urgroßväter. Er sah sich als das wieder geborene Sinnbild seiner heldenhaft auf den Schlachtfeldern des amerikanischen Bürgerkriegs gefallenen Vorfahren. Aber gerade durch das Aufbauen einer machohaften Fassade blieb seine einfühlsame romantische Seite zu seinen Lebzeiten vor der Öffentlichkeit verborgen. Der private Patton war ein emotionaler und bescheidener Mensch, der sein Seelenheil im Glauben suchte. Seine Religiosität gehörte zu einem seiner wohl bewahrtesten Geheimnisse während seiner gesamten Karriere. Er betete oft, unbeobachtet im Stillen. Obwohl Pattons fromme Gesinnung im Widerspruch zu seinem öffentlichen Image stand, glaubte er stets daran, dass Gott ihn ausgewählt hätte um einen großen Krieg für »God's own country«, für die USA, zu führen. Er verbrachte sein ganzes Leben damit, die Chance nicht zu verpassen, aktiv an einem Krieg teilzunehmen und diesen zugunsten der USA zu entscheiden. Lieutenant Colonel Coy Eklund, Versorgungsoffizier im Stab Pattons, sah es folgendermaßen: »So lange Gott ihn mit dieser Aufgabe betraute, sollte er leben. Und wenn Gott feststellte, dass Patton seine Aufgabe erfüllt hatte, würde er ihn sterben lassen. Für Patton war dies der gerechte und erwünschte Weg.«

Patton war mit Sicherheit ein Militärgenie, wenn auch ein sehr eigenwilliges. Kein anderer Soldat in der Geschichte der US-Armee hatte

Patton mit seiner Frau Beatrice (l.) und seiner Schwester Anne, »Nita«, nach dem Besuch eines Gottesdienstes im Sommer 1945 in Kalifornien

so hart und fixiert auf das Ziel hingearbeitet, einen Posten in der obersten Heeresführung zu bekommen. Pattons Erfolge auf dem Schlachtfeld waren nicht etwa das zufällige Ergebnis glücklicher Umstände, sondern jahrelanger harter Vorbereitung und Studien. In Hinblick darauf könnte man ihn auch als einen Intellektuellen bezeichnen, sein Studium des Krieges, der Geschichte und der Menschenführung waren außergewöhnlich, ebenso seine Erinnerungsgabe und akademischen Fähigkeiten. Patton kannte nicht nur die Bibel und die antiken Heldensagen im altgriechischen Original, er konnte sie auch stundenlang auswendig rezitieren. Das Bild Pattons in der Öffentlichkeit war ein ganz anderes, wurde getrübt von der eigens von ihm entworfenen und zur Schau gestellten Fassade. Das Publikum wusste nur das über Patton, was er ihnen an spärlichen Informationen aus seinem Privatleben zu Verfügung stellte, und nahm das einseitig verzerrte Bild ohne großen Zweifel an: Das Image eines draufgängerischen, brüsken, profanen, ungeduldigen Soldaten, der mit elfenbeinbesetzten Revolvern in der Gegend herumfuhr, seine Soldaten schlug und den Krieg mehr liebte als den Frieden. Patton war von der Unausweichlichkeit des Todes auf dem Schlachtfeld überzeugt. Trotzdem setzte er alles daran, seine Männer vor diesem Schicksal zu bewahren und Verluste niedrig zu halten. Seine Vorliebe für den Krieg gründete auf seiner festen Überzeugung, dass Kriege für die Menschheit unausweichlich seien. Er verabscheute Leid und Zerstörung, die der Krieg mit sich brachte. Was Patton im Vergleich zu anderen Generälen auszeichnete, war seine Bereitschaft Risiken einzugehen und Entscheidungen auf Leben und Tod zu treffen, besonders in Momenten, in denen die Lage ausweglos erschien.

Am 1. September 1939 peitschten die ersten Schüsse des Zweiten Weltkriegs durch das Grenzgebiet zwischen Deutschland und Polen. Sie würden das Leben von Millionen von Menschen grundlegend verändern, auch das von George Patton. Endlich, nach zwanzig langen Jahren des Wartens, schien ihm das Schicksal erneut eine Chance zu bieten, sich auf dem Schlachtfeld der Ehre zu beweisen.

Während der ersten Monate nach Ausbruch des Zweiten Weltkriegs blieben die USA von den Entwicklungen in Übersee jedoch weitestgehend unbehelligt. Auch nach dem deutschen Sieg im »Blitzkrieg« gegen Polen und den darauf folgenden Kriegserklärungen Großbritanniens und Frankreichs an das Deutsche Reich im September 1939 hielten die USA an ihrer offiziellen Neutralität fest. Obwohl es immer offensichtlicher wurde, dass Europa unaufhaltsam in den Strudel eines Krieges gezogen wurde, entschied sich Washington noch gegen die Teilnahme an einem bewaffneten Konflikt. Lange und vehement verteidigte Präsident Roosevelt vor dem US-Senat die Neutralitätsgesetze. Zu keinem Zeitpunkt sollten amerikanische Soldaten für einen Krieg mobilisiert werden, weder in Europa noch anderswo auf der Welt. Der Schock des Ersten Weltkriegs saß immer noch tief in der amerikanischen Bevölkerung. Zu viele von Amerikas Söhnen hatten auf den Feldern Europas ihr Leben gelassen. Folglich hatten die USA während der zwanziger Jahre ihre militärische Rüstung vernachlässigt und den Wehretat am Anfang der dreißiger Jahre nochmals drastisch gekürzt. Als die deutsche Wehrmacht im Sommer 1940 auch im Westen zuschlug, stand es unter militärischen Gesichtspunkten um die kommende Weltmacht USA katastrophal. Beim besten Willen konnten die amerikanischen Streitkräfte nicht mehr als ein Drittel der Divisionen stellen als das gerade von den Deutschen besiegte Belgien. Insgesamt 150 Kampfflugzeuge und 50 schwere Bomber waren alles, was die US-Luftwaffe für einem Kriegsfall aufbieten konnten. Deshalb ließen die Entwicklungen in Europa und Japan keinen anderen Schluss zu, als die eigene Rüstung entsprechend zu forcieren und Großbritannien in seiner isolierten Lage mit Kriegsgerät zu unterstützen.

Für viele Offiziere der US-Friedensarmee bedeutete die Zeit zwischen den Kriegen Frustration. Auch George Patton fühlte sich mit den Aufgaben in Friedenszeiten keineswegs ausgelastet und verbrachte diese Periode, wie er selbst schrieb, »(…) mit den Gott verflucht unnützlichsten Dingen, die ich jemals in meinem Leben getan habe«. Alles, was er sich in unmittelbarer Zukunft wünschte, war »ein schöner saftiger Krieg«. Andere wären wohl mit dem Lebensstil des energischen Militärs glücklich gewesen: Poolpartys, Pferderennen, Polospiele während des gesamten Jahres. Pattons Gemütslage aber zeichnete sich durch eine ausgeprägte innere Unruhe und Depressivität aus. Er erachtete die Periode der relativen internationalen Stabilität als eine Phase der beruflichen Stagnation, gegen die man mit allen Mitteln ankämpfen musste. Das Ende des Ersten Weltkriegs im Jahr 1918 wurde von dem Kriegshelden Patton als ein bitterer Abstieg auf der Karriereleiter angesehen. Während seines Kriegseinsatzes in Frankreich hatte er die Möglichkeit erhalten, das erste US-Panzerkorps aufzubauen und es in die Schlacht zu führen. Nun wurde der dreiunddreißigjährige Patton nach seiner Rückkehr im Rahmen des amerikanischen Demobilisierungsprogramms vom Colonel zum Major degradiert. An sich eine Standardprozedur, die aber der ehrgeizige Soldat als ein Verbauen seiner zukünftigen Karrieremöglichkeiten verstand. Ihn plagten Zukunftsängste: War er inzwischen zu alt für ein Kriegsabenteuer? Viele seiner Vorbilder – Alexander der Große, Cäsar und Napoleon – hatten schon in jungen Jahren Ruhm und Ehre auf dem Schlachtfeld erlangt. Patton wollte sich mit den Umständen seines »passiven« Lebens so lange nicht zufrieden geben, bis er eine zweite Chance erhielt, aktiv an einer großen militärischen Auseinandersetzung teilzunehmen.

Seelenheil und Trost fand Patton hauptsächlich in der Literatur, einer Passion, der er seit seiner Jugend treu geblieben war. In seiner ständigen Furcht vor einer frühzeitigen Entlassung aus dem Militärdienst investierte er darüber hinaus viel Zeit und Energie in das Studium der Krieg- und Menschenführung, um somit immer auf dem neuesten Stand der militärischen Entwicklung zu sein. Dies war Teil seiner durch-

Georges Polo-Team in Hawaii, 1927

dachten Vorbereitungen für den Moment, den er als »the next war« definierte.

Hauptsächlich diente Patton während der Zwischenkriegsjahre als Stabsoffizier, »einer Position«, wie er schrieb, »für die mich Gott nie bestimmt hat.« Patton war von der Vererbbarkeit von Führungsqualitäten überzeugt. Große Heerführer, so Patton, entstehen nur bei bestimmten Voraussetzungen: Zum einen durch die glückliche Kreuzung besonderer Gene, zum anderen durch besondere Umstände, die einem potenziellen General die Möglichkeit geben, seine Fähigkeiten unter Beweis zu stellen. »Erst in seinem Benimm und Opfermut bewahrheitet sich die wahre gesellschaftliche Klasse eines Mannes«, schrieb Patton. Gleichzeitig galt es, die niederen sozialen Schichten unter gezieltem militärischen Drill der Obrigkeit bedingungslos hörig zu machen.

Er trainierte die ihm untergebenen Soldaten unablässig in eiserner Disziplin. Aber für welches Ziel und zu welchem Zweck? Auch die unteren Dienstgrade waren durch die langweilige Routine und Aussichtslosigkeit des Dienstes im Frieden desillusioniert. Pattons Verhalten ließ immer stärker seine Unzufriedenheit mit den ihm anvertrauten Aufgaben erkennen. Er wurde zunehmend uneinsichtiger, seine wachsende Respektlosigkeit nahm bald nicht mehr vertretbare Ausmaße an. Pattons erster Oberbefehlshaber auf der Insel Hawaii schätzte ihn im Jahre 1934 folgendermaßen ein: »In Kriegszeiten ist Major Patton sicherlich der richtige Mann am richtigen Ort (…). In Zeiten des Friedens ist er ein Störenfried und Unsicherheitsfaktor.«

Patton hatte nun das fünfzigste Lebensjahr erreicht. Seine berufliche und private Frustration schien unerträglich. Er schrieb seiner Frau Beatrice im Frühjahr 1936: »Jeder Mann ist in dieser verfluchten Armee ersetzbar, besonders ich!« Ohne Umwege steuerte Patton in eine Midlife-Crisis. Er suchte und fand Anschluss in der betuchten Gesellschaft der Reichen und Schönen, hatte einige Affären und sprach dem Alkohol immer öfter zu. Es wurde für Patton in zunehmender Weise nicht mehr möglich, sein Temperament zu zügeln. Der Haussegen der vormals glücklichen Familie Patton hatte eine beängstigende Schräglage bekommen. Und die persönliche Situation Pattons sollte sich noch weiter verschlechtern. In der Zeit, als die internationalen Spannungen eskalierten und militärische Auseinandersetzungen unausweichlich schienen – die japanische Invasion Chinas, deutsche Wiederaufrüstung und Expansion unter Adolf Hitler, der deutsch-japanische Anti-Komintern-Pakt 1936, der italienische Feldzug in Eritrea und der Ausbruch des

Patton mit seiner Frau Beatrice (l.), seinen Töchtern Beatrice und Ruth Ellen (r.) sowie Sohn George, 1929 bei Fort Myer in Virginia

Major Patton auf dem Weg in das Urlaubsparadies Hawaii, 1926

Spanischen Bürgerkrieges –, war er durch einen schweren Reitunfall beinahe gezwungen, seine geliebte Soldatenlaufbahn endgültig aufzugeben. Patton blieb drei Monate lang an sein Krankenbett gefesselt und wäre durch eine nachträgliche Luftblasenbildung im Blutkreislauf fast gestorben. Würde er jemals wieder gesund genug sein, um seinen Dienst tun zu können? Durch den Unfall hatte er geraume Zeit verloren, es schien als sei George Patton am Ende seiner Karriere angelangt.

Im Sommer des Jahres 1941 befand sich ein Großteil West- und Mitteleuropas unter der Herrschaft des Deutschen Reiches. Im Juni hatte Hitler den Befehl zum Überfall auf die Sowjetunion, der »Operation Barbarossa« gegeben. Mit einem Heer von über 3,5 Millionen

Soldaten war es der Wehrmacht gelungen, die Rote Armee bis vor die Tore Moskaus zurückzudrängen. Währenddessen kontrollierten deutsche U-Boote die Schifffahrtswege nach Großbritannien. Es schien nur eine Frage der Zeit zu sein, bis die Reichskriegsmarine die »Atlantikschlacht« zu ihren Gunsten entscheiden würde. Obwohl die USA offiziell ihre Unabhängigkeit beteuerte, ließ Präsident Roosevelt auf Bitten des britischen Premierministers Winston Churchill um Unterstützung das »Lend-Lease«-Programm anlaufen: Im September 1940 ordnete Roosevelt die Lieferung von 50 Zerstörern nach Großbritannien an. Zeitgleich begann auch Amerikas inoffizieller Krieg gegen deutsche U-Boote. In einer Rede kündigte der Präsident an, dass die US-Marine jedes amerikanische Schiff beschützen würde, das sich auf dem Weg über den Atlantik nach Großbritannien befände. Dem bewaffneten Konflikt mit Deutschland schienen die USA nicht mehr ausweichen zu können. Die amerikanische Rüstungsindustrie produzierte für Großbritannien auf Hochtouren.

Im Zuge der Umstellung der US-Industrie auf eine uneingeschränkte Kriegsproduktion sah der amerikanische Oberbefehlshaber George C. Marshall die Möglichkeit, die US-Streitkräfte in Organisation und Bewaffnung zu modernisieren, d. h., die desolate US-Friedensarmee in eine Streitmacht umzuwandeln, die mobil und anpassungsfähig genug war, um es mit der deutschen Wehrmacht in dem sich abzeichnenden Kriegsfall erfolgreich aufzunehmen. Die deutschen Siege über Polen und Frankreich hatten den amerikanischen Militärexperten glücklicherweise im Voraus gezeigt, auf welche Strategie und Taktik man sich einzustellen hatte. Marshall gelang die Schaffung beweglicherer Infanteriedivisionen und der Aufbau von Panzerdivisionen. Verfügte die US-Armee im Dezember 1940 lediglich über 620 000 Mann unter Waffen, so waren es im Juni 1941 schon fast 1,5 Millionen. Die Zeit schien nun gekommen, um die Fähigkeiten der neu aufgestellten Truppe auf die Probe zu stellen. Als Reaktion auf den deutschen Einmarsch in die UdSSR und als Warnung für die Achsenmächte begannen im Juli 1941 die bisher größten Manöver in der Geschichte der USA.

Hauptaugenmerk in den Sommermanövern von Tennessee, Louisiana und South Carolina genossen die neu aufgestellten Panzerdivisionen. Die deutschen Blitzkriegsiege hatten jedes Argument gegen die Entwicklung einer gepanzerten und beweglichen Streitmacht für immer aus dem Weg geräumt. In nur wenigen Wochen war im Mai 1940 die französische Armee von den schnell vorstoßenden Panzern der

Wehrmacht besiegt worden. Völlig überrumpelt hatte auch das britische Expeditionsheer den Rückzug über den Kanal antreten müssen. Die eigentlichen Erfinder des Blitzkrieges waren Heinz Guderian und der bis dahin unbekannte Erwin Rommel, zwei der fähigsten deutschen Generäle des zwanzigsten Jahrhunderts. Schon seit Mitte der dreißiger Jahre hatte sich Patton als einer der wenigen amerikanischen Militärs intensiv mit deren innovativen Theorien auseinander gesetzt. Die militärischen Abhandlungen der Deutschen ließen für ihn nur den Schluss zu, dass die moderne Panzerwaffe in Zukunft die Schlachtfelder Europas dominieren würde. Eine Mutmaßung, welche sich 1939 auf furchtbare Weise auf Kosten der polnische Kavallerie bewahrheitet hatte. Patton beschrieb die von der deutschen Blitzkriegtaktik vorgesehenen umfassenden Flankenmanöver profan, aber einleuchtend: »Ihr müsst den Gegner an der Nase packen und ihm dann in den Arsch treten.« Obwohl George Patton in den Jahren 1939 und 1940 noch immer ein Außenseiter des militärischen Establishments in Washington war, hatte er durch die Berichterstattung über den europäischen Kriegsschauplatz genug erfahren, um sich ein realistisches Bild der künftigen militärischen Anforderungen machen zu können. Im Juni 1940 schrieb er dem Oberbefehlshaber der US-Panzerstreitkräfte, General Adna Chaffee, und bat um seine baldige Versetzung zu einer der neu gegründeten Einheiten. Patton witterte endlich wieder eine Chance, seinem Schicksal eine günstige Wendung zu geben. Chaffee beantwortete Pattons Anfrage umgehend mit dem Versprechen, ihn bei der Verteilung der Offiziersstellen für die Kommandopositionen in den Panzerbrigaden zu berücksichtigen, und schrieb: »Ich bin davon überzeugt, dass Sie der richtige und erfahrenste Mann für eine solche Position sind. Ich wäre sehr froh, Sie im Kriegsfall an meiner Seite zu haben.«

Im August 1941 übernahm Colonel Patton das Kommando der 2. Panzerbrigade der 2. US-Panzerdivision in Fort Benning, Georgia. Nach zwanzig Jahren kehrte er nun zu der Waffengattung zurück, die ihm zu seinen frühen Erfolgen im Ersten Weltkrieg verholfen hatte. Er nahm wieder teil an militärischen Entscheidungsprozessen, seine Zukunftsperspektiven waren plötzlich wieder viel versprechend. Obwohl er bald seinen 55. Geburtstag feiern würde, schien seine Uhr trotzdem noch nicht abgelaufen zu sein. Vielleicht könnte sich doch noch die Möglichkeit ergeben, einen gewissen Grad an Berühmtheit zu erlangen. In einer US-Armee, die in ihrer Expansion aus allen Nähten platzte, hatte er endlich die richtige Nische gefunden: die Entwicklung der Panzerwaffe mitzugestalten und sie auf einen kommenden Krieg

In Fort Benning (Georgia) mit John S. Wood (l.) und wahrscheinlich Courtney H. Hodges, 1942

vorzubereiten. In den nächsten zwei Jahren würde Patton in Fort Benning das Fundament für seinen späteren Ruhm legen.

Die Wehrpflichtigen, die seit dem Jahr 1940 zur US-Armee gezogen wurden, bereiteten Patton viel Kopfzerbrechen. Das Land befand sich im Frieden, und die Mehrzahl der Rekruten verspürte keine große Lust auf den militärischen Lebensstil. Von ihrer Erziehung und ihrem Herzen her waren diese jungen Amerikaner Zivilisten und zeigten somit wenig Verständnis für militärische Autoritätsstrukturen. Würden sie, wenn nötig, überhaupt gegen die Deutschen kämpfen, mit Waffen und Befehlen richtig umgehen? Patton bewies sehr bald, dass durch seine Trainings- und Führungsmethoden die ihm anvertrauten Rekruten militärische Kompetenz in einem solchen Umfang erlernen und ausführen konnten, die sogar über das geforderte Maß hinausging. Von Anfang an machte Patton seine Präsenz innerhalb der Division offensichtlich. Seine Uniform saß immer tadellos, seine selbst auferlegte Disziplin und sein Eifer blieben unerreicht. Mit großem Aufwand kultivierte er in der Öffentlichkeit sein raubeiniges Krieger-Image – marschierend, brutal und vor Kraft strotzend. Wie auf einer Parade stellte er

seine Person und Energie zur Schau. Mit diesen inszenierten Posen wollte Patton den Soldaten ein Beispiel geben und sie zur Nachahmung anregen. Die Rekruten sollten erkennen, dass sie nur als harte und zähe Soldaten eine Überlebenschance auf dem Schlachtfeld hätten. Um der Realisierung seiner Maßnahmen Nachdruck zu verleihen, führte Patton ein Regime der strikten Disziplin und des anstrengenden körperlichen Trainings bei der Truppe ein. Dies galt auch für Offiziere, denn Patton war der Meinung, dass man von seinen Untergebenen nur das fordern konnte, wozu man als Offizier selbst bereit war. Patton setzte rigorose Standards und achtete persönlich auf ihre korrekte Ausführung. Mit Auto, Panzer oder Flugzeug als Fortbewegungsmittel erschien Patton bei seinen Soldaten immer zu den ungünstigsten Momenten. »Er hatte die unheimliche Fähigkeit genau zu den Zeitpunkten aufzukreuzen, wenn garantiert alles schief lief«, erinnert sich der damalige Leutnant Lester Nichols. »Er schien Panzer alleine durch seine Flüche stoppen zu können.« Unaufmerksamkeit, Fehler und Ungehorsam wurden hart bestraft. Pattons emotionalen Ausbrüche waren bei der Truppe bekannt, seiner Verärgerung über Versäumnisse und Vergehen ließ er meist sofort freien Lauf. Aber auch wenn er seine Untergebenen auf übelste Art anfluchte, machte Patton sich im Nachhinein immer Vorwürfe für sein impulsives Gehabe und bat oft bei den Soldaten und Offizieren um Entschuldigung. Die Durchsetzung von perfekter Disziplin basierte nach der Logik Pattons auf einer einfachen Prämisse: »Wenn man Soldaten nicht zum Salutieren bewegen kann oder sie sich weigern, die Kleider anzuziehen, die man ihnen befohlen hat anzuziehen, wie zur Hölle soll man denn dann diesen Haufen Hurensöhne davon überzeugen, für ihr Land zu sterben?« Er hielt seine Soldaten mit vollem körperlichen und geistigen Einsatz auf Trab, und nach kurzer Zeit konnte man bei den Männern die positiven Auswirkungen des Trainings beobachten. Er hämmerte seinen Offizieren die furchtbaren Lektionen des Polenfeldzuges von 1939 ein, überzeugte sie von der Wichtigkeit des Angriffs und den Gefahren des Wartens: »Sie müssen in der Schlacht angreifen und sich nicht von Hindernissen aufhalten lassen. Auch im Fall des Zweifels gilt: Angreifen!«, schärfte Patton den Offizieren der 2. Division ein, zu deren Befehlshaber er inzwischen befördert worden war. »Der Idealzustand ist erst dann erreicht, wenn es nicht mehr nötig ist, Soldaten Befehle zu geben, da diese schon genau durch ihr Training wissen, was als Nächstes zu tun ist. Sind wir an diesem Punkt einmal angelangt, dann hoffe ich, dass Gott mit unseren Gegnern Gnade walten lässt; sie werden sie gut gebrauchen können.«

Die in Fort Benning gemachten Erfahrungen und Fortschritte der Soldaten und Offiziere hatten Pattons Befürchtungen in Bezug auf das Engagement und Können der GIs zerstreuen können: In den neuen Panzerdivisionen der US-Armee steckte tatsächlich das Zeug, um eine amerikanische Version des deutschen Blitzkriegs durchführen zu können. In Anlehnung an sein Vorbild Erwin Rommel gab der General voller Stolz seinen Soldaten einen neuen Spitznamen: »blitz troopers«.

Dass Patton mit seiner Einschätzung richtig lag, sollte sich im Sommer 1941 in den ersten Manövern der USA bewahrheiten. Inzwischen hatte auch die Presse ein reges Interesse an dem ungeduldigen Generalmajor. In der August-Ausgabe des »Time«-Magazin schmückte sein Gesicht das Titelbild. Mit einem Exklusivbericht über die Manöver im Südosten der USA beschrieb die Zeitschrift unter der Titelgeschichte »Tankers« (Panzerfahrer) die unorthodoxen Erfolge Pattons. Mit der für ihn gewohnten Kombination aus Enthusiasmus, Peitschenhieben und persönlichem Beispiel hatte Patton seine Männer durch die drei Staaten an den Gegner »Rot« herangeführt. Patton scherte sich wenig um die aufgestellten Regeln des Oberkommandos, ein Verhalten, das prompt zu Aufschreien der Entrüstung führte. Gewinnen war alles, was für Patton zählte. Mit welchen Mitteln er zu seinem Ziel gelangte, war ihm letztendlich egal. Hauptsache der Gegner wurde besiegt. Erstaunlicherweise reagierte das US-Oberkommando auf Pattons Eskapaden positiv. Man kümmerte sich nicht um die Details der Regelüberschreitungen, hatte doch Patton endlich die Art der Initiative an den Tag gelegt, an der es der US-Armee schon seit Jahren gemangelt hatte. Patton hatte bewiesen, dass intensives Training gekoppelt mit starker Führung zum Erfolg auf dem Schlachtfeld führen kann. Auch wenn die Kriegsspiele seine Ambitionen für tatsächliche militärische Auseinandersetzungen nicht befriedigen konnten, sicherte er sich dadurch doch seine Zukunft als Kandidat für ein Amt mit höheren Aufgaben innerhalb der US-Armee. Die Manöver hatten dem amerikanischen Oberkommando als Prüfstein für die neue US-Militärdoktrin gedient und auch gezeigt, welche Männer innerhalb des US-Offizierskorps tatsächlich fähig waren, eine kommende militärische Auseinandersetzung kompetent zu führen.

Die Manöver in diesem Sommer kamen für die USA keinen Moment zu früh. Kurz nach der Rückkehr Pattons in Fort Benning erreichte ihn am 7. Dezember 1941 die erschreckende Nachricht des japanischen Überfalls auf Pearl Harbor. Am folgenden Tag erklärten Großbritannien und die USA Japan den Krieg. Nur drei Tage später, am

Colonel Patton als Kommandeur der 2. Panzerbrigade bei den Herbstmanövern in Louisiana, 1941

11. Dezember, folgten Italien und Deutschland mit ihren Kriegserklärungen an die USA. Mit Genugtuung registrierte Washington die Reaktion der europäischen Achsenmächte. In einer Ansprache beschimpfte Benito Mussolini die Vereinigten Staaten als eine zweitklassige Macht, deren mächtige industrielle Kapazität und militärische Schlagkraft nur eine Erfindung der alliierten Presse seien. Es war offensichtlich: Hitler und Mussolini hatten den intensiven amerikanischen Kriegsvorbereitungen der letzten zwei Jahre keinen Glauben geschenkt.

Für viele Offiziere in der US-Armee glich der Kriegseintritt der USA einem Befreiungsschlag, einer Erlösung nach Jahren des langen Wartens. Patton, inzwischen zum Kommandeur des 1. US Panzerkorps aufgestiegen, konnte seine Ungeduld kaum mehr zügeln: »Ich wünschte mir, wir könnten bald damit anfangen, irgendjemanden irgendwo umzubringen. Für meinen Teil habe ich angefangen, jeden Tag ein paar Kaninchen zu schießen, um für Herrn Marschall Rommel nicht aus der Übung zu kommen.«

Im Sommer des Jahres 1942 wendete sich George Pattons Karriere. Seine Gebete waren anscheinend erhört worden.

Im Frühjahr 1941 hatte Hitler seinem Generalfeldmarschall Erwin Rommel und dem deutschen Afrika-Korps den Befehl zur Unterstützung des faschistischen Italiens in Nordafrika gegeben. Die britische Armee zeigte sich dem Ansturm nicht gewachsen und verlor mehrere Schlachten. Erst mit der Ankunft des britischen Oberkommandierenden im Mittleren Osten, General Sir Harold R. L. G. Alexander und des neuen Befehlshabers der 8. Armee, Lieutenant General Bernard Montgomery, begann sich das Blatt zugunsten der Briten zu wenden.

Seit Pearl Harbor hatten Großbritannien und die Vereinigten Staaten über die Eröffnung einer zweiten Front im Mittelmeer oder Südeuropa heftig diskutiert. Man einigte sich darauf, dass die Bekämpfung des nationalsozialistischen Deutschland eindeutig Vorrang gegenüber Operationen im asiatischen Raum habe. Woran es noch mangelte, war eine gemeinsame Strategie der beiden Partner. Letztendlich überzeugte Churchill Roosevelt von einem amphibischen Landeunternehmen im französischen Nordafrika. Eine anglo-amerikanische Invasionsstreitmacht sollte sich vor der Küste Nordafrikas zusammenfinden und in drei Angriffszonen die Küstenstädte Casablanca, Oran und Algier besetzen. Befehlshaber der Operation »Torch« (Fackel) war Pattons langjähriger Freund Dwight David Eisenhower. Obwohl die interalliierte Kooperation den Grundstein für Eisenhowers späteren Erfolg darstellte, nahm er bei seiner Einschätzung des neuen Partners Großbritannien keinen Blatt vor den Mund: »Briten und Amerikaner passen zusammen wie eine Bulldogge und eine Katze.«

Ende Juli 1942 wurde George Patton in aller Eile nach Washington berufen. Der Befehl, den er dort vom US-Oberkommando erhielt, schien wie die Erfüllung seiner kühnsten Träume. Im Verteidigungsministerium unterrichtete man ihn von seiner neuen Aufgabe. Patton sollte das Oberkommando über die westlichen Invasionsstreitkräfte der Operation »Torch« übernehmen. Ziel von Pattons »Western Task Force« war die Einnahme Marokkos, das unter der Kontrolle Vichy-Frankreichs stand. Pattons lang erhoffte Chance war endlich gekommen: Die Vereinigten Staaten zogen tatsächlich in den Krieg, und zwar gegen einen Feind, den man schon vor 25 Jahren auf den Schlachtfeldern Europas kennen gelernt hatte: Deutschland. Patton fühlte sich wie elektrisiert, war doch der Marschbefehl nach Nordafrika »der schönste Tag meines bisherigen Lebens«. Die vielen Jahre des intensiven Vorbereitens waren nicht nutzlos gewesen. Nun konnte er seine organisatorischen und militärischen Fähigkeiten unter Beweis stellen. In seinem Tagebuch hielt er fest: »Mir scheint, als habe sich mein ganzes Leben auf diese Stunde zubewegt. Ich glaube an die Vorhersehung. Die Aufgabe, die ich nun erfüllen muss, ist die wahrscheinlich schwierigste, vor die jemals eine Streitmacht in der Menschheitsgeschichte gestellt wurde. Gott ist mit uns.« Am 24. Oktober 1942 bestieg Patton in Virginia den amerikanischen Zerstörer »Augusta«. Unter den zurückbleibenden Freunden und Familien an den Hafendocks herrschte eine sorgenvolle Stimmung, denn zum zweiten Mal innerhalb eines Jahrhunderts verließen Amerikaner die heimatlichen Küsten, um an einem Weltkrieg teilzunehmen. Patton schrieb seiner Frau kurz nach dem Ablegen der »Augusta«: »Es ist mir plötzlich in aller Finalität sehr klar geworden, dass dies der Anfang vom Ende ist. Die Würfel sind endgültig gefallen. Gott gib mir die Kraft, vor mir und meinen Männern meine Pflicht richtig zu erfüllen.«

Am 8. November um 6.50 Uhr begann die alliierte Invasion in Nordafrika. Die Soldaten unter Pattons Kommando sollten die ersten amerikanischen Truppen sein, die gegen Hitlers Wehrmacht antraten. Für die neue United States Army eine schwierige Aufgabe. Mit dem Gefühl, keinen richtigen Gegner vor sich zu haben, gingen die GIs von Bord und hatten innerhalb relativ kurzer Zeit die Truppen des Vichy-Regimes besiegt. Die 72 Stunden währende »Schlacht« von Casablanca kann kaum als einer der größten Erfolge Pattons gewertet werden, zu langsam und chaotisch verlief die amerikanische Aktion. Im Morgengrauen des 9. November sah man Patton in der Brandung des Strandes herumtoben. Diejenigen, die schon vorher unter Patton gedient hatten, waren an das unkonventionelle Verhalten dieses hochrangigen Offiziers gewöhnt. Auf unerfahrene Soldaten wirkte sein Befehlsstil verunsichernd und befremdlich.

Auch am Strand von Nordafrika blieb Patton seinem Motto »durch Beispiel führen« treu. Er griff direkt in das Geschehen ein, half beim Ausladen der Munition und Verpflegung und rettete sogar einem Besatzungsmitglied eines gekenterten Landungsbootes das Leben. Leider gehörte auch körperliche Gewalt zu Pattons Führungsmethoden. Als ein GI sich am Strand vor Angst zusammenkauerte und zu weinen anfing, trat ihm Patton »mit aller Wucht in den Hintern, so dass er blitzschnell aufsprang und sich gleich wieder an die Arbeit machte«. Die Misshandlung von »feigen Soldaten« wurde von Patton als legitimes Mittel angesehen, die Moral und Disziplin der Truppe aufrechtzuerhalten. In weniger als einem Jahr sollte solch ein »morale booster« Patton fast seine weitere militärische Laufbahn kosten.

Mit dem Sultan von Marokko und dessen Sohn, November 1942

Am 11. November 1942, an Pattons 57. Geburtstag, kapitulierte der französische Befehlshaber in Marokko. Mit der verlorenen Schlacht bei Stalingrad und dem britischen Sieg bei El Alamein bedeutete die gelungene anglo-amerikanische Generalprobe in Nordafrika das dritte Fanal für den Untergang von Hitlers Drittem Reich.

»Torch« war aber auch eine Phase großer Truppenbewegungen, welche die beiden neuen Alliierten dazu nutzten, sich gegenseitig zu beobachten. Die Einschätzung fiel keineswegs positiv aus. Patton fühlte sich von den hochrangigen britischen Offizieren hochnäsig behandelt und wurde das Gefühl nicht los, dass in den taktischen Überlegungen der Engländer die US-Armee nur die zweite Geige spielte. Er entwickelte erste Anzeichen einer immer größer werdenden Anglophobie, die seine Meinung für den Rest des Krieges bestimmen würde.

Die ersten Feindkontakte mit dem Afrikakorps wirkten auf die US-Armee desillusionierend, denn die leichten amerikanischen Tanks konnten dem Artilleriefeuer der viel schwereren deutschen Panzerfahrzeuge nicht standhalten. Hohe amerikanische Panzerverluste waren die Folge, manche Einheiten verloren bis zu zwei Drittel ihrer Fahrzeuge. Mit der Neutralisierung Französisch-Nordafrikas begann Mitte November 1942 die zweite Phase der Operation »Torch«: Geplant war, mit einem schnellen Vorstoß nach Tunesien die Küstenstädte Bizerte und Tunis zu besetzen und somit von den Achsenmächten abzuschneiden, bevor diese über diese wichtigen Häfen weitere Unterstützung erhalten konnten. Während Montgomery Rommel westwärts in Richtung Tunesien verfolgte, sollten die »Torch«-Streitkräfte östlich nach Tripolis schwenken und dort die Panzerarmee Afrika einkesseln. Nach der deutschen Niederlage durch die Briten bei El Alamein hatte Rommel Hitler gebeten, angesichts der drückenden Überlegenheit des Feindes die deutschen Streitkräfte aus Nordafrika abzuziehen. Mit der auf taktische Angriffsschläge ausgerichteten Wehrmacht könne man auf einer sich über Hunderte von Kilometern erstreckenden Front keine geordneten Abwehrgefechte führen, so die Begründung Rommels. Auf lange Sicht würde eine solche Vorgehensweise zur sinnlosen Aufreibung und Vernichtung des deutschen Afrika-Korps führen. Hitler reagierte voller Zorn auf Rommels Warnungen. Er befürchtete, dass die Alliierten die tunesischen Häfen besetzen würden, um eine Invasion Südeuropas einzuleiten, und befahl eine sofortige Unterstützung der Wehrmacht in Nordafrika. Zeitgleich mit dem alliierten Vorstoß nach Tunesien trafen 100 000 deutsche und italienischen Truppen der neu geschaffenen 5. Panzerarmee in Tunesien ein. Die Bühne war somit freigegeben für die erste große Konfrontation des Zweiten Weltkriegs im Mittelmeerraum.

Für den einfachen Soldaten besteht der Militärdienst zum größten Teil aus sehr langen, nur vom Drill unterbrochenen Perioden der Langeweile. Die kurzen aufregenden Phasen in einer Schlacht sind zwar für spätere Erinnerungen ausschlaggebend, haben aber auf das tägliche Dasein des Soldaten sehr wenig Einfluss. Bei Patton war dies im Frühjahr 1943 nicht anders. Aber er wollte keinen Moment länger auf seine Teilnahme am wirklichen Kampf gegen die Deutschen in Tunesien warten. In Marokko war er lediglich vier Tage im Gefecht gewesen und hatte dabei auch nur eine kleine Rolle gespielt. Und jetzt schien es, als würde der Krieg wieder einmal ohne ihn weitergehen. Vom Ehrgeiz getrieben, für sich in den Annalen der Geschichte einen militärischen Ehrenplatz zu schaffen, war diese abermalige Zeit des Wartens Grund genug für einige Ausbrüche der tiefen Frustration. Er begann an den Fähigkeiten Eisenhowers zu zweifeln und war von den Ausmaßen der internen Streitigkeiten und Animositäten innerhalb des US-Generalstabes schockiert. »Diese Soldaten, die sich ständig gegenseitig in den Rücken fallen, sind die Politiker der Zukunft«, schrieb er Beatrice deprimiert nach Hause. »Kommandeure haben wir viele, aber keine rich-

Beobachtung einer Schlacht in Tunesien, März 1943

Ein glücklicher Moment für Patton: Am 6. März 1943 befördert Eisenhower ihn zum Drei-Sterne-General, zugleich übernimmt er das Kommando über das II. Armeekorps

tigen Führer. (…) Manchmal wünschte ich mir, ich sei schon im Ruhestand.« Zwischenzeitlich hatte sich Patton für die unmittelbare Zukunft eine neues Ziel gesetzt – eine persönliche und taktische Abrechnung mit seinem Vorbild, dem erfolgreichsten General der deutschen Wehrmacht, Erwin Rommel. Seit seiner Berufung für das Unternehmen »Torch« hatte Patton immer Rommels Standardwerk »Infanterie greift an« bei sich, für Patton eines der bedeutendsten Werke moderner Kriegführung. Für ihn war jetzt der ideale Moment gekommen, um sich mit dem deutschen Generalfeldmarschall direkt zu duellieren. In einer Vorstellungswelt, die seit seiner frühesten Kindheit durch die Sagen der griechischen Mythologie geprägt war, stellte sich Patton sein Aufeinandertreffen mit Rommel vor wie Hektor und Achilles' Kampf vor den Toren Trojas. Ein wahrer Heldenepos, bei dem es für Patton nur einen Sieger geben konnte. Mann gegen Mann, Panzer gegen Panzer: »Es wäre wie ein Gefecht zwischen zwei Rittern in der guten alten Zeit. Wir würden zwischen den beiden aufgestellten Armeen kämpfen, die Soldaten könnten uns zusehen. Ich würde ihn beschießen, er mich. Falls ich ihn töten sollte, würde ich der Champion sein und Amerika den Krieg gewinnen. Falls er mich töten sollte (…) nun (…) aber er wird mich nicht töten!«

Patton hatte es aber in Nordafrika nicht nur mit dem von ihm bewunderten Rommel zu tun. Als Feind war dieser berechenbar. Viel undurchsichtiger und gefährlicher erschien ihm der britische General Montgomery, der Held von El Alamein. Schon bei ihrem ersten Treffen war Patton von dem kleinen drahtigen Engländer nicht überzeugt gewesen: »Ein älterer Herr, Anfang 60«, schrieb Patton in seinem Tagebuch, »offensichtlich ein müder alter Furz.« Patton empfand Montgomery sofort als unmittelbare Konkurrenz. Sein mangelndes Vertrauen zu den Briten und seine seit »Torch« gehegten Vorurteile fanden in der Person Montgomerys ihren Kristallisationspunkt. Seitdem die amerikanischen Streitkräfte unter britischen Oberbefehl gestellt worden waren, wuchs Pattons Widerstand gegen eine Kooperation mit den Briten. Nach seiner Beförderung zum Dreisternegeneral und der Übernahme des II. Armeekorps am 6. März 1943 sagte Patton zu seinem Vorgänger General Lloyd Fredendall im Hinblick auf Montgomerys Erfolg in Libyen: »Es sieht so aus, als müsse ich jetzt die Verantwortung für dieses alliierte Chaos übernehmen. Ich glaube, ich werde mehr Probleme mit den Briten als mit den Krauts haben. Gott liebt die Mutigen, Siege sind nur für die Eingebildeten.« Patton konnte und wollte nicht akzeptieren, unter einer anderen Fahne zu dienen als der amerikanischen, unter den Stars and Stripes. »Wir haben unsere angestammten Rechte in alle Winde verstreut«, klagte Patton in seinem Tagebuch. Patton hielt vehement an seiner Überzeugung fest, der Berufenere von beiden dafür zu sein, gegen Hitler und die Deutschen anzutreten. Die Zeichen standen auf Sturm. Während des alliierten Vormarschs auf Tunesien und der folgenden gemeinsamen Aktionen war das Verhältnis zwischen Patton und Montgomery von Misstrauen geprägt. Erst mit der Niederwerfung des nationalsozialistischen Deutschlands sollte dies enden.

Nach dem amerikanischen Fiasko am Kasserine-Pass, der die Briten zum wiederholten Mal von der militärischen Inkompetenz der US-Armee überzeugt hatte, sah Patton es als angebracht, auch innerhalb des II. US-Armeekorps seinen persönlichen Führungsstil einzuführen. Schockiert von den deutschen Vorstößen gab es für Patton nur die Möglichkeit, die Moral seiner Truppen wieder in das richtige Lot zu bringen. Wie zuvor in Fort Benning begannen sich nun die GIs unter seinem Kommando davor zu hüten, ohne blank geputzte Stiefel, ordnungsgemäß angelegte Gamaschen oder Krawatte zum Dienst zu erscheinen. Obwohl Pattons Disziplin- und Detailversessenheit bei vielen auf Unverständnis und bei den betroffenen Soldaten auf Verärgerung stieß, verlieh sie den Truppen der bisher wenig siegreichen US-Armee zumindest das Gefühl, einer kampfesfähigen Streitmacht anzugehören. Patton schien überall zur gleichen Zeit zu sein. Exzessiv wandte er seine Schockmethoden an. Mit Vulgarität, Grobheit, Wortgewandtheit und seinem grenzenlosen Enthusiasmus versuchte er, die

Patton, Eisenhower und Montgomery (v.l.) in Nordafrika, Frühjahr 1943

Soldaten für die bevorstehenden Aufgaben zu begeistern. Mit den Erfahrungen, die er sich im Lauf seiner 34-jährigen Militärkarriere angeeignet hatte, erreichte Patton letztendlich, das die US-Armee in Nordafrika ihren Kampfesmut wiedergewann. »Es war uns nun allen klar. Patton war jetzt der Boss«, erinnert sich Captain Andrew McAuliffe. »Er zog vor uns Soldaten eine imposante und überzeugende Show ab. Er gab uns das Gefühl von Zusammengehörigkeit und Entschlossenheit, Glamour und herzlicher Kameradschaft. Plötzlich waren wir wieder wer, wir waren die Jungs der US-Armee, Pattons Boys. Wir wären für ihn an die Tore der Hölle gegangen. Und wenn es sein muss, sogar noch ein Stück weiter.« »1943«, sagt Colonel Glenn Doman, »war für uns GIs der mentale Wendepunkt. Wir hatten endlich das Gefühl, dass eine Person die Sache sicher im Griff hatte, und das war Patton. Wenn jemand verwundet in ein Hospital eingeliefert wurde und man ihn befragte, zu welcher Einheit er gehörte, antworteten diejenigen, die unter seinem Kommando standen mit Inbrunst: ›Ich war bei Patton!‹«

Auch die amerikanischen Wochenschauen schwelgten in Bildern, die den wild entschlossenen General im Kreis seiner Soldaten porträtierten. Was die meisten der Kinobesucher nicht wussten: Pattons verbissenes Gesicht des harten Kämpfers war nur Fassade. Er selbst kreierte sein

Porträt Pattons mit dem so genannten War-face, ein Gesichtsausdruck, den er extra eingeübt hatte, um die anderen von seiner Gefährlichkeit zu überzeugen

so genanntes War-face, einen grimmigen Gesichtsausdruck, der Außenstehende von seinen kriegerischen Absichten überzeugen sollte. Während seiner Zeit in der US-Militärakademie in West Point hatte er ihn einstudiert. »Stundenlang stand er vor dem Spiegel und hat diese Miene geübt«, berichtete seine Tochter Ruth-Ellen nach dem Krieg. »Nie war er damit zufrieden und fragte Mama, ob es erschreckend genug aussah. Mama meinte immer ›nein‹.« Mit den Medien verstand George Smith Patton jr. virtuos umzugehen und sie für seine Zwecke auszunutzen. Er wusste um die Macht der Bilder. Patton versuchte in seiner Selbstdarstellung nichts dem Zufall zu überlassen. »Ein guter Heerführer muss auch ein guter Schauspieler sein«, so Patton, »er ist sonst unglaubwürdig. Er muss sich nach seiner Rolle richten und leben.« Patton spielte die Rolle seines Lebens. Eine Rolle, die er sich 30 Jahre zuvor auf den Leib geschrieben hatte. – Mit Erfolg. Die Magazine »Life« und »Time« verschafften ihm mit ihrer Berichterstattung über sein unkonventionelles Verhalten so viel Popularität, dass er sehr bald zum Medienstar avancierte. Patton wurde zum beliebtesten Soldaten der USA auserkoren. Nicht einmal sein Oberbefehlshaber Eisenhower bekam in diesen Monaten annähernd so viele Sympathiewerte zugesprochen wie der theatralische General. Robert St. John, Hörfunkautor der amerikanischen Rundfunkgesellschaft NBC, beschrieb Patton in einem Radiobeitrag als eine »Mischung aus Buck Rogers, Flash Gordon und dem Mann vom Mars. Generalmajor George Patton junior: Der aus der Hüfte schießende Kommandeur unserer amerikanischen Truppen in Marokko. Er hat genug Schneid und Dynamit, um mit Leichtigkeit einem Hollywood-Abenteuerhelden den Rang abzulaufen!« Solche Berichte reichten aus, um in der Phantasie der amerikanischen Öffentlichkeit ein Bild des Generals einzuprägen, das bis in unsere heutige Zeit existiert.

Rede Pattons an seine Soldaten vor dem Angriff auf Sizilien, Juli 1943

Entlang der West- und Nordküste Siziliens dringen die amerikanischen Truppen nach Messina vor, das am 16. August 1943 eingenommen wird

Die Ereignisse in Nordafrika überschlugen sich. Rommels Prognose hatte sich bewahrheitet. Schon Ende April 1943 konnten die Alliierten 300 000 Soldaten und 14 000 Panzer gegen die inzwischen auf nur 60 000 Soldaten und 100 Panzer dezimierte deutsche Streitmacht aufbieten. Bereits Anfang Mai verfügten die Achsenmächte über keinen Treibstoff mehr, Nahrungsmittel wurden knapp. Die Widerstandskraft des vormals so stolzen Afrika-Korps bewegte sich gegen null. Am 8. Mai marschierten die ersten alliierten Truppen in Tunis ein, fünf Tage später ergaben sich die letzten Einheiten der Wehrmacht. Sehr zu Pattons Enttäuschung hatte Erwin Rommel Nordafrika schon verlassen und war aufgrund seines schlechten gesundheitlichen Zustands und Hitlers ausdrücklichem Befehl wieder ins Reich zurückgekehrt – als Verlierer.

Inzwischen stand das nächste Ziel für die Westalliierten fest. Auf der Konferenz von Casablanca im Januar 1943 hatte man die wichtigen Schritte für eine Zerschlagung der deutschen Vorherrschaft in Europa festgelegt. Für das Frühjahr 1944 war die Invasion in Frankreich vorgesehen, und nach dem Ende der Konfrontation in Nordafrika sollte die Achsenmacht Italien aus dem Bündnis mit dem Deutschen Reich herausgetrennt werden. Der Codename für die Invasion in Italien und Sizilien lautete »Husky«. Unter dem Oberbefehl Montgomerys landeten am 10. Juli 1943 die ersten alliierten Sturmboote beim sizilianischen Gela. Mit dem Glauben an seine eigene Unverwundbarkeit und dem

Patton bei verwundeten amerikanischen Soldaten in Sizilien, Juli 1943

ihm vorauseilenden Ruf, unschlagbar zu sein, betrat Patton einen Tag später den Boden der Insel. Doch die anfänglichen Erfolge auf Sizilien waren nur von kurzer Dauer. Montgomery und Patton hatten es versäumt, ihre genauen Pläne vor der Invasion abzusprechen. Vor allem der Vormarsch der britischen Armee an der Ostküste der Insel geriet durch eine Reihe von Fehlentscheidungen Montgomerys ins Stocken. Ziel der Briten war es, die strategisch wichtige Stadt Messina im Südosten Siziliens zu besetzen, rund 150 Kilometer vom Ausgangspunkt der

Landungen entfernt. Obwohl dieses Vorgehen ausgemachte Sache gewesen war, ignorierte Patton die Einwände des Oberkommandos und brach aus der ihm verhassten Untergebenenrolle aus. Ohne Zögern befahl er den amerikanischen Streitkräften, Marschrichtung auf Messina zu nehmen: »Gentlemen, dies ist ein Pferderennen. Die Ehre der US-Armee steht auf dem Spiel! Wir müssen Messina erreichen, bevor es die Briten tun.« Während Montgomery gezwungen war, an den Hängen des Ätna auszuharren, gingen Pattons GIs auf langwierige »Pilgerfahrt« entlang der West- und Nordküste nach Messina. Auf diesem Umweg nahm Patton nicht nur die gesamte Insel ein, er brüskierte auch den ungeliebten Briten zutiefst. Palermo fiel am 22. Juli in amerikanische Hände, Messina am 16. August. Die triumphale Besetzung Siziliens bescherte Patton wieder einen ungeheuren Schub an Popularität. Die USA ließen ihren Helden hochleben. Die Nachrichten überschlugen sich über den vermeintlichen »Spaziergang« des Generalleutnants durch faschistisches Feindesland. In den Briefen nach Hause schrieb Patton: »Ich habe keine Lust mehr, mich von den Briten wie ein Idiot behandeln zu lassen. Wir Amerikaner können doppelt so schnell vorstoßen und mehr als doppelt so hart zuschlagen wie die Tommys.« Obwohl Patton die Einnahme Siziliens als eine »perfekte Kampagne« bezeichnete, traten in seinen Briefen wieder Zukunftsängste und Unausgeglichenheit zutage. Was war geschehen? Korrespondenten hatten berichtet, dass Patton bei einer Krankenvisite in einem Feldlazarett zwei unter Schock stehende Soldaten geohrfeigt hatte. Patton war außer sich vor Zorn über die beiden gewesen: Wie konnten es sich äußerlich unverletzte Soldaten nur erlauben, sich neben schwer verwundeten Kameraden behandeln zu lassen? Patton sah für ein solches Verhalten nur einen Grund: Feigheit. Unter der Androhung, sie persönlich zu erschießen, hatte er die GIs wieder an die Front schicken wollen. Die Nation war schockiert. Innerhalb kürzester Zeit vollzog sich in der amerikanischen Öffentlichkeit ein radikaler Stimmungswandel zuungunsten Pattons. Im amerikanischen Kongress wurde er beschimpft, die Presse forderte seinen Rücktritt. Der vormals schneidige und schillernde General zeichnete sich nunmehr in den Augen vieler Amerikaner durch Arroganz und Einfältigkeit aus. Nach Bekanntwerden des Vorfalls erhielt Patton von seinem Oberbefehlshaber Eisenhower die schärfste Abmahnung, die im Zweiten Weltkrieg gegen einen hochrangigen amerikanischen Offizier ausgesprochen wurde. Obwohl Patton für die alliierten Kriegsanstrengungen unersetzbar sei, so Eisenhower, »muss ich trotzdem dein Einschätzungsvermögen und Deine Selbstdisziplin in Zukunft infrage stellen. Kein Brief in meiner militärischen Laufbahn hat mir soviel Schmerz bereitet wie dieser, nicht nur aufgrund unserer tiefen Freundschaft, sondern auch in Hinblick auf Deine Qualitäten. Trotzdem versichere ich Dir, dass ich solch ein Verhalten von Deiner Seite nicht noch einmal tolerieren werde.« Pattons Temperament und Unbeherrschtheit waren ihm zum Verhängnis geworden. »Old Blood and Guts«, wie die Amerikaner ihn inzwischen nannten, der »Alte Haudegen«, hatte ein Problem. Mit sich selbst. Vermeintlich Schwächere passten nicht in Pattons Weltbild, sie widerten ihn an. Minderheiten und gesellschaftlichen Randgruppen stand er mit ausgeprägter Intoleranz und unverhohlenem Zynismus gegenüber: Schwarzen, Homosexuellen, Kommunisten, Japanern und vor allem Juden. Seine verbalen Entgleisungen sollten ihn zwei Jahre später als Militärgouverneur von Bayern die Karriere kosten.

Um die Gründe für Pattons unberechenbares Verhalten zu verstehen, ist ein Rückblick in seine Vergangenheit nötig.

Geboren wurde George Smith Patton junior, genannt Georgie, am 11. November 1885 in San Gabriel, Kalifornien. Bevor er die Laufbahn als Offizier in der US-Armee begann, hatte der junge Patton viel Hohn und Spott seiner Umwelt ertragen müssen. Obwohl seine Eltern dieser Behinderung keinen Namen geben konnten, war es bald offensichtlich geworden: George litt an der damals noch nicht als Krankheitsbild diagnostizierten Legasthenie. In der aristokratisch-feudalistisch geprägten kalifornischen Oberschicht des ausgehenden 19. Jahrhunderts waren Pattons Lernschwierigkeiten ein Makel, ein gesellschaftliches Stigma. Bis zum elften Lebensjahr genoss Georgie keinerlei schulische Ausbildung außerhalb seines Elternhauses. Stattdessen musste er unter Aufsicht seines Vaters den Inhalt ganzer Bücher auswendig lernen. Noch fünfzig Jahre später konnte Patton griechische Heldensagen und Gedichte des amerikanischen Bürgerkriegs aus dem Stegreif fehlerfrei vortragen. Gekoppelt mit den unerklärlichen Hindernissen der Legasthenie, hinterließen die strengen Erziehungsmethoden des Vaters bei Patton ausgeprägte Gefühle der Minderwertigkeit.

Für den Vater lag die berufliche Ausbildung seines Sohnes klar vor Augen: die Absolvierung der US Military Academy West Point, dem wichtigsten Abschnitt in der Laufbahn eines jungen US-Offiziersanwärters. Nach dem einjährigen Besuch am Virginia Military Institute begann Patton im Sommer 1904 sein Studium an der renommierten Militärakademie am Hudson River. Patton war sich bei seiner Ankunft in West Point seines sozialen Status sehr wohl bewusst. Bereits hier be-

Georgie und Nita am Lake Vineyard, 1893

gann er eine Aversion gegenüber Schwächeren zu entwickeln, die er sein ganzes Leben nicht mehr ablegte.

Im Sommer 1905 litt Patton unter schweren Depressionen. Obwohl er erst am Anfang seiner militärischen Karriere stand, machte er sich große Sorgen um seine Beförderung und seine Stellung innerhalb des Kadettenkorps. Trotz seiner überdurchschnittlichen Leistungen auf militärischen Gebieten versagte er in fast allen anderen Fächern. Teilweise erhielt er die schlechteste Benotung seines Jahrgangs. Zerrissen zwischen dem Ehrgeiz, berühmter zu werden als seine militärisch-illustren Vorfahren, und den durch die Legasthenie hervorgerufenen akademischen Rückschlägen, gelangte der frustrierte Patton zu der Überzeugung, geistig unterentwickelt zu sein. Seine ersten Jahre in West Point zeichneten sich durch einen ständigen inneren Kampf gegen die Behinderung aus. Patton verfiel zusehends den Traumvorstellungen seines eigenen Wunschbilds. Er begann mit allen Kräften sein Ich neu zu entwerfen. Es entstand die erste Version des eisernen Macho, des kriegerischen Patton. Diese bewusste Persönlichkeitsänderung hatte nichts mehr mit seinem ursprünglichen Charakter gemein. Von nun an war Pattons einziges Ziel der Aufstieg auf der Karriereleiter. Wie die meisten Menschen, die an Legasthenie leiden, entwickelte auch Patton hervorragende mentale Lösungsstrategien, um die Behinderung zu überdecken. Auch in West Point setzte Patton das fort, was er jahrelang beim Vater unter Zwang hatte tun müssen: Er las. Zu seinen Favoriten

links: Georgie in seinem Zimmer, etwa 1899

rechts: Die Eltern Pattons und seine Schwester Nita besuchen George in West Point; in der Militärakademie beginnt er als Kadett seine militärische Karriere, 1906

gehörten unter anderen Friedrich Hölderlin und Rainer Maria Rilke, die er im deutschen Original lesen und zitieren konnte. Diese literarischen Erfahrungen bildeten den Grundstock für Pattons positives Deutschlandbild.

Im Jahr 1909 erlangte Patton mit erfolgreichem Abschluss an der Akademie sein Offizierspatent und übernahm als Leutnant das Kommando über eine Kavallerieschwadron. Drei Jahre später begann in West Point ein anderer junger Kadett sein Studium, der drei Jahrzehnte später Pattons Vorgesetzter werden sollte: Dwight D. Eisenhower. In den Zwischenkriegsjahren verband »Ike« und Patton eine enge Freundschaft, Patton wurde zeitweise zu Eisenhowers Lehrmeister in Fragen der Panzerkriegführung. Dies sollte sich allerdings mit der Protegierung Eisenhowers durch George Marshall und General Douglas Mac Arthur nachhaltig ändern. Mit dem Unternehmen »Torch« war der Stabsoffizier Eisenhower zum Supreme Commander, zum Oberkommandierenden aufgestiegen und sein Freund Patton somit zu seinem Untergebenen geworden.

Mit dem so genannten slapping incident auf Sizilien 1943 hatte Patton seine Freundschaft zu Eisenhower ernsthaft gefährdet. Obwohl Patton sich bei allen Divisionen persönlich entschuldigt hatte, konnte er sich nicht dem alten inneren Gefühl des Versagens entziehen. Letztendlich hatte sich die öffentliche Entrüstung gelegt, Patton war nicht gezwungen worden, seinen Hut zu nehmen. Dennoch fällte Eisenhower eine für Patton demütigende Entscheidung. Im Januar 1944 wurde Omar Bradley, Pattons Stellvertreter in Nordafrika und Sizilien, mit dem Oberkommando über die in Großbritannien für die Invasion der Normandie stationierten US-Truppen betraut. Eine Position, auf die Patton insgeheim gehofft hatte. Obwohl er von dem Entschluss Eisenhowers tief getroffen war, hielt Patton stoisch an seinen persönlichen Schicksalsvorstellungen fest. Er bat um einen Auftrag bei der bevorstehenden Operation »Overlord«. Ohne Erfolg. Pattons Reaktion daraufhin war von Selbstmitleid und Verbitterung geprägt. »Ich habe es wohl«, wie er in sein Tagebuch schrieb, »verschissen. Ich muss jetzt so vielen Leuten den Arsch küssen, dass ich schon ganz wunde Lippen habe.« Lediglich die Aufstellung einer fiktiven Armeegruppe an der englischen Ostküste wurde ihm von Eisenhower angetragen. Das Täuschungsmanöver funktionierte perfekt. Bereits im April 1944 wurden Wehrmachtsmitteilungen abgefangen, die von dem Vorhandensein der »Armeegruppe Patton« berichteten.

Anfang Februar 1944 erfuhr Pattons Karriere wieder eine positive Wendung, er wurde mit dem Kommando über die frisch in Großbritannien angekommene 3. US-Armee betraut. Grund genug für einen Stimmungsumschwung: »So weit ich mich erinnern kann, ist dies der 27. Neustart seit meinem Eintritt in die US-Armee. Jedes Mal war ich erfolgreich, und diesmal wird es der größte Erfolg in meiner Laufbahn sein!«

Noch im November 1943 hatten die Westalliierten über das weitere Vorgehen gegen das Dritte Reich noch keine Einigung erzielt. Während die Briten einen Fortgang der Invasion im Mittelmeerraum bevorzugten, sprachen sich die USA für ein Landeunternehmen in Nordfrankreich aus. Erst das massive Einlenken Stalins auf der Konferenz von Teheran zwang die Westalliierten zu einer Entscheidung. Die sowjetische Forderung nach einer zweiten Front sollte im Frühsommer 1944 erfüllt werden, in der Normandie.

Voller Ungeduld hatte Patton die Vorbereitung und Durchführung der Operation »Overlord« beobachtet. Endlich, am 6. Juli 1944, einen Monat nach der geglückten alliierten Invasion in der Normandie, griffen Patton und seine 3. Armee zum ersten Mal aktiv in das Kampfgeschehen ein. Einige Tage zuvor hatte er in England seinen Stab auf das eingestimmt, was ihnen in den nächsten Monaten bevorstand: »Wir sind hier, weil irgendwelche deutschen Bastarde sich dazu entschlossen haben, Supermänner zu sein. Wir sind hier, um diejenigen zu bekämpfen und besiegen, die diesen gottverdammten Krieg vom Zaun gebrochen haben: die Nazis!« Angesichts der fanatischen deutschen Abwehr in Nordfrankreich hatte Montgomery seine Vorstoßpläne nicht in die Realität umsetzen können. Die von ihm favorisierten Frontalangriffe führten zu hohen Verlusten, der Vormarsch geriet ins Stocken. Eisenhowers Skepsis gegenüber der Person Montgomerys wuchs, im US-Generalstab begann man ernsthaft an der militärischen Kompetenz des Briten zu zweifeln. Es schien, als sei die Befreiung Europas schon in Nordfrankreich zum Scheitern verdammt. In diese geladene Atmosphäre inter-alliierter Rangeleien trat nun Patton. Pattons Sternstunde war die Operation »Cobra«, der Durchbruch der Invasionsstreitkräfte durch die deutschen Linien bei Falaise am 25. Juli 1944. Mit bewusstem Verzicht auf die vorherigen Frontalangriffe umging Patton mit seinen Panzern die feindlichen Linien und zerstörte mit einer ungeheuren Geschwindigkeit die linke deutsche Flanke. Ab diesem Zeitpunkt gab es für Patton und die 3. Armee kein Halten mehr. Trotz seines erzwungenen Spätstarts stießen Pattons Einheiten fünfmal weiter vor als alle anderen alliierten Armeen in den sieben Wochen zuvor. Der statische Frontverlauf löste sich durch die mobile Operationsweise Pattons vollkommen auf. Patton war wieder im Sattel und durchlebte dabei die aufregendste Zeit seines Lebens. Bis in den Herbst trieb er in Frankreich die südliche Flanke der deutschen Wehrmacht bis an die deutsch-

Die Generäle Patton und Bradley; für Patton war es eine Enttäuschung, dass Bradley das Oberkommando über die für die Invasion vorgesehenen US-Truppen in Großbritannien erhielt, 1944

Bradley, Eisenhower und Patton

luxemburgische Grenze vor sich her und verkündete stolz: »Meine Panzer gehen durch die deutschen Linien wie ein heißes Messer durch Scheiße.« Aber kaum war er in seinem Element, wurde Patton wieder zum Problemfall. Eisenhower, zwischen allen Stühlen und gedrängt von Montgomery, sah sich gezwungen, seinen eigenen General zu bremsen. Er rationierte den Treibstoff für Pattons siegreiche Panzer. Zusätzlich verlangte Pattons Intimfeind Montgomery auch noch die unverzügliche Umleitung des Benzins für seine Operation im Norden, für den britischen Gewaltvorstoß nach Berlin. In den Augen Pattons hatte der »müde kleine Furz« aus Großbritannien längst jede Bodenhaftung verloren. Er und auch andere amerikanische Offiziere waren über den entscheidungsunfähigen Eisenhower entsetzt. Der eigene

Oberbefehlshaber kapitulierte offensichtlich unentwegt vor den Forderungen des Briten. Für Eisenhower war der Erhalt des alliierten Joint Venture ein stetiger Gang nach Canossa. Um den internen Frieden zu wahren, setzte er oft strategische Konsequenzen aufs Spiel. Patton flehte seinen alten Freund an: »Ike, meine Männer können ihre Koppel fressen, aber meine Panzer brauchen Benzin!« Trotz der auferlegten Benzinsperre war es der 3. Armee schon im November gelungen, die deutschen Stellungen an der Meuse zu nehmen und weit nach Lothringen vorzustoßen. Der Weg ins Reich über den Grenzfluss Saar schien frei zu sein. Pattons Feuereifer hatte auch bei seinen Truppen den gewünschten Effekt. In nur wenigen Monaten waren die ihm anvertrauten Soldaten von »einer Masse untrainierter Amateure in eine sich schnell bewegende Horde Raubtiere umgewandelt« worden, welche sich unentwegt auf dem Vormarsch befand und Feuer und Ruinen auf ihrem Weg hinterließ. Dabei hinterfragten und änderten die 3. Armee und ihr Kommandeur oft die konventionellen Konzepte der mobilen und logistischen Kriegführung. Kein anderer General des Zweiten Weltkriegs hatte die Macht der Lufthoheit so ausgenutzt wie Patton.

Währenddessen sollte sich Eisenhowers Zaghaftigkeit rächen. Am 16. Dezember begann unter der Leitung von Generalfeldmarschall von Rundstedt die Ardennenoffensive. Dieser massive deutsche Vorstoß, das so genannte Wunder im Westen, sollte das letzte Aufbäumen von

Amerikanische Fallschirmspringer in Nordfrankreich; bei seinem Vormarsch 1944 setzt Patton jedes ihm zur Verfügung stehende Mittel moderner Kriegführung ein

Eisenhower, Patton und Harry S. Truman (v. l.) während der Siegesfeier in Paris, Sommer 1945

Hitlers Wehrmacht vor den Rückzugsgefechten im Deutschen Reich werden. Pattons große Stunde kam, als die Deutschen ihren Keil in die alliierte Front getrieben hatten. Ratlos standen Eisenhower und SHAEF vor der unerwarteten Offensive. Aber Patton hatte seine Truppen auf eine solche Eventualität gut vorbereitet. Unverzüglich und mit großer Eile ergriff er die Initiative. In dieser Situation bewies er der ganzen Welt, welche hervorragende militärische Kompetenz er besaß. Richard Stillmann erinnert sich: »Die ganze Schlacht war wie für Patton gemacht. Schwere Kämpfe, unvorhersehbare Situationen, präzises Timing. Er griff an und hörte nicht auf anzugreifen, bis der Gegner besiegt war. Ein Teufelskerl.« In nur wenigen Tagen und Nächten gelang es der 3. Armee, die deutschen Streitkräfte zurückzuwerfen und den Kessel bei Bastogne zu sprengen. »The Battle of the Bulge« war Pattons größter Triumph auf dem Schlachtfeld, seine soldatische Meisterleistung und eine Sternstunde für die ganze US-Armee. »Vielleicht hat mich Gott nur für diese Aufgabe leben lassen«, schrieb er Beatrice. Es war aber auch das letzte Mal, dass er seinem ehemaligen Freund Eisenhower die Ehre rettete. Nur ein paar Monate später würde dieser ihn fallen lassen.

Die Niederlage der Wehrmacht in den Ardennen war richtungweisend für den späteren Sieg der Alliierten. Im Februar 1945 setzte Patton bei Bollendorf zum ersten Mal seinen Fuß auf deutschen Boden. Patton war nun dort angekommen, wo er seit der Landung in Nordafrika hinwollte, im Deutschen Reich. War es seine Bestimmung, dass er jetzt das Land betrat, dessen Lyrik und dessen Musik er zutiefst verehrte? Tatsächlich sollte Patton dieses Land, das ihn Zeit seines Lebens faszinierte, nicht mehr lebend verlassen. In seinem Tagebuch manifestierten sich düstere Vorahnungen. Am 22. November 1944 schrieb er: »Wache mitten in der Nacht schweißgebadet auf. Der Albtraum hatte etwas Endgültiges.« Innerhalb von zehn Tagen marschierten zwölf Divisionen von Pattons 3. Armee über die Mosel in Richtung Pfalz und durchstürmten, miteinander wetteifernd, den Raum hinter den deutschen Armeen, die weiter südlich an der so genannten Sieg-

Jubel in Paris für den Amerikaner Patton, dem am 25. Juli 1944 der Durchbruch der deutschen Linien bei Falaise gelang

fried-Linie auf den Feind warteten. Mit seinen Siegen in Frankreich, der Pfalz und dem sensationellen Rheinübergang hatte er der Welt und vor allem den Briten gezeigt, wozu Amerikaner fähig sind. Patton stand am Zenit seiner Laufbahn. Wie ein Jahr zuvor nach Sizilien war er in den USA der unumstrittene Medienstar. Doch der General war schon längst wieder im Begriff, sich durch sein Verhalten zu disqualifizieren. Während des Vormarschs der 3. Armee hatte Patton entschieden, ein Kommandounternehmen hinter die deutschen Linien zu schicken, um, wie er später behauptete, »Verwirrung zu stiften und von eigenen Aktionen abzulenken«. Tatsächlich verfolgte Patton mit dem darauf folgenden Überfall auf das Kriegsgefangenenlager Oflag XIIIB bei Hammelburg ein ganz anderes Ziel, nämlich die Befreiung seines Schwiegersohns John Waters. Das Lager befand sich östlich von Aschaffenburg, also 100 Kilometer östlich von der amerikanischen Position am Rhein entfernt. Mit dieser Aktion lieferte Patton, so würde die Presse später berichten, US-Soldaten zur Befreiung eines Familienmitglieds ans Messer. Das Unternehmen eskalierte zur denkbar schlimmsten Katastrophe. Die 307 Mann zählende Kommandotruppe wurde von deutschen Panzergrenadieren vollständig aufgerieben, beide Seiten hatten 200 Tote zu beklagen, inklusive der schon befreiten amerikanischen Kriegsgefangenen. Waters überlebte schwer verletzt und wurde erst Wochen später befreit. Nur Eisenhowers ausgeprägte Unentschlossenheit rettete Patton vor der unehrenhaften Entlassung.

Auch wenn Patton das Hammelburg-Fiasko als den Tiefpunkt seiner Laufbahn ansah, verflog die öffentliche Entrüstung mit den sich anhäufenden Erfolgsmeldungen der US-Armee in Europa. Bereits Anfang April 1945 konnte Pattons 3. Armee die Gefangennahme von über 400 000 Wehrmachtsanghörigen bekannt geben. Eine ungeheure Zahl, die bis zum Kriegsende auf eine Million ansteigen sollte.

Pattons GIs waren weniger als neun Monate in die europäischen Kampfhandlungen verwickelt, als sie am 11. April auf die ersten Konzentrationslager in Deutschland stießen. Die Befreiung der Lager Ohrdruf Nord und Buchenwald konfrontierte die Alliierten mit den erschütternden Zeugnissen der nationalsozialistischen Menschenvernichtung. Der Anblick der ermordeten Häftlinge schockierte Patton zutiefst. Bestürzt über diese Barbarei und voller Wut zwang er die Bevölkerung der umliegenden Ortschaften die Leichenberge der Konzentrationslager anzusehen.

Das allgegenwärtige Leid machte Patton empfindlich, ihn belastete das Schicksal der Tausenden von heimatlosen und hungernden »Displaced

Die Bevölkerung von Burgsteinfurth wird zum Besuch einer Filmvorführung über die Konzentrationslager Belsen und Buchenwald geführt

Persons« in Deutschland und Europa, und er kritisierte im Beisein des amerikanischen Kriegsministers Mc Cloy »diese nutzlose und barbarisch-sadistische Art der Luftkriegführung gegen deutsche Stadtzentren«. Er propagierte allerdings auch sein so genanntes Third Army Memorial Project, die massive Beschießung von deutschen Orten vor ihrer Einnahme: »Wir wollen damit den Einwohnern Gelegenheit geben, künftigen deutschen Generationen den Beweis zu liefern, dass die 3. Armee durch die Stadt gezogen ist.«

Am 18. April erfuhr Patton aus der Zeitung, dass er den vierten Stern erhalten hatte. Trotz seiner widersprüchlichen und unberechenbaren Aktionen war er zum vollen General der US-Armee ernannt worden. Ein weiterer seiner lang ersehnten Träume hatte sich erfüllt.

Nach den siegreichen Aktionen in Süddeutschland brannte Patton nun darauf, im persönlichen Triumphzug nach Berlin zu marschieren. Aber Eisenhower machte ihm einen Strich durch die Rechnung. Gemäß der Abmachung mit Stalin sprach er sich gegen Vorstöße von Westalliierten nach Ostdeutschland aus, um der Roten Armee bei der Eroberung der Reichshauptstadt den Vortritt zu lassen. Patton empfand Eisenhowers Vorschlag als grobe Fehlentscheidung: »Ike, wir sollten Berlin unbedingt einnehmen und dann so schnell wie möglich weiter zur Oder vorstoßen! In 48 Stunden könnten wir es nach Berlin schaffen.« Aber Pattons Einwände stießen bei Eisenhower auf taube Ohren.

Stattdessen gab er seinem erfolgreichsten General den enttäuschenden Befehl, nach Österreich und in die Tschechoslowakei vorzurücken.

Der letzte Akt von Hitlers »Götterdämmerung« wurde in den Trümmern des Dritten Reiches ausgetragen. Am 9. Mai 1945 war alles vorbei. Der Zweite Weltkrieg war in Europa mit der bedingungslosen Kapitulation Hitlerdeutschlands beendet. Kurz zuvor, am 7. Mai, hatte die 3. US-Armee die tschechische Grenze überschritten. Pattons V. Korps war schon auf halbem Weg nach Prag, als es vom Waffenstillstand erfuhr.

In den USA wurden die Helden des Krieges gefeiert, die Bilder der siegreichen US-Offiziere gingen um die Welt. Doch George S. Patton jr. schien bei den Fototerminen immer abwesend zu sein. Tatsächlich glich das Kriegsende für ihn einer mittleren Katastrophe. Ähnlich wie nach dem Waffenstillstand von 1918 empfand er ein Gefühl »der gähnenden Leere«. Obwohl er bereits im Februar 1945 seine Dienste für zukünftige Aufgaben am pazifischen Kriegsschauplatz angeboten hatte, waren diese schroff abgelehnt worden. War »sein« großer Krieg wirklich zu Ende, sein Schicksal endgültig erfüllt? Nicht ganz. In den folgenden acht Monaten gab er in seiner neuen Rolle als Militärgouverneur von Bayern keine Ruhe und ließ auch kein »Fettnäpfchen« aus. Selbst Patton war davon überzeugt, dass er für die Erfüllung von Friedensaufgaben eine Fehlbesetzung darstellte, seine Entlassung nur eine Frage der Zeit war. In den Briefen an seine Frau manifestierten sich wieder die düsteren Frustrationszustände der Zwischenkriegsjahre: »Je mehr ich von diesem verdammten Frieden mitbekomme, umso mehr bedaure ich es, den Krieg überlebt zu haben.« Im September trat Patton die erste große Lawine der öffentlichen Entrüstung los, als er vor Journalisten behauptete, dass es schwachsinnig sei, die deutsche Bürokratie von »intelligenten Menschen« zu denazifizieren. Die Aufrechterhaltung der gesellschaftlichen Ordnung im zerrütteten Nachkriegsdeutschland lag tatsächlich im Interesse Pattons, wenn auch nicht unbedingt aus humanitären Gründen. Ihm bereitete die sowjetische Besetzung weiter Landstriche Ost- und Mitteleuropas großes Kopfzerbrechen. In den unmittelbaren Nachkriegsmonaten war er zur festen Überzeugung gelangt, dass eine militärische Konfrontation zwischen den USA und der UdSSR unausweichlich sei. Im Hinblick auf die öffentliche Meinung in den USA fuhr Patton fort: »Die Zinnsoldaten-Politiker in Washington haben es uns erlaubt, die Scheiße aus den Deutschen zu treten. Zeitgleich haben wir aber auch dabei geholfen, einen zweiten Gegner aufzubauen, der noch schrecklicher ist als der erste. Diesmal werden wir jede Hilfe Gottes brauchen, um unsere Welt vor diesem Stalin und seinen mordenden Horden zu beschützen.« Während die Welt den lang ersehnten Frieden genoss, propagierte Patton schon den nächsten Krieg. In seiner politischen Unbedarftheit hatte er den ersten Spatenstich zu seinem eigenen öffentlichen Grab getan.

Mehrmals beschwerte sich Patton über die alliierten Pläne, Deutschland in einen Agrarstaat umzuwandeln, da solche Einschränkungen die Verbreitung des Kommunismus zur Folge haben würden. Erst 1948, drei Jahre nach Pattons Tod, sollte dieser so genannte Morgenthau-Plan im Zuge des Marshall-Wiederaufbauprogramms aufgegeben werden. Die Begründung für die milliardenschwere US-Wirtschaftshilfe an den ehemaligen Feind Deutschland glich der einstigen Argumentation Pattons bis ins Detail: »Deutschland soll nicht zerstört werden, sondern einen Puffer gegen die wirkliche Gefahr, den russischen Bolschewismus, bilden.« Nach der Meinung Pattons war man 1945 zur eigentlichen Ausgangssituation des Jahres 1939 zurückgekehrt. Das nationalsozialistische Terrorregime in den von Hitlers Wehrmacht besetzten Staaten sei von der albtraumartigen Regierung Stalins abgelöst worden. Und nun wäre der Westen darauf bedacht, genau wie in den Jahren vor 1939 zu schlichten und der Konfrontation mit einem auf Expansion ausgerichteten System aus dem Wege zu gehen. Unter diesen Umständen begann Patton militärische Konzepte zu entwickeln, die seiner Zeit weit

Anlässlich der Alliierten-Parade am 5. Juni 1945 in der einstigen Reichshauptstadt trifft Patton mit dem sowjetischen Marschall Schukow zusammen, dem Sieger von Berlin

Beatrice Patton begrüßt ihren »Georgie« nach seiner Rückkehr in Amerika, Juni 1945

voraus waren. In einer Pressenkonferenz gab er überraschten Journalisten zu verstehen: »Die Deutschen verrichten ihre Arbeit wie alle anderen auch. Mit ihnen als Alliierte kann ich mir sehr wohl ein Engagement gegen die Russen vorstellen.« Nur drei Jahre später, mit dem Beginn der Berliner Blockade, sollte der General mit seiner Prognose Recht behalten. Patton war der erste »kalte Krieger« vor dem realen Kalten Krieg.

Pattons Ausflüge in die Niederungen politischer Unkorrektheit nahmen kein Ende. Obwohl er Zeuge der nationalsozialistischen Verbrechen in den Konzentrationslagern gewesen war, wurde er im Herbst 1945 durch seine Vergebungstendenzen gegenüber den Deutschen für die amerikanische Armeeführung zunehmend untragbar. Indem er den Holocaust als Kavaliersdelikt herunterspielte, ließ er seinem unverhohlenen Antisemitismus freien Lauf. Bei der Besichtigung eines ehemaligen Konzentrationslagers im Juni 1945 bezeichnete er die noch dort untergebrachten Häftlinge angewidert als »niedere Tiere« und »Abschaum«. Und damit nicht genug. In seinen Tagebucheinträgen schrieb Patton immer öfter von dem »Virus, der von den Juden und Kommunisten ausgeht«. Es ist ein Zynismus der Geschichte, dass gerade die Person, die so viel zum Untergang des Dritten Reiches beigetragen hatte, unbewusst an den rassischen Überlegenheitswahn der Nazis glaubte. Pattons wachsende Verehrung für den ehemaligen Feind machte sich auch in seiner inkonsequenten Handhabung der Entnazifizierungspolitik bemerkbar. Nachdem er am 22. September Mitglieder der NSDAP mit den Anhängern der US-Parteien, den Republikanern und Demokraten verglichen hatte, riss auch Eisenhowers Geduldsfaden. Am 27. September 1945 gab er Patton den Befehl, seine Position als Oberbefehlshaber der 3. Armee niederzulegen und das Kommando über die nunmehr nur noch auf dem Papier existierende 15. Armee zu übernehmen. Eisenhower ließ Patton endgültig fallen, die vormals enge Freundschaft zu ihm war für den Oberkommandierenden mit politischen Ambitionen unangebracht und peinlich. Nur zwei Wochen später gab die amerikanische Besatzungsbehörde Maßnahmen bekannt, wofür sich der nun entlassene General eingesetzt hatte: »Zwischen zwei und fünf Prozent« der vormaligen NSDAP-Mitglieder durften in ihren Positionen verbleiben, um in Deutschland ein »bürokratisches Chaos« zu vermeiden.

Trotz allem wurde Patton im Juni in Los Angeles ein triumphaler Empfang bereitet. Zehntausende säumten die Straßen, die Kinder bekamen schulfrei. In der »Hollywood Bowl« dankte er für die Unterstützung aus der Heimat, dankte seinen Soldaten der 3. Armee. Es sollte das allerletzte Mal zu Hause bei der Familie sein. Am Vorabend seiner Rückkehr nach Europa sprach er zu seinen Töchtern Bee und Ruth Ellen über seine Vorahnungen: »Ich werde euch nie wieder sehen, meine Zeit ist zu Ende.« Der Gedanke an den nahen Tod hatte Patton seit den Landungen in Nordafrika begleitet. Im Februar 1945 schrieb er sei-

Schießübung Pattons am Tegernsee; noch im Sommer 1945 verließ er Amerika wieder in Richtung Europa

ner Frau: »Liebe Bea, falls ich in nächster Zeit getötet werden sollte, hoffe ich auf einen schnellen und sauberen Tod. Ich habe das Gefühl, dass ich ein Stückchen Treibholz im Strom des Schicksals bin. Ich bewege mich in der Richtung des für mich vorgesehenen Weges, an einen Ort, den ich bis jetzt noch nicht kenne. Meine Hauptsorge liegt in der Erfüllung meiner Pflicht, dem Wiedererlangen meines Selbstbewusstseins und dem Folgen meines Sterns.«

Acht Monate nach Ende des Zweiten Weltkriegs und genau einen Monat nach seinem 60. Geburtstag wurde Patton bei Mannheim-Käfertal bei einem leichten Verkehrsunfall tödlich verletzt. In seinem dramatischen und spektakulären Leben hatte er alles erreicht, was »seine« Vorsehung für ihn bestimmt hatte: Er war zu einem der erfolgreichsten Generäle der amerikanischen Geschichte aufgestiegen, hatte an den zwei blutigsten Konflikten der Menschheit teilgenommen und Hitlers scheinbar unbesiegbare Wehrmacht geschlagen. Was bleibt, ist sein My-

Am 21. Dezember 1945 starb Patton in Heidelberg, beigesetzt wurde er auf einem Soldatenfriedhof bei Hamm in Luxemburg

thos. Auch in der Nachkriegszeit ließ man Patton und seine Qualitäten als Soldat nicht ruhen. Die meisten Kritiker vergessen jedoch oft, dass George Smith Patton junior sich selber nie als Politiker, Philosophen oder strategischen Planer gesehen hat, sondern nur als General einer mobilen und ungeheuer schnell vorstoßenden Armee. Im Rückblick scheint es so, dass der Soldat Patton der amerikanischen Öffentlichkeit oftmals nicht blutrünstig genug war, da sich Heldentum und Ruhm für viele offenbar nur in den Zahlen vieler Toter widerspiegelt. Sein eigentlicher Verdienst wird aber oft vergessen: Pattons Art der Kriegführung, die auf präzisen Entscheidungen und schnellen Vorstößen beruhte, verkürzte das Kriegsgeschehen drastisch und rettete somit das Leben Tausender alliierter und auch deutscher Soldaten.

Auch Eisenhower zollte seinem alten Freund Patton noch einmal Tribut: »Er war einer dieser Männer, die dazu geboren sind, Soldaten zu sein. Ein perfekter Befehlshaber, der es verstand, seine Truppen in jeder Situation, auch auf dem Schlachtfeld, zu motivieren. Seine Anwesenheit gab mir immer den Mut, auch die waghalsigsten Pläne durchzuführen. Es ist keine Übertreibung wenn man behauptet, dass alleine der Name Pattons den Feind in Angst und Schrecken versetzte.«

Willie, der treue Begleiter Pattons, wartet mit dem Gepäck seines verstorbenen Herrchens auf die Rückkehr nach Amerika

Susanne Stenner

Bernard L. Montgomery   Verloren im Triumph

Ein Leben lang hatte er auf eine Chance wie diese gewartet. Der ehrgeizigste General der britischen Armee stand wie jeden Morgen um sieben Uhr vor dem Badezimmerspiegel seiner Villa in Reigate, als das Telefon klingelte: ein Anruf aus dem Kriegsministerium. Die Order: sofortige Abreise in den Mittleren Osten. Die Mission: die Übernahme der britischen 8. Armee. Keine leichte Aufgabe, darüber war sich auch Montgomery an jenem Morgen des 8. August 1942 im Klaren. Doch mit der Berufung Montgomerys als Oberbefehlshaber der 8. Armee nach Nordafrika begann eine der ungewöhnlichsten Karrieren des Zweiten Weltkriegs. Der Mann, bis dato kaum jemandem bekannt, trieb von jenem Tag an Hitlers Wehrmacht von Niederlage zu Niederlage. Der Untergang des Dritten Reiches an den Fronten im Westen – er begann im Jahr 1942 mit der Ernennung Montgomerys.

Hitlers Lieblingsgeneral Erwin Rommel hatte zu diesem Zeitpunkt die britische Armee bis an die Tore Kairos und Alexandrias gejagt. Was anfangs aussah wie deutsche Soforthilfe für Mussolinis gescheiterte Weltmachtsphantasien in Nordafrika, war nun zur tödlichen Bedrohung britischen Einflussgebietes geworden. Das Empire war in Gefahr, ein so kriegswichtiger Punkt wie der Suezkanal, Britanniens Schneise zwischen Mittelmeer und Rotem Meer, plötzlich akut bedroht. Würde Hitlers Afrika-Korps nun die Briten überrennen und bis nach Palästina stürmen? Die Einnahme Tobruks durch Rommel am 21. Juni 1942 war ein Schock für Großbritannien, in nur 24 Stunden hatte der deutsche General die libysche Hafenstadt überwältigt – Menetekel für eine britische Niederlage und Symbol des deutschen Erfolges.

Die britische Armee in Nordafrika erwies sich den Deutschen zwar zahlenmäßig überlegen, doch das Führungspersonal war ausgebrannt und ineffektiv. Nicht nur die Kampfmoral von Montgomerys Vorgänger Fieldmarshal Sir Claude Auchinleck ließ zu wünschen übrig,

Bernard Law Montgomery (1887–1976)

die ganze 8. Armee und das Kommando im Mittleren Osten brauchte einen anderen Geist und vor allem neue Strukturen. Die Kooperation zwischen Land- und Luftstreitkräften war denkbar schlecht, die Ausrüstung unzureichend. Ein Kommandowechsel schien unausweichlich, darüber waren sich der britische Premierminister Winston Churchill und seine Berater im Kriegsministerium einig. Churchill favorisierte den dreiundvierzigjährigen Generalleutnant Gott, von seinen Leuten wegen seiner Strenge auch »Bestrafer« genannt. Doch der erste Arbeitstag des aus den eigenen Reihen der 8. Armee neu ernannten Befehlshabers sollte zugleich sein letzter sein: General Gott, von den Strapazen des Wüstenkrieges ermüdet, hatte direkt nach seiner Ernennung um vier Tage Urlaub ersucht. Am Nachmittag des 7. August bestieg er ein Transportflugzeug vom Typ »Bristol Bombay«, um sich von der Frontlinie nach Kairo fliegen zu lassen. Das Flugzeug war gerade erst gestartet, als zwei deutsche Jäger die zweimotorige Maschine beschossen. Innerhalb weniger Sekunden standen beide Triebwerke in Flammen. Obwohl der Pilot das Flugzeug notlanden konnte, überlebten nicht alle Insassen die Katastrophe: General Gott starb in dem Wrack. Die Nachricht von seinem Tod erhielt Churchill schon zwei Stunden später. In seinen Memoiren beschrieb er seine Enttäuschung und Ratlosigkeit: »Meine ganzen Pläne wurden durcheinander gebracht.«

Die Entscheidung, Montgomery als Befehlshaber der 8. Armee einzusetzen, war für Churchill aus der Not geboren. Erst nach langen Sitzungen gab er dem Drängen seiner Berater nach. General Bernard Law Montgomery galt nicht nur als erbarmungsloser Ausbilder, seine Kollegen und Vorgesetzten betrachteten ihn im Umgang auch als schwierig, eigensinnig und kompromisslos. Unter den geschmeidigen britischen Offizieren mit elitärer Ausbildung, galanten Manieren und adäquatem gesellschaftlichen Hintergrund war Bernard Law Montgomery ein Solitär. Ein Einzelgänger, asketisch, diszipliniert und professionell, einer der nur an seinem Kriegshandwerk interessiert schien.

Als er am Morgen des 8. August seine beschwerliche Reise ins britisch besetzte Kairo antrat, hegte er keine Zweifel an der eigenen Bestimmung. Die effektiv geführte deutsche Wehrmacht konnte von keinem besiegt werden – außer von ihm, einem Mann, der in Ausbildung, Einstellung und Entschlossenheit den Deutschen in nichts nachstand. Einer, der sein Kriegshandwerk mit Überzeugung, Hingabe und höchstem persönlichen Einsatz versah. An ihm lag es nun, aus der ihm anvertrauten Armee eine moderne, schlagkräftige Kampfmaschine zu machen und sie gegen Rommel erfolgreich ins Feld zu führen.

Am 8. August 1942 wird Bernard L. Montgomery zum Oberbefehlshaber der britischen 8. Armee ernannt

Montgomery, der 1887 in London geboren und in Tasmanien aufgewachsen war, hatte sich als junger Mann freiwillig im »Royal Military College Sandhurst« gemeldet – ohne die Zustimmung der strengen Mutter. »Er hat sich sofort in die Armee gestürzt und sich völlig dem Soldatentum gewidmet«, erinnert sich sein Bruder Brian Montgomery. In der Militärakademie zählte er seinen Leistungen nach zu den Besten. Doch wild und rebellisch, schlug der junge Montgomery immer wieder über die Stränge. Autoritäten forderte er stetig heraus, anpassen konnte er sich nur schwerlich. Als er als Rädelsführer einer »Sandhurst-

Gang« einem Kameraden die Jacke anzündete und dieser mit schweren Verletzungen ins Krankenhaus eingeliefert werden musste, war es den Ausbildern zu viel: Bernard drohte der Rauswurf. Einzig der hartnäckige Einsatz der Mutter, die einen Skandal für die Familie befürchtete, konnte das Schlimmste verhindern. Bernard durfte bleiben. Keiner schien zu verstehen, dass der schwierige Teenager einzig um Liebe und Anerkennung rang. Gefühle, die er seit seiner Kindheit vermisste. Ob Mutter Maud ihren Sohn Bernard nicht liebte und ihn ablehnte oder ob die junge Frau mit neun Kindern, darunter der rebellische Sohn, schlichtweg überfordert war, ist nicht klar. Sicher ist jedoch, dass der junge Bernard unter ihrer Lieblosigkeit litt. ›Schläge sind besser als nicht beachtet zu werden‹ – mit einem daraus resultierenden Verhaltensmuster hatte Bernard seine Mutter jahrelang zur Weißglut getrieben. »Schaut einmal, was Bernard gerade macht, und sagt ihm, dass er damit aufhören soll«, war eine häufig benutzte Redewendung im Hause der Montgomerys. Das Verhältnis zwischen Bernard und seiner Mutter schien ein Teufelskreis zu sein, gekennzeichnet von einem ständigen Wunsch nach Beachtung, von Provokation und Bestrafung.

Das Militär heilte scheinbar so manche Wunde aus längst vergangenen Kindertagen: Selbstachtung und Selbstbestätigung gab es hier gratis, wenn man nur zu den Besten gehörte. Doch der Weg dahin war

Im August 1942 fliegt Montgomery nach Nordafrika, wo er die 8. Armee aus der Krise im Kampf gegen die deutsche Wehrmacht führen soll

links: *Maud, die Mutter Montgomerys; sie musste neun Kinder großziehen*

rechts: *»Klein-Monty«, geboren 1887 in London, aufgewachsen in der britischen Kolonie Tasmanien*

hart. Nicht nur in der Familie, auch beim Militär fühlte sich Montgomery wie einer aus der zweiten Reihe: Wer kein Geld hatte, der musste noch mehr leisten – in einer Armee, in deren Offizierskorps Beziehungen und Herkunft wichtiger waren als alles andere. Für Jungen aus kinderreichen Familien wie Montgomery, dessen Eltern aus der Kolonie Tasmanien kamen und nur ein bescheidenes Einkommen vorweisen konnten, war da wenig Platz. Doch der junge Bernard wollte an die Spitze, setzte sich durch. Die Narben aus der Kindheit allerdings verheilten nie. Seine Unfähigkeit, Autoritäten anzuerkennen und die Unzulänglichkeit, sich anderen Menschen emotional zu nähern, begleiteten Montgomery sein ganzes Leben. Als er 1927 plötzlich seine Heirat mit der Witwe Betty Carver verkündete, geschah dies zur Verblüffung seiner ganzen Familie. »Er hatte gar keine Freundinnen, hatte niemals zuvor eine Liebschaft gehabt. Seine Heirat kam völlig unerwartet«, erinnerte sich Montgomerys Schwester Lady Michelmore in einem Interview. Betty Carver, die aus erster Ehe zwei Söhne in die Ehe mitbrachte, war die Vertraute, nach der Montgomery sich immer gesehnt hatte. »Betty schaute hinter die linkische Fassade und hatte ein Verständnis für den Neununddreißigjährigen, für den emotional immer noch zurückgebliebenden Erwachsenen, der gequält wurde vom Bedürfnis nach Selbstbestätigung durch seine Mutter. Sie [Betty] begegnete ihm mit Vertrauen, Verständnis und Zuneigung«, bewertet der Biograph Nigel Hamilton das freundschaftliche Verhältnis der beiden Eheleute. Als beide ein gemeinsames Kind, David, bekamen, war das Glück perfekt. »Sie war eine sehr kultivierte Person«, erinnerte sich Montgomerys Bruder Brian. »Sie ließ ihn immer die lustigen Seiten

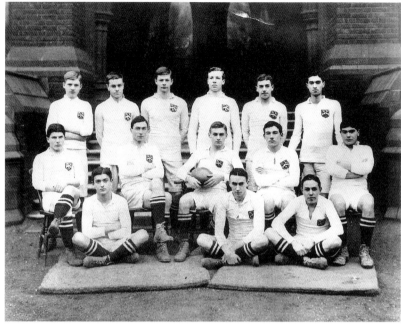

links: Im Ersten Weltkrieg als Mitglied der 104. Infanteriebrigade, 35. Division

rechts: Als Jugendlicher – hier in der Rugby-Mannschaft in Sandhurst, 2. Reihe, Mitte – galt Montgomery als wild und rebellisch

des Lebens sehen. Wenn er traurig war, brachte sie ihn zum Lachen, nur sie war dazu in der Lage. Sie war eine Frau von hervorragendem Charakter, sehr charmant, und es war eine Tragödie, dass diese Ehe nicht andauerte, da sie allein so erfolgreich darin war, die Ecken und Kanten seines Charakters zu glätten, die den meisten Menschen sehr seltsam erschienen.« Als seine Frau Betty nach nur zehn Ehejahren in seinen Armen an einer Sepsis verstarb, brach für Montgomery eine Welt zusammen. Der einzige Mensch, dem er sich je emotional hingegeben hatte, existierte nicht mehr. An ihrem Grab brach er weinend zusammen.

Nach ihrem Tod schien Montgomery zu versteinern. »Bettys Tod war furchtbar. Niederschmetternd. Ohne Bettys Tod wäre er nicht zu dem geworden, was er war. Durch ihren Tod stürzte er sich in die Armee und wurde ein absoluter und passionierter Soldat«, erinnert sich seine Schwester. Der Mensch Montgomery verschwand hinter dem Krieger. Selbstbestätigung suchte er nun in der Armee und wartete auf eine Gelegenheit, um sich selbst und der ganzen Welt zu beweisen, was in ihm steckte. El Alamein war die Chance seines Lebens.

Am frühen Morgen des 12. August 1942 betrat Montgomery ägyptischen Boden. Zwei unbequeme Reisetage lagen hinter dem frischgebackenen Kommandeur. In Kairo wurde Montgomery mit allerlei Gerüchten konfrontiert: Die Ägypter erwarteten mit jedem Tag Rommels Afrika-Korps am Nil. Die 8. britische Armee werde den Of-

links: Montgomery mit Sohn David als Colonel des Royal Warwickshire Regiments, 1931

rechts: Betty Montgomery mit Sohn David während eines Winterurlaubs in der Schweiz

fensiven des deutschen Generals nicht standhalten, vom geordneten Rückzug der ehemals glorreichen 8. Armee war die Rede. Würde eine Entscheidungsschlacht in der Wüste die Niederlage der Engländer bringen und somit die lang ersehnte Unabhängigkeit von britischer Vormundschaft? Die Hoffnung der Ägypter schien berechtigt, die Macht des einstigen Kolonialreiches ebenso unsicher wie der Ausgang des Krieges. Fast ganz Europa war schon von Hitlers Truppen besetzt, an der Ostfront befanden sich die Deutschen auf dem Vormarsch Richtung Stalingrad. Und die Amerikaner kämpften noch nicht auf europäischem Boden.

In Kairo verschwendete Montgomery keine Zeit. Nachdem er Wüstenkleidung und Ausrüstung besorgt hatte, ließ er sich am frühen Morgen des 13. August direkt an die Front fahren. Brigadegeneral Francis de Guingand war überrascht vom ungewohnten Führungsstil des neuen Chefs. Der legte auf Dossiers und Schriftstücke keinen Wert. Auf dem Weg zur Front in seinem Auto insistierte Montgomery und erfuhr alles Notwendige im persönlichen Gespräch. Die Einschätzung des Untergebenen schien ihm wichtiger als die vorbereiteten schriftlichen Berichte und Protokolle. Schließlich musste er im Bilde sein, wie es wirklich stand um seine neue 8. Armee.

Deren Kampfgeist befand sich auf dem Tiefpunkt. Erwin Rommel und sein Afrika-Korps hatten die Briten durch Nordafrika gejagt, sie

Gleich nach seiner Ankunft in Afrika informiert sich Montgomery über die militärische Lage

immer wieder besiegt und den Soldaten schließlich jegliches Selbstvertrauen genommen. Wer es mit Rommel aufnehmen wollte, musste erst einmal dessen Mythos zerstören, denn der deutsche »Wüstenfuchs« galt als unbesiegbar. Würde es Montgomery gelingen, die Moral zu festigen und seinen Männern neuen Mut einzuflößen?

Die Männer der britischen 8. Armee verhielten sich zunächst skeptisch gegenüber Montgomery. Innerhalb eines Jahres hatten man vier Mal den Kommandeur ausgetauscht, jedoch ohne Erfolg. Der neue Befehlshaber war ein Unbekannter und noch dazu ein Neuling im Wüstenkampf. Sein nagelneues »Wüstenoutfit«, seine viel zu weiten khakifarbenen Shorts, die Kniestrümpfe und der taillierte Pullover über dem Tropenhemd unterstrichen noch seine kleine und hagere Statur. Die asketischen Gesichtszüge, die denen eines Fuchses glichen, und seine Adlernase lösten Erheiterung aus statt Respekt: »Bei seiner Ankunft war die Atmosphäre ziemlich negativ. Er wirkte eher komisch, dieser kleine Mann. An was ich mich heute noch erinnere, sind seine Knie. Die waren nicht nur knubbelig, sie waren ziemlich weiß, und es war klar, dass dieser Mann niemals zuvor in der Wüste gewesen war. Wir waren damals ziemlich arrogant, und er hatte diesen mühseligen Job, uns davon zu überzeugen, dass er unser neuer Anführer war«, erinnert sich der ehemalige Nachrichtenoffizier Sir Edgar Williams in einem Interview an seinen ersten Eindruck von Montgomery. Doch dem ersten Eindruck ließ Montgomery gleich Taten folgen und stellte sich seinen Männern mit einem Paukenschlag vor. Keine sechs Stunden nach seiner Ankunft an der Front ließ er bereits seine Offiziere im Hauptquartier antreten. Die Rede, die er für diesen Anlass vorbereitet hatte, befindet sich heute im Britischen Kriegsmuseum. Das handgeschriebene Dokument wirkt auf den ersten Eindruck pedantisch, ordentlich, fast wie gedruckt. Die Gedanken sind glasklar formuliert. Der Inhalt seiner Rede war von einer überraschenden Direktheit und vermochte die Männer am Stolz zu packen: »Ich mag die Atmosphäre hier nicht. Es ist eine Atmosphäre des Zweifelns, des Zurückblickens, um den nächsten Platz des Rückzugs zu sondieren, des Verlustes an Vertrauen in unsere Fähigkeit, Rommel zu schlagen. (…) Ich sehe, dass es hier draußen eine Menge Feigheit gibt. Mit Feigheit meine ich, das Erfinden von schlechten Gründen, um nicht das tun zu müssen, was einem aufgetragen wurde. Das muss sofort aufhören. Feigheit werde ich hier nicht mehr dulden. (…) An was wir uns erinnern sollten ist, mit dem Kerl Rommel Schluss zu machen. Ein für alle Mal. Das wird ganz einfach sein. Er ist wirklich eine Plage. Aus diesem Grund werden wir ihm einheizen und ihn fertig machen.«

Der Redner Montgomery schien mit seiner charismatischen Art alle in seinen Bann zu ziehen: »Die Wirkung dieser Ansprache war elektrisierend. Großartig!«, erinnert sich Freddie de Guingand noch Jahre später. »Wir alle gingen in dieser Nacht mit neuer Hoffnung zu Bett und mit großem Vertrauen in die Zukunft unserer Armee.«

Die Rosskur für die demoralisierte Armee schien zu wirken. Geschickt delegierte Montgomery unangenehme Detailarbeit an sorgfältig ausgewählte, zuverlässige Adjutanten und zeigte sich demonstrativ bei den einfachen Soldaten an der Frontlinie. Bald nannten sie ihren neuen Befehlshaber ›Monty‹, den ›Soldaten-General‹. Er war einer von ihnen – Geburtsstunde eines selbst geschaffenen Images mit der Insignie des einfachen Baretts, der Mütze der Panzerfahrer. Daran hatte er sich sein Generalsabzeichen geheftet. Ein Outfit, für das er direkt von König George VI. gerügt wurde. Auf seine »unpassende Kleidung« und auf sein Barett, sein neues »Markenzeichen« hingewiesen, antwortete Montgomery jedoch: »Man hat mir gesagt, dass diese Abzeichen, wenn sie auf dem Schlachtfeld gesehen werden, den Stellenwert von zwei Divisionen haben. Zwei Divisionen!«, unterstrich er mit Nachdruck.

Montgomery (M.) im Kreis von Offizieren, die ihn nach einer anfangs eher spöttischen Distanz sehr bald als fähigen Militär schätzen

Dem Argument, sein Image würde den Kampfgeist der 8. Armee stärken, konnte sich der König nicht entziehen. Fortan sprach Georg VI. nie wieder über Montgomerys laxe Kleidung.

Doch war das Image des »Soldaten-Generals« eines, für das es sich auch zu sterben lohnte?

In El Alamein, einem winzigen Ort, rund 80 Kilometer von Alexandria und 120 Kilometer von Kairo entfernt, begannen die Vorbereitungen für eine der wichtigsten Offensiven des Zweiten Weltkriegs. Montgomerys Plan – von ihm detailliert handschriftlich Punkt für Punkt festgehalten – war genauso einfach wie genial: An der schmalsten Stelle, zwischen der unüberwindbaren Quatara-Senke im Süden und dem Mittelmeer im Norden, an dem winzigen Flecken El Alamein, baute er seine Verteidigungslinie auf und ließ Stellungen graben. Um nach Alexandria, nach Kairo oder zum Suezkanal zu kommen, musste Rommel hier durch. Hitlers Weltmachtträume und Rommels Siege gegen die 8. Armee hatten den Diktator und seinen Feldmarschall alle Vorsicht vergessen lassen: »Die Nachschubwege waren zu lang. Das Afrika-Korps abgekämpft. Mein Vater war in einem greulichen gesundheitlichen Zustand«, erinnert sich Rommels Sohn Manfred an die körperliche Verfassung Erwin Rommels. »Mein Vater hat sich bemüht, General Oberst Guderian als Nachfolger zu bekommen.

Der war aber damals bei Hitler in Ungnade gefallen. Deshalb hat sich mein Vater entschlossen, den letzten Versuch, Kairo zu erreichen, selbst zu unternehmen.« Wer der neue Mann an der Spitze der 8. Armee war, davon konnte sich Rommel kein allzu genaues Bild machen: »Er hat gewusst, was in den Zeitungen stand. Das war für deutsche Verhältnisse schon eine ganze Menge, denn es handelte sich um englische Zeitungen, die nicht jeder in die Hand bekam.«

Im August 1942 kündigte sich hoher Frontbesuch in der Wüste an. Premierminister Churchill wollte sich persönlich vom neuen Schwung in der 8. Armee ein Bild machen. Nicht ganz uneigennützig, denn er stand unter Erfolgsdruck. Nach den fatalen militärischen Niederlagen der vergangenen Monate verlangten seine Landsleute nun Siege – oder seinen »Kopf«. Doch nicht nur politischer Machtgewinn und Machterhalt bestimmten das Handeln des Premiers. Es ging um mehr: um das weltweite Ansehen Großbritanniens. Die Kriegswende musste her, noch bevor die Amerikaner den Briten durch die geplante Landung in Nordafrika zu Hilfe eilen konnten und so den Eindruck erweckten, sie hätten das »Ruder herumgerissen«. Der Premier, ausgestattet mit einem khakifarbenen Tropenanzug, Sonnenbrille, Sonnenschirm und der obligaten Zigarre, fühlte sich offensichtlich wohl in der Wüste. »Von allen Seiten wurde mir die Veränderung, die seit Montgomerys Befehlsübernahme eingetreten war, bestätigt. Ich empfand die Richtigkeit dieser beruhigenden Feststellung mit Freude«, schrieb Churchill in seinen Kriegsmemoiren. Exzentrische Attitüden des neuen Kommandeurs nahm Churchill schmunzelnd hin. So auch Montgomerys Fernbleiben vom offiziellen Mittagstisch: »Er blieb draußen im Wagen sitzen«, erinnerte sich Churchill amüsiert, »und aß nach allen Regeln der Etikette ein kümmerliches Sandwich, das er sich mit Limonade schmackhafter machte.« Uneinigkeit herrschte jedoch in der Frage der militärischen Koordination. Churchill drängte auf eine möglichst frühe Entscheidungsschlacht gegen Rommel und schlug den Monat September als Termin vor. Montgomery lehnte ab. Die Truppen seien noch nicht bereit, dringend benötigte Materiallieferungen noch nicht eingetroffen. Falls die Operation erfolgreich sein solle, so legte er Churchill nahe, müsse er selbst den Zeitpunkt des Angriffs bestimmen. Der Premier gab klein bei.

Doch Ausbildung, Kampfgeist und neue Waffen waren nicht genug, um gegen den erfahrenen Gegner Rommel Erfolg zu haben. Montgomery setzte auch auf geheime Informationen und vertraute Erkenntnissen des Geheimdienstes über den Gegner: In Blechtley Park, einem kleinen Landhaus bei London, der Abhörzentrale des britischen Geheimdienstes, hatten die klügsten Köpfe des Vereinigten Königreichs die Codes der Deutschen geknackt. Mit Hilfe einer erbeuteten »Enigma«, der angeblich sichersten Chiffriermaschine der Welt. Davon waren zumindest Hitlers Geheimdienstexperten überzeugt. Seitdem jedoch die Enigma in britische Hände gelangt war, blieben Hitlers Kriegspläne kein deutsches Geheimnis mehr. Das zahlte sich jetzt in der Wüste aus. »Montgomery gewann seine erste Schlacht, indem er den Geheimdienstinformationen Glauben schenkte, mit denen er versorgt wurde«, schrieb sein ehemaliger Nachrichtenoffizier Edgar Williams. Ralph Bennett, damals Mitarbeiter des britischen Geheimdienstes MI5 in Bletchley Park, pflichtet bei: »Die 8. Armee und ihr Kommandeur hatten in der Wüste begriffen, wie man die neue und mächtige Waffe ›Geheimdienst‹ in den Kampf integriert und wie man sie zu nutzen hatte, um Operationspläne auszuarbeiten.« Für Montgomery bestätigten die durch »Ultra«, so der Tarnname für die Entschlüsselung deutscher Signale, erhaltenen Nachrichten seine mit taktischem Instinkt getroffenen Entscheidungen. Der Kommandeur der 8. Armee erlaubte seinem Nachrichtenoffizier zu jeder Stunde direkten Zugang zu seinem Hauptquartier. So erreichten Montgomery Informationen, die ihm eine gezielte Planung erlaubten: Am 15. August, zwei Tage nachdem der britische Feldherr das Kommando übernommen hatte, informierte Erwin Rommel Hitlers Hauptquartier über Pläne einer eigenen Offensive, die die Eroberung Ägyptens zum Ziel hatte. Vorausgesetzt, er erhalte regelmäßige Lieferungen an Treibstoff und Kriegsgerät, würde er Ende des Monats mit einem südlich umfassenden Vorstoß zum Deltalauf des Nils vordringen. Dabei wollte er so weit wie möglich nach Osten vorstoßen, dann nördlich zum Meer abdrehen, um schließlich die 8. Armee in El Alamein einzukesseln und die britischen Einheiten zu zerschlagen. Bereits 48 Stunden später lag der Text dieses streng geheimen Schreibens dank Enigma auf Montgomerys Schreibtisch. Hatte Rommel seinen Gegner unterschätzt? Die Kenntnis vom Angriffstermin Rommels war essenziell für Montgomery. Nun wusste er, dass ihm genug Zeit für eine gründliche Vorbereitung einer Abwehrschlacht blieb. Der Nachschub würde bis dahin optimiert sein, seine Truppen gut ausgebildet, die Kooperation zwischen Bodentruppen und der Air Force verbessert und die Abwehrstellungen ideal platziert und vermint. Ein kalkulierbarer Abwehrerfolg gegen Rommel würde zudem die Moral seiner Truppen stärken, darüber war sich Montgomery im Klaren. Als sein Adjutant Freddy de Guingand ihn

Erwin Rommel, Generalfeldmarschall der deutschen Wehrmacht, während eines Interviews an der Front von Tobruk

kurz nach Mitternacht des 31. August aus dem Schlaf riss, um ihm mitzuteilen, dass sich Rommels Panzer in Bewegung gesetzt hatten, war Montgomery ebenso erfreut wie kaltschnäuzig: »Exzellent, exzellent«, murmelte er, bevor er dem erstaunten Adjutanten den Rücken zudrehte und weiterschlief. Die Schlacht von Alam Halfa hatte begonnen, doch Rommels Angriff südlich von El Alamein schien Montgomery weder aufzuregen noch seine Routine zu stören. Während Monty seine Nachtruhe fortsetzte, versuchten Rommels Panzerdivisionen die britischen Minenfelder zu durchbrechen. Doch der Schock war gewaltig: Die Minengürtel waren tiefer als erwartet, die britische Artillerie setzte die Panzer unter Dauerbeschuss, und der Himmel brummte vom Fluglärm der britischen Maschinen, die fortwährend Leuchtmunition und Bomben abwarfen. Während Montgomery kaltblütig blieb, zeigte Rommel Nerven. Ein Rückzug kam für ihn nicht in Betracht. Der Druck auf die britischen Linien müsse bestehen bleiben, befahl der deutsche Feldherr. Immerhin wollte der »Wüstenfuchs«, der gerade zum Feldmarschall ernannt worden war, sich keine Blöße geben. Doch Montgomery ließ nicht locker: Dem Afrika-Korps durfte keine Chance gegeben werden, seine einzigartige Stärke, die in großer taktischer Flexibilität lag, auszuschöpfen. Das bedeutete für den Briten:

Keine Gegenangriffe, keine Vorstöße. Die Deutschen sollten fortwährend durch die Luft, durch die Artillerie und die eingegrabenen Panzer beschossen werden. »Das Schwein greift nicht an«, beklagte sich Rommel beim Oberbefehlshaber Süd von Kesselring. In jenen Stunden platzte der deutsche Traum von der Einnahme Kairos und Alexandrias. Die erste Runde im Wüstenkrieg, die Schlacht von Alma Halfa, ging an Montgomery. Viele britische Soldaten schrieben von nun an optimistische Feldpostbriefe in die Heimat: »Diese Schlacht veränderte den Krieg. Jetzt werden wir gewinnen. Da gibt es keinen Zweifel. Wir werden gewinnen«. In Montgomerys Generalstab waren nun auch die letzten Zweifler verstummt: »In Alam Halfa haben wir das erste Mal erlebt, dass ein deutscher Panzer abdrehte. Dieser kleine Mann hatte uns vorausgesagt, dass dies passieren würde, und das hat auch genau nach Plan geklappt. Als Resultat dieser Schlacht wurde unser Glaube in Montgomery als General gestärkt. Für die nächste große Schlacht von El Alamein, die ja ein Frontalangriff sein musste, war die nötige Moral und der Glaube an diesen einzigartigen Kommandeur gefestigt«, erinnerte sich der Wüstenveteran Edgar Williams in einem Interview.

Doch vor der nächsten britischen Offensive, die die Entscheidung in Nordafrika bringen sollte, wurde auf beiden Frontseiten mobil gemacht. Ein monatelanger Stillstand in der Wüste war die Folge, ein gegenseitiges Belauern des Gegners. Die Propaganda auf beiden Seiten verklärte das zermürbende Warten als afrikanische Idylle. Ein Lied tat das seinige dazu »Lilli Marlen«: Der sentimentale Song rührte die Kriegsgegner abends, gleich ob hinter deutsch-italienischen oder britischen Frontlinien.

Die Zeit arbeitete für Montgomery. Drill und Training steigerten das Selbstvertrauen der britischen Soldaten. Ihr charismatischer Kommandeur nährte den Willen zum Sieg. Und stetige Waffenlieferungen aus Amerika unterstützten die britischen Vorbereitungen.

Auge in Auge mit dem deutschen Widersacher: Um seinen Gegner zu studieren, hängte Montgomery Rommels Foto in seinen Caravan, ein Art Wohnwagen, der als Hauptquartier und persönliche Behausung diente. Den Rivalen Rommel sah Montgomery als ebenbürtigen Konkurrenten, den Krieg in Nordafrika als Wettkampf der Willenskraft zweier Protagonisten. Wie sehr er der Schlacht von El Alamein entgegenfieberte, dem »solid and bloody killing match«, wie er es nannte, dem ehrlichen, aber rücksichtslosen und blutigen Schlagabtausch, wird aus seinem Brief an den Freund Tom Reynolds vom 21. September ersichtlich: »Ich habe niemals zuvor einem Feldmarschall gegenüber gestanden. Doch zweifellos habe ich die erste Runde gewonnen – oder besser habe das erste Spiel gewonnen, als er Aufschlag hatte. Ich habe jede Minute der Schlacht genossen.«

Anders als Montgomery, der den Krieg in der Wüste personalisierte und als sportlichen Wettkampf sah, ließ die Ungewissheit den Vorzeigehelden Rommel nicht kalt. Wie es wirklich in ihm aussah, vertraute er einzig seiner Frau in Briefen an: »Ich habe nicht mehr viel Hoffnung. Nachts liege ich wach, unfähig, Schlaf zu finden, eine schreckliche Last, die auf meinen Schultern lastet.«

Dann kam es zum Überraschungsschlag: In der Nacht vom 23. Oktober durchbrach die britische Infanterie die nördlichen Verteidigungslinien der Achsenmächte. Nun sollten britische Panzer durch die Lücke stoßen und ein Schutzschild für die Infanterie bilden, um die Verteidigungsflanke Rommels anzugreifen. Bei den Italienern und Deutschen herrschte Chaos. Ausgerechnet im entscheidenden Moment weilte Generalfeldmarschall Rommel nicht bei seinen Männern. Er war auf Heimaturlaub, um eine Krankheit auszukurieren. Wusste Montgomery von Rommels Abwesenheit? Rommel, der eilends aus der Heimat zurück an die Front reiste, konnte nichts mehr ausrichten. Deutsche Panzerregimenter versuchten zwar immer wieder Gegenangriffe, doch die britische Panzerabwehr und Artillerie stellten sich diesen Attacken erfolgreich entgegen. Nach tagelangen Kämpfen zogen sich die motorisierten Streitkräfte der Achsenmächte in Panik zurück. War die Niederlage unvermeidlich gewesen? »Mein Vater war der Auffassung«, erinnert sich Manfred Rommel, »dass, selbst wenn er am ersten Tag der Schlacht da gewesen wäre, angesichts des Kräfteverhältnisses die Alamein-Schlacht für die deutsche Seite nicht zu gewinnen gewesen war.« Der Diktator in Berlin jedoch duldete keine Niederlage.

Wissend, dass seine Linien durchbrochen waren und er keine Reserven hatte, um die Lücke zu schließen, ersuchte Rommel am Abend des 2. November formal bei Hitler um eine Erlaubnis zum Rückzug, den er bereits in Bewegung gesetzt hatte. Die Antwort des »Führers« entsetzte den »Wüstenfuchs«: »Mit mir verfolgt das deutsche Volk in gläubigem Vertrauen auf Ihre Führerpersönlichkeit und auf die Tapferkeit der Ihnen unterstellten deutsch-italienischen Truppen den heldenhaften Abwehrkampf in Ägypten. In der Lage, in der Sie sich befinden, kann es keinen anderen Gedanken geben, als auszuharren, keinen Schritt zu weichen und jede Waffe und jeden Kämpfer, die noch freigemacht werden können, in die Schlacht zu werfen. (…) Trotz seiner

Überlegenheit wird auch der Feind am Ende seiner Kraft sein. Es wäre nicht das erste Mal in der Geschichte, dass der stärkere Wille über die stärkeren Bataillone des Feindes triumphierte. Ihrer Truppe aber können Sie keinen anderen Weg zeigen als den zum Siege oder zum Tode. Adolf Hitler.« Zähneknirschend stoppte Rommel den Rückzug. Doch die Situation verschlechterte sich und war wenig später völlig außer Kontrolle. Hitler hatte das Unmögliche verlangt. »Man pflegte im Führerhauptquartier«, schrieb Rommel in seinen Aufzeichnungen, »militärische Belange den propagandistischen unterzuordnen, so paradox dies auch klingt. Man konnte sich nicht damit abfinden, dass man dem deutschen Volk und der Welt sagen muss [sic], dass El Alamein verloren ging, und glaubte, dieses Schicksal durch einen Befehl ›Sieg oder Tod‹ wenden zu können.« In der Frühe des 4. November brachte Rommel erneut sein Anliegen vor und bat um die Erlaubnis, sich bis Fuka zurückzuziehen. Diesmal akzeptierte Hitler das Unvermeidbare. »Ultra‹ spielte den Nachrichtenverkehr um diese Auseinandersetzung direkt in Montgomerys Hände – jeweils mit zwölf Stunden Verzögerung«, erinnert sich Ralph Bennet an die aufregenden Stunden des 4. November.

Ein grandioser Erfolg für Montgomery und die Geburtsstunde des »Monty Mythos«. »Hervorragende Nachrichten aus Ägypten. Der Feind ist geschlagen – Unser Vormarsch geht weiter«, titelte der »Daily Express« am 5. November 1942, und selbst der BBC-Nachrichtensprecher

Vor Montgomerys Zelt in der Wüste: der deutsche General von Thoma im Gespräch mit Monty nach der Schlacht von El Alamein

vergaß seine professionelle Distanziertheit und frohlockte lässig: »Ich werde nun die Nachrichten verlesen, und es gibt bombig gute Nachrichten.« Doch die Lobeshymnen aus der Heimat waren kaum verklungen, da verpasste der eigenwillige Feldherr seinem Premierminister einen derben Schlag: Den gefangen genommenen deutschen General von Thoma bat Monty zu sich ins Zelt. »Tea Time« in der Wüste – mit dem ebenbürtigen Gegner galt es sich auszutauschen, gleich welche politischen Konsequenzen dies in London zur Folge haben könnte. »Wir besprachen die Schlacht vom September, als Rommel mich angriff, und wir diskutierten die aktuelle Schlacht. Ein netter Typ, dieser von Thoma«, schrieb Monty an diesem Tag in sein Tagebuch. »Ich bezweifle, dass viele Feldherren das große Glück haben, die gerade gefochtene Schlacht mit ihrem Widersacher durchzusprechen.« Doch Fair Play und Gentleman-Manieren unter Feinden konnten nicht im Sinne der britischen Kriegspropaganda sein. »Verbrüderung mit dem Feind«, so lautete die Kritik aus Regierungskreisen. Die Schelte irritierte Montgomery keinesfalls. Für Politgeplänkel mit Churchill hatte er keine Zeit. Reihenweise gingen die Deutschen nun in britische Kriegsgefangenschaft. Montgomerys geschlagener Widersacher und das Deutsche Afrika-Korps waren auf der Flucht durch Nordafrika. Mehrere tausend Kilometer trieb Montgomery den Feind vor sich her. Doch trotz britischer Überlegenheit bekam Monty das Afrika-Korps nicht zu fassen. Hatte Montgomery Mitleid mit dem deutschen General, der nun am Boden lag? Erwin Rommel kommentierte Montgomerys Handeln dankbar: »Man sagt zwar dem Feldmarschall nach, er sei übervorsichtig gewesen und habe nichts riskiert. Aber Montgomery hatte es in der El-Alamein-Schlacht (sic) und bei der anschließenden Verfolgung nicht nötig, etwas aufs Spiel zu setzen und sich der Gefahr eines, wenn auch nur vorübergehenden, Rückschlages auszusetzen, der vielen seiner Soldaten das Leben gekostet hätte.« Montgomerys Zögerlichkeit blieb auch Hitlers Propagandaminister Joseph Goebbels nicht verborgen. Am 14. Dezember 1942 schrieb er in sein Tagebuch: »Montgomery lässt diesmal wieder die amerikanischen und britischen Korrespondenten aus den Betten holen, um ihnen mitzuteilen, dass Rommel ihm durch die Finger geglitten ist. Nicht gerade ein rühmlicher Anlass, eine so große Sensation zu starten.« Trotz aller Häme erreichte Montgomery am 23. Januar 1943 Tripolis – das Ziel aller bisherigen britischen Offensiven. Die Wende in Nordafrika, Montgomery hatte sie herbeigeführt. Die Schlacht von El Alamein sei »der Markstein der ›Schicksalswende‹«, schrieb Churchill. »Vor Alamein errangen wir nie einen Sieg. Nach Alamein erlitten wir keine Niederlage«, heißt es in seinen Kriegsmemoiren.

Doch es war auch die Stunde der Amerikaner. Operation »Torch«, die Landung der US-Armee im Rücken der Deutschen an der Küste Nordafrikas, war erfolgreich verlaufen. Nun nahmen die Alliierten den flüchtenden Rommel gemeinsam in die Zange. Allerdings bekam Großbritannien durch die Amerikaner nicht nur Rückendeckung, sondern auch Konkurrenz. Das Empire musste nun kooperieren, alliierte Kriegsplanung bedeutete fortan Absprache zwischen amerikanischen und britischen Führungsstäben. Und die Zusammenarbeit der Alliierten war alles andere als harmonisch. Gegenseitiges Misstrauen und das Gefühl wechselseitiger Inkompetenz vergifteten das Klima und waren der Anfang einer Reihe von Differenzen, die zeitweise sogar den optimalen Verlauf des Kriegs infrage stellten.

Im Juli 1943 hatte Montgomerys siegreiche 8. Armee eine neue Aufgabe: die Landung auf Sizilien. Diesmal handelte es sich nicht um einen britischen Alleingang, sondern um eine gemeinsame alliierte Operation. Sollte die Landung erfolgreich sein, musste Montgomery mit dem amerikanischen General George Patton kooperieren. Doch der amerikanische Soldat mit den elfenbeinbeschlagenen Colts erfüllte Montgomery mit Misstrauen.

Montgomery, der gemeinsam mit dem Amerikaner Dwight D. Eisenhower die Planung der Invasion durchgeführt hatte, überließ den weniger kampferprobten Amerikanern die einfachere Landungsstelle

Britische Truppen grüßen Ihren »Soldaten-General«, Parade in Tripolis am 23. Januar 1943

Montgomery mit Patton anlässlich eines Besuchs im Hauptquartier der 7. amerikanischen Armee in Palermo am 25. Juli 1943

in Sizilien. Ein folgenreicher Fehler, wie sich noch herausstellen sollte. Denn für den eigenwilligen Patton bedeutete dies ein Affront. Seine angekratzte Ehre versuchte er durch einen Zweikampf mit dem britischen Kollegen wiederherzustellen. »Gentlemen, dies ist ein Pferderennen. Die Ehre der US Army steht auf dem Spiel! Wir müssen Messina erreichen, bevor es die Briten tun. Ihr müsst euch nicht beeilen, im Gegenteil: Ihr müsst rennen wie die Teufel.« Der Vormarsch der Briten blieb stecken, die deutsche Gegenwehr war unerwartet stark. Patton gelang es, vor Montgomery in Messina einzumarschieren. Die US-Presse jubelte. Pattons Zweikampftriumph hatte jedoch seinen Preis: Hatte der Amerikaner seine eigenen Männer rücksichtslos geopfert, nur um als Erster in einem Rennen unter Waffenbrüdern zu brillieren? Montgomery fühlte sich in seiner Kritik am amerikanischen Kollegen bestärkt. Soldaten sinnlos zu opfern, dafür brachte der Brite kein Verständnis auf. Im Gegenteil. Es machte ihn wütend, denn in ihm waren die Erinnerungen an den Ersten Weltkrieg noch sehr lebendig. Als junger Soldat hatte Montgomery am eigenen Leib den Stellungskrieg in Frankreichs Schützengräben erlebt. Er selbst hatte dem Tod ins Auge geschaut – eine traumatische Erfahrung, die er nie wieder abschütteln konnte: Getroffen von einer deutschen Kugel, die seine Lunge durchbohrte, war Montgomery schwer verletzt in den Schlamm des Schlachtfeldes gestürzt. Ein Kamerad, der herbeieilte, um ihn aus der Schusslinie herauszuziehen, fiel tödlich getroffen auf den jungen Offizier. Den ganzen Tag lag Montgomery auf offenem Feld, dem feindlichen Dauerbeschuss ausgesetzt, einzig geschützt vom Körper des sterbenden Kameraden. Als der junge Bernard im Schutz der Dunkelheit endlich hinter die Frontlinie geschleppt werden konnte, räumte man dem Schwerverwundeten keine großen Überlebenschancen ein. Wie für Tausende anderer Soldaten wurde in dieser Nacht auch ein Grab für Montgomery ausgehoben. Doch der zähe und eigenwillige junge Mann wollte nicht sterben und kämpfte in dieser Nacht um Leben und Tod. Am nächsten Tag wurde er mit einem Krankentransport aus der Frontlinie evakuiert.

Der bis dahin unbeschwerte und draufgängerische Montgomery hatte eine tief greifende Erfahrung gemacht, die nicht nur in seiner Seele Spuren hinterlassen hatte. Eine tiefe Abscheu vor der sinnlosen Vergeudung menschlichen Lebens beeinflusste nachhaltig seinen späteren Führungsstil als Kommandeur: Wenn schon Männer in der Schlacht sterben mussten, dann wenigstens für einen wohl durchdachten Plan, der die Chance auf Erfolg hatte. Klare Befehle, eine gute Kommunikation und realistische Kriegsziele machten Montgomerys Ansicht nach einen verantwortungsvollen Kriegsherrn aus. Doch die amerikanischen Partner schienen dies anders zu sehen. Für sie war jede Schlacht ein »learning by doing«, ein militärisches Herantasten und Erfahrungsammeln. Die Planung des Vormarschs durch Italien erfüllte Montgomery mit höchster Skepsis. Während Montgomerys kampferprobte 8. Armee am 3. September 1943 am südlichsten Punkt zum ersten Mal italienisches Festland betrat, übertrug Eisenhower seinem völlig unerfahrenen Kollegen Mark Clark, den er von der amerikanischen Militärakademie West Point kannte, die schwierigere Aufgabe der Landung in Salerno. Eine Operation, die beinahe scheiterte. Den Landungstruppen der 5. US-Armee drohte, ins Meer zurückgedrängt zu werden, und nur unter großen Verlusten konnten sie sich an der Küste festsetzen.

Indes konzentrierte Montgomery sein Interesse auf ein Großereignis, das als Nächstes bevorstand – auf die Operation »Overlord«, die Landung in Nordfrankreich. Den Oberbefehl über die größte geplante alliierte Operation im Zweiten Weltkrieg würde ein Amerikaner innehaben: Dwight D. Eisenhower. Den Einsatz der Bodentruppen sollte ein Brite koordinieren, schon aus Gründen alliierter Ausgewogenheit und zur Stärkung des nationalen Selbstbewusstseins des kleineren Partners. Würde der eigensinnige und undiplomatische Kopf der 8. Armee der Richtige sein für einen Posten, der ein höchstes Maß an

Kooperationsbereitschaft und Diplomatie verlangte? Für Churchill war Montgomery trotz seiner Erfolge in Afrika lediglich zweite Wahl. Nur mit Mühe konnte der Staatssekretär Sir James Grigg den britischen Premierminister von der Entscheidung des War Cabinets überzeugen, Montgomery mit der Aufgabe zu betrauen. Churchill war nicht in Kampfstimmung, er lag mit einer Lungenentzündung zu Bett, als er schließlich übellaunig Montys Berufung zustimmte. In Montgomerys Hauptquartier in Italien ahnte keiner, dass Monty wieder nur Churchills »Notlösung« war. »Das ist eine gute neue Aufgabe«, kommentierte Montgomery selbstsicher seine Ernennung in seinem Tagebuch. »Und das wird ungefähr das Größte sein, das ich je angegangen bin.« Die Vorstellung, als Verantwortlicher die größte Landeoperation des Zweiten Weltkriegs, vielleicht sogar die größte in der gesamten britischen Kriegsgeschichte zu leiten, faszinierte Montgomery.

Nur 17 Monate waren seit seiner Antrittsrede in El Alamein vergangen, und doch hatte sich alles verändert; der Krieg war in eine neue Phase eingetreten. Die 8. Armee, von der sich Montgomery am 30. Dezember 1943 im italienischen Vasto verabschiedete, hatte siegreich Nordafrika durchquert, war in Sizilien gelandet und hatte Italien erobert. Als Montgomery seine Kommandeure mit Handschlag verabschiedete, empfanden das viele als einen bewegenden Moment. Die Abschiedsrede des gewieften Rhetorikers tat ihr Übriges. Manch einer, so zum Beispiel Freddy de Guingand, Montgomerys Adjutant, konnte die Tränen nicht zurückhalten. »Ich verlasse heute Offiziere und Männer, die die letzten Monate des harten und glorreichen Kampfes zu Kameraden geworden sind und deren Mut und Hingabe mich immer mit Bewunderung erfüllt haben. (…) Ich weiß nicht, ob ihr mich vermissen werdet, aber ich werde euch vermissen, mehr als ich es ausdrücken kann. Was kann ich noch sagen, wenn ich nun weggehe? Wenn das Herz voll ist, fällt das Reden schwer. Ich will euch noch Folgendes sagen: Ihr habt aus dieser Armee gemacht, was sie heute ist. Ihr habt ihren Namen über die ganze Welt hinaus berühmt gemacht. Deshalb müsst ihr ihren guten Namen und ihre Tradition wahren.« Einer, der erst wenige Tage zuvor mit einer Schreibmaschine bewaffnet, als Korrespondent an die Front geschickt worden war, erinnert sich noch heute an Montgomerys Abschied von »seiner« 8. Armee. »Es war ein richtig familiärer Abschied. Zweitausend ›Desert Rats‹, von Generälen bis zu einfachen Soldaten, zwängten sich in das Opernhaus in Vasto. Vier Mal wiederholte er ›das Ende des Krieges ist definitiv in Sichtweite‹. Als er das Theater verließ, riefen sie ›guter alter Monty‹. ›Cheerio, Jungs‹, rief er zurück. Später sprach er noch zu einigen von uns auf den Treppen seines Caravans. Er dankte uns Kriegskorrespondenten für unsere ›Hilfe, Freundlichkeit und Geduld‹ während des Feldzugs der 8. Armee. Wir waren ein integraler Bestandteil der Armee. Er hatte uns sein Vertrauen geschenkt, wann immer es nur möglich gewesen war, und keiner von uns hatte ihn jemals enttäuscht. Dann sagte er ›Gentlemen, ich hoffe, ein paar von euch am nächsten Kriegsschauplatz wieder zu sehen.‹ Wir wussten, er meinte die Zweite Front. Alle waren wie elektrisiert.«

Als unbekannter Offizier hatte er seine Heimat verlassen, als Held kehrte er heim. Montgomery war zu der Leitfigur geworden, nach der sich die Engländer nach Jahren des Krieges, nach Krisen und Unsicherheiten zutiefst sehnten. Mit Monty – so glaubten sie – konnte fortan nur noch gesiegt werden. Es ging aufwärts. Das Frühjahr des Jahres 1944 gestattete endlich eine Verschnaufpause von Blut, Schweiß und Tränen. Der Wunsch der Engländer nach einer zweiten Front, die die alles entscheidende Kriegswende bringen sollte, schien nun endlich wahr zu werden. Die britische Insel war zum Heerlager geworden. Amerikanische Uniformen bestimmten inzwischen in London das Stadtbild – und nicht nur dort. Hunderttausende GIs waren in England stationiert und bevölkerten Pubs, Klubs, Kinos und die berüchtigten Dance Halls. Zu heißen Swingklängen wurde Jitterbug getanzt. Lucky Strikes, Nylons, Chewing Gums und Schokolade, Waren aus Übersee, von denen die Briten lange Jahre nur sehnsüchtig geträumt hatten, wurden von den GIs nun ebenso inflationär gehandelt wie die lockeren Sprüche »Na Baby, wie wär's mit dir und mir?«.

Was viele bereits ahnten, doch nur wenige mit Sicherheit wussten: Der Sprung über den Kanal zu Frankreichs Küste wurde bereits seit Wochen von einem Planungsstab ausgearbeitet. »Es gibt schrecklich viel zu tun, aber nicht allzu viel Zeit, um alles zu erledigen«, bewertete Montgomery seine neue Aufgabe. Wie in Afrika verschwendete der Held von El Alamein keine Minute und nahm in London das Heft in die Hand. »Die Gentlemen sind raus, die Profis werden eingewechselt«, kokettierte der neue Oberbefehlshaber, der nach der Landung in Frankreich die Bodentruppen befehligen sollte, und ließ eigens seinen Stab aus Italien einfliegen. Ein kristallklarer Verstand und die Fähigkeit, das Essenzielle aus schwierigen und komplexen Abläufen herauszufiltern, halfen Montgomery bei der Planung einer logistisch aufwendigen und kriegsentscheidenden Operation. »Die Entschlossenheit, mit der er bereits existierende Angriffspläne ablehnte und durch die

Bei seiner Rückkehr nach England wird Montgomery als der Bezwinger Rommels überall umjubelt

Fünfdivisionenlandung, flankiert von drei Luftlande-Divisionen, ersetzte, machte aus einem defätistischen Unternehmen D-Day, in das weder Churchill noch Brooke wirklich Vertrauen hatten, eine Operation, die nicht scheitern konnte«, kommentiert Montgomerys Biograph Nigel Hamilton dessen Leistung. Harmonie im alliierten Team: Montgomery, sonst im Umgang mit Kollegen und Vorgesetzten schwierig, zeigte sich von seiner jovialen Seite. Das Unternehmen war für ihn zu wichtig, für Kompetenzgerangel nicht die rechte Zeit.

Im Krieg, so Montgomerys Diktum, komme es nicht nur auf moderne Kriegführung an. Vor allem der menschliche Faktor sei nicht zu unterschätzen. Eine Überzeugung, für die er so manche Mühe auf sich nahm. Jeder Soldat, der an Frankreichs Küsten landen würde, sollte von der Mission überzeugt sein, dem schnellen und erfolgreichen Sieg gegen Hitler. Der Taschenkalender Montgomerys, heute im Archiv des Britischen Kriegsmuseums, bezeugt die immense Anstrengung des Feldherrn, jeden Soldaten persönlich ansprechen zu wollen. »Du da«, wandte er sich beispielsweise bei einem Truppenbesuch der Welsh Guards an einen Soldaten, »was ist dein wertvollster Besitz?« »Das ist mein Gewehr«, antwortete der Angesprochene. »Nein, das ist es nicht, es ist dein Leben, und ich werde dafür Sorge tragen, dass du es behältst«, antwortete Montgomery.

Nicht nur das Militär, auch die Heimatfront wurde auf den richtigen Kurs gebracht. Über tausend Besuche in Fabriken und kriegswichtigen Betrieben brachten Monty weitere Popularität. Schließlich musste die Nation aufs Siegen vorbereitet werden: »Woran liegt es, dass sich die Zeiten ändern und wir nun die Deutschen schlagen? Ich sage euch, warum. Es liegt daran, dass wir das weitaus beste Equipment haben und die weitaus besten Männer – und auch Frauen.«

Montgomerys ungewöhnliche Fähigkeiten, sich als Redner klar und präzise auszudrücken und die Zuhörer darüber hinaus in seinen Bann zu ziehen, begeisterte vor allem die Frauen. Sie schenkten ihm Blumen, umringten und küssten den kleinen General wie einen Filmstar. »Wo immer er auch hinging, wurde er bestürmt«, erinnert sich David Montgomery. »Wir gingen einmal ins Theater, und als wir in die Loge kamen, stand das gesamte Publikum auf und spendete ihm Beifall. Das war ein sehr bewegender Moment.«

Unter dem Volk fühlte er sich wohl. Die Zuneigung, die die einfachen Menschen ihm entgegenbrachten, schmeichelte Montgomery. War diese Erfahrung ein Ersatz für ein längst vergessen geglaubtes Gefühl, für ein ungestilltes Verlangen seit der Kindheit? »Ich glaube«, erinnerte sich der Stiefsohn Montgomerys John Carver in einem Interview, »dass er immer fühlte, dass seine Mutter ihn nicht anerkannt hatte, dass sie negative Gefühle gegen ihn hegte.« Das Kind, das Maud Montgomery sich wahrscheinlich nie gewünscht und nie richtig geliebt hatte, war ein Nationalheld geworden. Nun, da sie von der Popularität ihres Sohnes profitieren, ihm nahe sein wollte, blieb Monty hart. Er konnte nicht vergeben. Zu tief waren die Verletzungen aus seiner Kindheit. Mit seiner Mutter wollte er nichts mehr zu tun haben.

Die immerwährenden Machtkämpfe und das jahrelange Ringen um Beachtung und Anerkennung hatten Montgomery hart gemacht. Zwar gab ihm die Öffentlichkeit das zurück, was er so lange vermisst hatte, doch die emotionalen Defizite, die sonst im öffentlichen Umgang nicht sichtbar waren, konnten im familiären, privaten Umgang nicht verborgen bleiben. Sohn David sah Montgomery während seiner Zeit in London nur gelegentlich. Auch Briefe wurden kaum gewechselt. Dennoch wachte der Kriegsheld eifersüchtig über die Erziehung seines Kindes. Die Anordnungen waren strikt und unmissverständlich. Keiner aus dem engsten Familienkreis sollte Kontakt zum Sohn aufnehmen oder Zeit mit ihm verbringen. »Du und Phyllis«, schrieb er in einem Brief an Davids Pflegeeltern Tom und Phyllis Reynolds, »habt die absolute und vollständige Kontrolle über David. Ihr tut, was Ihr für nötig haltet. Meiner Familie könnt Ihr sagen, sie sollen sich zum Teufel scheren. (…) Es gibt einen Punkt, der mich unruhig macht: David soll fortan *nicht* zu Jocelyn in die Ferien fahren. Es ist ganz offensichtlich, dass sie keine Ahnung hat, wie man einen heranwachsenden Jungen behandelt, spätes Aufbleiben und Drinks sind für ihn scheußlich.« Doch die Chance, seinen London-Aufenthalt zu nutzen, um seine Beziehung zu seinem Sohn zu vertiefen, ließ Montgomery verstreichen. »Mein Vater, der immer liebevoll gewesen war, wurde offensichtlich zu einer bedeutenden internationalen Persönlichkeit. Das änderte unsere Beziehung. Er stand mir nicht mehr so nahe, war aber immer noch liebevoll«, erzählt Sohn David. Es schien, als fürchtete Montgomery ausgerechnet die emotionale Nähe zu den Menschen, die ihn liebten und ihm nahe sein wollten. »Emotional wollte er mit niemandem zu sehr verstrickt sein. Ich kann mir das selbst nicht erklären. Vielleicht beängstigte es ihn, seine Unabhängigkeit zu verlieren«, erinnert sich der Sohn. Die Rolle als Kriegsherr und Held bot dem Feldherrn Zuflucht. Der Krieg gegen Hitler-Deutschland hatte nun Priorität.

Anders als in London war im Frühjahr 1944 die Stimmung in Berlin düster: Die Grenzen des »Tausendjährigen Reiches« bröckelten. Dennoch hegten viele Deutsche die Hoffnung auf eine Kriegswende an Ost- und Westfront. Die geheimen Berichte des Sicherheitsdienstes (SD) geben ein Stimmungsbild: »Aus dem Bericht der Reichspropagandaämter ist zu entnehmen, dass das deutsche Volk mit Sehnsucht die Invasion als die Entscheidung erwartet. Es erhofft sich davon wahrscheinlich viel mehr, als es überhaupt bringen kann«, schrieb Propagandaminister Joseph Goebbels am 19. Mai 1944 in sein Tagebuch. Eine vom Bombenkrieg zermürbte Bevölkerung wünschte sich die Wende. Egal ob siegreich oder nicht. Die Propagandamaschinerie Goebbels' reagierte prompt: »Und wenn der Feind kommt, so werden wir ihm eine Lektion erteilen«, deklamierte Goebbels anlässlich einer Großkundgebung der NSDAP in Nürnberg am 4. Juni 1944. Er meinte noch einen Trumpf im Ärmel zu haben – die so genannten Wunder- oder auch Vergeltungswaffen: »Wann die Vergeltung einsetzt und wie sie sich auswirken wird, das ist vorläufig noch ein militärisches Geheimnis. Ich kann nur sagen: Sie wird dann einsetzen, wenn sie Aussicht auf größten Erfolg bietet! Und zwar deshalb, weil wir nicht den Plan verfolgen, mit der Vergeltung den Engländern ein paar Nadelstiche zu versetzen, sondern wir haben insgeheim die Hoffnung, dass, wenn die Vergeltung einsetzt, sie dann auch kriegsentscheidenden Charakters ist. Das wünschen wir!«

Der Gegner Montgomerys, von Hitler persönlich zur Verteidigung des Atlantikwalls berufen, war ein alter Bekannter: Erwin Rommel. Rommel, so beruhigte Hitler seinen besorgten Propagandaminister Goebbels in Berlin, habe noch eine alte Rechnung mit dem Briten zu begleichen. Er glühe innerlich vor Zorn und Hass. »Da hat er wohl von sich auf andere geschlossen«, kommentiert Sohn Manfred heute das Hitler-Zitat. »Mein Vater hat vielmehr die Meinung vertreten, dass man im Falle eines deutschen Sieges die Chance habe, einen Frieden mit Bedingungen zu bekommen, während andernfalls die bedingungslose Kapitulation die einzige Lösung war. Meinem Vater war seit Alamein klar, dass wir diesen Krieg nicht mehr siegreich beenden konnten. Sein Kriegsziel: militärisch stark zu sein und dann aus dem Krieg heraus. Aber meinem Vater war auch klar, dass das mit Hitler nicht möglich war. Er hatte nur gehofft, dass Hitler das selbst erkennt. Aber dieses Hoffen, auch wenn es noch so vage war, ist ihm bald vergangen.« Erwin Rommels Rede vor seinen Truppen sollte dennoch motivieren, trotz großer Zweifel und Kritik am Diktator: »So werden wir den kommenden Ereignissen mit größter Ruhe entgegensehen – und brauchen uns keine Sekunde den Kopf zerbrechen, ob's gut oder schlecht geht. Es geht bestimmt gut – und ich glaube nicht, dass der Engländer ein zweites Mal wiederkommt.«

Der einzige Brite, der Generalfeldmarschall Rommel bisher besiegt hatte, sah dem neuen Duell indes gelassen entgegen und freute sich sogar auf einen neuen Schlagabtausch. Würde ein zweiter Sieg Montgomerys Ruhm mehren? Der General wurde nicht müde, die Fähigkeiten des Gegners zu loben. Rommel sei »ein energischer und entschlossener Kommandeur. Die ganze Situation hat sich verändert, seitdem er übernommen hat.«

In England liefen die Invasionsvorbereitungen unterdessen auf Hochtouren. Für die publizistische Begleitung wurden ausgewählte Journalisten rekrutiert »Ganz unbemerkt schlüpften wir Korrespondenten aus dem Zeitungsviertel Fleet Street hinweg zum Wentworth Golf Club im Westen von London«, erinnert sich Doon Campbell an die Vorbereitungen für D-Day, an die Ausbildung und vorläufige Isolierung der Kriegskorrespondenten durch die britische Armee. »Wir wurden zu Unpersonen, nicht in der Lage, mit unseren Familien oder unseren Büros Kontakt aufzunehmen, weggeschlossen in einer Hochsicherheitszone. Die Korrespondenten, die den Kampf von El Alamein bis Anzio begleitet hatten, erfuhren nun die Neuigkeiten, auf die sie so lange gewartet hatten – welche Einheit der Invasionsstreitkräfte sie begleiten würden. Mein Name fiel: ›Campbell, Kommandotruppe der Marine, D-Day‹. Ich hörte dies mit Ungläubigkeit und ekstatischer Freude. Magic! Ich begleitete am allerersten Tag eine britische Eliteeinheit. Ich hätte am liebsten geschrien ›Yippee!‹. Welch ein Durchbruch. Konnte ein Kriegskorrespondent mehr verlangen?«

Southwick House, ein idyllisches Herrenhaus, zehn Meilen nordwestlich von Portsmouth gelegen, beherbergte bereits mehrere Wochen das Hauptquartier des alliierten Planungsstabes für die anlaufende Operation »Overlord«. Die nervenzehrenden Vorbereitungen für die größte moderne Landungsoperation in der Kriegsgeschichte hatten ihre Spuren hinterlassen. Müdigkeit und Stress zerrten nicht nur an den Nerven des Oberbefehlshabers Eisenhower, der mittlerweile zum Kettenraucher geworden war. Countdown bis zur Stunde X. Sollte der 5. Juni wie geplant der Tag für D-Day sein, musste dies 24 Stunden vorher festgelegt werden. So viel Vorlauf benötigte die Logistik, um beispielsweise nur einen Teil der 4000 Landungsboote und Schiffe über den Kanal zu bringen. Doch am 3. Juni wurden alle Hoffnungen auf einen reibungslosen Ablauf zerstört: Das Wetter hatte sich dramatisch verschlechtert. Eisenhower entschied, die Operation müsse um 24 Stunden verschoben werden. Als sich am Sonntagabend des 4. Juni 1944 die gediegene, gemütliche Bibliothek von Southwick House langsam mit Menschen füllte, tobte außerhalb des Raumes immer noch ein entsetzlicher Sturm. Die Kiefern beugten sich im Wind, dicke Regentropfen klatschten gegen die Scheiben der verdunkelten Fenster. Alle waren sie zusammengekommen, um über das schlechte Wetter zu beraten. Als Eisenhower mit besorgter Miene pünktlich wie immer den Raum betrat, begrüßte er die Verantwortlichen für »Overlord«: seinen Pfeife rauchenden Stellvertreter Air Marshall Arthur Tedder, seinen plaudernden Generalstabschef Bedell-Smith, General Ramsay, Befehlshaber der alliierten Marinestreitkräfte und Chief Marshall Leigh-Mallory, Befehlshaber der Luftwaffe. Montgomery, der Oberbefehlshaber der Bodentruppen, erschien wie immer lässig in Kordhosen und Pulli, an seiner Seite Group Captain James Stagg, Meteorologe der britischen Luftwaffe. Die Atmosphäre war zum Zerreißen gespannt. Würde das schlechte Wetter die Landung unmöglich machen? »Es hat einige schnelle und unerwartete Entwicklungen in der Situation gegeben«, erklärte der sichtlich aufgeregte Wetterexperte. In zwei oder drei Stunden werde sich der Wind legen, dann würden 36 Stunden eher unklares

Wetter mit nur leichten Winden folgen. In der Nacht zum Dienstag sollte es Bombern und Jägern möglich sein zu operieren, trotz einiger Wolken. Kaum hatte der Meteorologe mit seinem Vortrag über Wetterlage und -aussichten geendet, wurde er bereits mit Fragen bestürmt. Erst nach einigen Minuten kam Stagg endlich wieder zum Zug: »Wenn ich diese Fragen beantworten könnte, wäre ich ein Wahrsager, kein Meteorologe«, konterte der gewiefte Fachmann. Eisenhower schaute in die Runde. Es war die wohl schwerste Entscheidung eines Befehlshabers. Eine Verschiebung des Termins würde einen erheblichen Rückschlag im Zeitplan darstellen. Nur jetzt waren die Gezeiten und der Mond günstig. Zudem waren die Soldaten bereits verschifft, die Kriegsmaschinerie schon angelaufen. Wie lange könnte das Geheimnis »Overlord« noch vor den Deutschen verborgen bleiben? »Ich würde sagen: Go!«, meldete sich Montgomery selbstbewusst zu Wort. Zähe Minuten der Stille vergingen, bevor sich Eisenhower nur zögerlich entschied: »Ich bin ziemlich zuversichtlich, wir geben den Befehl. Es gefällt mir nicht, aber hier ist er.« Der Startschuss für D-Day war gefallen.

Die Alliierten waren auf dem Weg zu Frankreichs Küste.

Auf den Booten, die in jener Nacht in See stachen, sahen die Soldaten ihrem Einsatz mit gemischten Gefühlen entgegen. Es ging nicht nur um die alles entscheidende Schlacht im Zweiten Weltkrieg. Es ging

Mit Dwight D. Eisenhower (l.) und Arthur Tedder, dem britischen Stellvertreter Eisenhowers, vor dem Caravan Montgomerys

vor allem um die eigene Haut. »Der Skipper hat die Flasche herumgereicht, und jeder von uns hat einen kräftigen Schluck genommen. Doch geredet hat keiner ein Wort. Die Aufregung und das Gefühl der Unsicherheit unterdrückten jede Angst«, erinnert sich der damals erst fünfundzwanzigjährige Kriegskorrespondent Doon Campbell an die ungewissen Morgenstunden des 6. Juni.

Während sich seine Soldaten noch auf dem Weg zu Frankreichs Küsten befanden, kümmerte sich Montgomery bereits um die Medien: Pressetermin mit der BBC. Seine Truppenansprache zum D-Day hatte man in den frühen Morgenstunden bereits den Soldaten vorgelesen. Nun sollte sie für die Nachwelt festgehalten werden. »Ich will, dass jeder Soldat weiß, dass ich totales Vertrauen in den erfolgreichen Verlauf dieser Operation habe, die wir gerade beginnen. Lasst uns mit tapferen Herzen und mit Begeisterung für das Kräftemessen zum Sieg schreiten. Viel Glück für jeden Einzelnen von euch. Und gute Jagd auf dem Festland.« In seinem handgeschriebenen Skript hatte er die Worte »Gott schütze Euch« ersetzt durch »Viel Glück für jeden Einzelnen von euch«. Er wusste, dass am »längsten Tag« viele von seinen Männern an den Stränden der Normandie den Tod finden würden.

Im Morgengrauen des 6. Juni 1944 landeten fünf Divisionen an verschiedenen Küstenabschnitten, die die Codenamen Juno, Gold, Sword, Utah und Omaha Beach trugen. Für die, die aus den Landungs-

Eisenhower bei Fallschirmjägern wenige Stunden vor der Invasion

Am 6. Juni 1944, dem so genannten D-Day, landen die Truppen der westlichen Alliierten an der Küste der Normandie

booten stürmen mussten, durch Wasserhindernisse und vermintes Gelände, hinein in feindlichen Dauerbeschuss, waren die wenigen Meter vom Boot zum Strand die schlimmsten Minuten ihres Lebens: »Wir mussten raus aus den Landungsbooten, und vor uns lag der Strand. Es war ein sandiges Grab für die unbeerdigten Toten, manche nur halbtot, einige in Stücke gerissen, ihr Blut sickerte in den Sand. Hinter mir detonierte das Wasser durch die Schüsse von den Verteidigungslinien. Ich rannte über den Strand, ich rannte um mein Leben. Meine Kleider, alles war nass, zogen mich bleischwer zu Boden. Schließlich erreichte ich einen Graben, ließ mich reinfallen. Ich kauerte dort und schrieb meinen ersten Bericht für Reuters. Mein Gott, ich war mental und physisch total fertig. Ich wollte Schutz, ich wollte nur noch Schutz«, erinnert sich der Kriegskorrespondent Doon Campbell.

Die Landung der britischen und kanadischen Truppen an ihrem Landungsabschnitt verlief erfolgreich. Nur an Omaha Beach, einem der beiden amerikanischen Landungssektoren, drohte die Katastrophe. Dort mussten die amerikanischen Einheiten verbissen gegen entschlossene und gut vorbereitete Verteidiger kämpfen, ehe es ihnen schließlich gelang, sich festzusetzen.

Montgomerys erste Pressekonferenz nach der erfolgreichen Landung der Alliierten in der Normandie

Der Überraschungsschlag war geglückt. Die Deutschen hatten nicht an eine Invasion geglaubt, nicht an dieser Stelle und schon gar nicht bei so schlechtem Wetter. Die vorausgehenden Täuschungsmanöver der Alliierten waren aufgegangen. Über Geheimdienstquellen hatte man der Wehrmacht falsche Informationen zugespielt: Die Hauptlandung fände in Calais statt, dort wo der Kanal am schmalsten sei. Die Landung in der Normandie hielt man auf deutscher Seite für pure Ablenkung.

Die einzige Chance der Deutschen, die Landung hier noch abzuwehren, lag bei den in der Nähe von Cherbourg stationierten beweglichen Einheiten. Nur Hitler durfte sie in Marsch setzen. Doch der Diktator verschlief die Invasion. Telefon 601, die Leitung zum Schlafzimmer des »Führers«, sie blieb tot an diesem schicksalhaften Morgen des 6. Juni. Keiner traute sich, dem Langschläfer die schlechte Nachricht zu übermitteln: »Die Alliierten sind gelandet – Die Invasion ist erfolgt«.

Und auch der Feldmarschall war nicht zur Stelle. Die Kriegsmarine hatte Rommel versichert, dass beim derzeitigen Wetter die Invasion auf keinen Fall erfolgen könne. So feierte er in Herrlingen den Geburtstag seiner Frau. Ehe Rommel wieder an der Küste das Kommando übernehmen konnte, verstrichen wertvolle Stunden. »Es besteht gar kein Zweifel, dass es die deutsche Seite für unmöglich gehalten hat, dass die Alliierten bei so schlechtem Wetter kommen. Mein Vater hat sich mordsmäßig geärgert, aber das hat ihm nicht mehr geholfen. Ihm war

Der erste Frontbesuch Winston Churchills und Sir Alan Brooks wenige Tage nach dem erfolgreichen D-Day

nach kurzer Zeit ziemlich klar, hier ist nichts mehr zu gewinnen, sondern nur noch zu verlieren«, erinnert sich der Sohn Manfred Rommel.

Montgomerys Plan, am ersten Tag die wichtige Hafenstadt Cherbourg einzunehmen, scheiterte am heftigen deutschen Widerstand. Es war ihm aber gelungen, innerhalb der ersten 24 Stunden etwa 150000 Mann an Land zu bringen, denn die logistische Überlegenheit begünstigte die Alliierten. Die Kämpfe im Hinterland der Normandie waren für Amerikaner und Briten kein Spaziergang. Von seinem Caravan aus führte Montgomery seine Truppen mit Hilfe sorgsam ausgewählter Verbindungsoffiziere gegen ein schlagkräftiges, effektives und indoktriniertes deutsches Militär, darunter auch die berühmt-berüchtigten SS-Panzer-Divisionen. Kritik aus amerikanischen Reihen ließ nicht lange auf sich warten. Montgomery sei zu zögerlich, mache keinen Landgewinn. Die Taktik müsse geändert werden. Doch diese Vorwürfe prallten an Monty ab, Kritik stellte er sich nur ungern. So zog sich der exzentrische General in sein Hauptquartier Creully zurück, spielte lieber mit seinem Terrier und seinem Spaniel, die er »Hitler« und »Rommel« getauft hatte. »Viele von uns merkten, dass er mit der Zeit immer diktatorischer und kompromissloser wurde. Und wir fühlten, dass dies nicht nur am Kriegsverlauf lag, sondern auch daran, dass er nicht mit den Offizieren seines Ranges zusammen war«, schrieb Montgomerys Adjutant de Guingand nach dem Krieg.

Seinen Lieblingshunden – ein Terrier und ein Spaniel – gab Montgomery die Namen »Hitler« und »Rommel«

Monty informierte seinen Oberbefehlshaber nur allzu knapp über die eigenen Pläne. Dies blieb nicht ohne Folgen für den Briten, seine Macht geriet ins Wanken. Im alliierten Heer waren die Briten inzwischen zahlenmäßig unterlegen, die Größe der amerikanischen Streitkräfte verlangte nach eigener Federführung. Montgomery als Oberbefehlshaber der alliierten Bodentruppen war im Weg. Wochenlang quälte Eisenhower von seinem Londoner Hauptquartier aus Montgomery per Telefon, mehr Landgewinne, mehr Kämpfe an allen Fronten, schnellere Erfolge einfordernd. Nach der erfolgreichen Einkesselung 50 000 deutscher Soldaten bei Falaise, die zugleich das Ende des organisierten deutschen Widerstands in der Normandie bedeutete, reiste Eisenhower an die Front. »Er ist nun in der Normandie, was sehr schade ist. Seine Unwissenheit, wie man einen Krieg führt, ist bedingungslos und allumfassend. Er ist populär, aber nicht mehr«, lautete Montgomerys arrogantes Fazit. Von seinem Chef hielt er als Kommandeur wenig. Niemals hatte Eisenhower in einer Schlacht Truppen befehligt. Seiner Ausbildung und Mentalität entsprechend, war er ein Manager. Einer der Ideen zusammentrug, sie aber nicht initiierte. Doch für den Sturm auf Deutschlands Grenzen, so empfand es Montgomery in jenen Tagen, gab es kein Konzept. Eisenhower schien zu schwanken, ob nun vom Norden her nach Deutschland zu marschieren sei, durch Belgien auf das Ruhrgebiet zu oder im Süden durch Metz, zur Saar und dann nach Frankfurt. Als Eisenhower schließlich am 1. September das offizielle Kommando über alle alliierten Bodentruppen in Frankreich selbst übernahm, be-

Churchill, Montgomery, General Simpson vom kanadischen Korps und General Dempsey während einer Lagebesprechung zehn Tage nach der Invasion

deutete dies: Montgomery war abgemeldet. Nur noch eine britische und eine kanadische Armee durfte er fortan befehligen. Verworfen wurde auch sein Konzept eines konzentrierten alliierten Vormarschs von 44 Divisionen durch Belgien in Richtung Ruhrgebiet. Ein weit gefächerter Vormarsch auf ganzer Frontbreite, von der Nordsee bis zur Schweizer Grenze, wie ihn die Amerikaner verlangten, berge Gefahren, warnte der Brite eindringlich. Die dünnen Linien der Alliierten könnten leicht durch eine deutsche Offensive gesprengt werden, der Krieg würde sich unnötig hinauszögern. Doch seine Mahnungen verhallten ungehört.

Seine Ernennung zum Feldmarschall konnte Montgomery nur wenig trösten. Er fühlte sich missverstanden. Die Planung der Operation »Overlord« war sein Meisterstück gewesen. Er hatte Großartiges geleistet, aber keiner schien das anzuerkennen. Und er wusste, es war noch ein gewaltiges Stück Arbeit, die Deutschen wirklich zu besiegen. Den »Yanks« traute er das nicht zu – und schon gar nicht Eisenhower. Montgomerys eigene Erfahrungen mit der gescheiterten Operation in Arnheim bestärkten den Briten in seiner Meinung.

Im Winter 1944 hatte die deutsche Wehrmacht die letzten Reserven mobilisiert. Eine Offensive in den Wäldern der Ardennen sollte die Wende für die Wehrmacht bringen; Tarnname »Wacht am Rhein«. Im Morgengrauen des 16. Dezember brach der deutsche Angriff los, zur großen Überraschung der völlig unvorbereiteten US-Armee: Der Feindaufklärung war der allumfassende Aufmarsch zwischen Hohem

Montgomery mit seinen britischen, amerikanischen und kanadischen Generälen Dempsey, Hodges, Simpson und Crerar, wahrscheinlich während der Ardennen-Schlacht im Dezember 1944

Venn und Nordluxemburg völlig entgangen. Nun befand sich die US-Armee in Bedrängnis. Schlechtes Wetter hielt den alliierten »Trumpf«, die Luftstreitkräfte, am Boden. Der deutsche Vorstoß spaltete die Frontlinie der Amerikaner. Von ihrem Hauptquartier in Paris aus verloren die Verantwortlichen, Bradley und Eisenhower, die Kontrolle über ihre Armeen. Vier Tage Chaos, dann bat Eisenhower Monty telefonisch um Hilfe: Er solle das Kommando über die Armeen erhalten, von denen Bradley und er selbst völlig abgeschnitten waren. Die Telefonverbindungen waren schlecht, doch Eisenhower hatte die Absicht, mit Montgomery die Lage zu besprechen. Monty zeigte jedoch keine Bereitschaft, seine Absichten Eisenhower darzulegen. Fünf lange Tage waren vergangen, seitdem die deutsche Offensive die Amerikaner überrascht hatte. In diesen fünf Tagen hatte Eisenhower niemals direkt Montgomery kontaktiert und es General Whitely überlassen, zwischen dem SHAEF, dem Obersten Hauptquartier der Alliierten Streitkräfte, und Monty zu vermitteln. Über diese Tatsache verärgert, interessierte Monty in diesem Telefonat nun ausschließlich, ob Eisenhower ihm das Kommando über die 1. und 9. US-Armee wirklich übergeben wollte. Als Eisenhower zum Kommandowechsel »Ja« sagte, übertrieb Monty die Unzulänglichkeit der Telefonverbindung. Er dankte dem Oberbefehlshaber, und nachdem er ein wenig Eisenhowers hoher Stimme gelauscht hatte, die im Hörer knisterte, schrie er »ich kann dich nicht mehr richtig verstehen. Ich übernehme sofort das Kommando« und legte den Hörer auf.

Seit Beginn der deutschen Offensive hatte er vom eigenen Hauptquartier im belgischen Zonhoven aus unaufhörlich seine Verbindungsoffiziere ins Krisengebiet geschickt, um sich ein realistisches Bild von der Situation machen zu können. Die Offiziere, darauf trainiert, sich unter großen Mühen und Gefahren direkt zum Ort des Geschehens durchzuschlagen, um Montgomery bei ihrer Rückkehr persönlichen Bericht zu erstatten, lieferten ihm die Informationen. Seinem Verbindungsoffizier »Kit« Dawnay, der dem Gespräch mit Eisenhower beiwohnte, rief er zu: »Kit, ich will den größten Union Jack, der auf die Motorhaube passt.« »Monty war ein Showtyp«, erinnerte sich Dawnay noch Jahre später an diesen Moment, »aber mein Gott, er verstand was von Moral.« Neues Selbstvertrauen wollte er den amerikanischen Kommandeuren an der Frontlinie wieder einhauchen, den Männern, die sich seit Tagen gegen 26 feindliche Divisionen behaupteten. Sie hatten in dieser Zeit kein einziges Mal ihren Befehlshaber vor Ort gesehen. »Er kam ins amerikanische Hauptquartier wie Jesus einst in den Tempel«, erinnerte sich ein Adjutant an Montgomerys Antrittsbesuch bei den Kommandeuren der 1. und 9. US-Armee, Hodges und Simpson. »Sie waren entzückt, jemanden zu haben, der ihnen klare Order gab«, beschrieb der selbstgefällige Montgomery das Treffen in einem Brief.

Wenige Tage später war die Situation wieder unter Kontrolle: Das Wetter hatte aufgeklart, die alliierten Luftstreitkräfte konnten wieder operieren, und die amerikanischen Gegenmaßnahmen schienen endlich zu greifen. Doch Montgomery konnte es sich nicht verkneifen, der Welt zu sagen, wer den Karren seiner Meinung nach wirklich aus dem Dreck gezogen hatte. Eine Pressekonferenz mit Folgen: »Es war desaströs, und ich konnte es nicht verhindern«, erinnerte sich der ehemalige Nachrichtenoffizier Edgar Williams an den Eklat vom 7. Januar 1945. »Es war als Lob amerikanischer Truppen gemeint. Die Idee war durch Churchill abgesegnet. Aber als ich das Skript las, versuchte ich ihn zu stoppen. Es kam rüber, als ob er die Amerikaner gerettet habe – ›sicher, sie waren verdammt mutig‹, und so weiter – jedoch – er gebrauchte Redewendungen wie ›eine interessante kleine Schlacht‹ oder Wörter mit ähnlicher Wirkung. Monty erschien mit einem neuen Barett der Fallschirmjäger, mit doppeltem Abzeichen und sagte so Sachen wie ›Wie findet ihr meine neue Kopfbedeckung?‹ und dieses sich Herausputzen ließ mich wirklich Unbehagen empfinden. Es war schrecklich. Der Text der Rede war harmlos, doch deren Präsentation scheußlich.« Dass er Eisenhower bloßstellte, war ihm offenbar nicht bewusst. Chester Hansen, Eisenhowers Adjutant, mutmaßte damals in seinem Tagebuch, was Montgomerys wirkliche Absichten waren: Die britische Kampagne diene dazu, »Monty zu Eisenhowers Stellvertreter auf dem Schlachtfeld zu machen und dadurch höchste Befehlsgewalt über die Bodentruppen zu erlangen, während Eisenhower sich politischen Dingen widme«. Keine unrealistische Beobachtung: Sollte der Krieg schnellstmöglich beendet werden, so musste der Vormarsch Richtung Deutschland nach Montgomerys Meinung schnell und koordiniert geschehen – mit ihm als Chef. In einem Brief an seinen Vorgesetzten Eisenhower hatte Montgomery diesem vorgeschlagen, er möge auf den Oberbefehl über die Bodentruppen der Koalitionsarmee verzichten und ihm diese Aufgabe übertragen. Eisenhower hatte nun genug. Er kabelte nach Washington: »Entweder er oder ich.« Die Entscheidung der Verantwortlichen war eindeutig. Eisenhower bestellte Montgomerys Adjutanten Freddy de Guingand zu sich und machte ihm klar: Entweder würde sich der exzentrische Feldmarschall entschuldigen, oder er müsste abtreten. Nachdem Montgomery fast alle gedemütigt hatte, war nun die Reihe an ihm. »Freddy, was soll ich tun?«, fragte Montgomery seinen Adjutanten. Der zog ein Papier aus der Tasche, den Entwurf eines Entschuldigungsschreibens. »Lieber Ike, habe mit Freddy gesprochen und verstehe, dass Du durch viele Überlegungen in diesen Tagen sehr besorgt bist. Ich habe Dir offen meine Sichtweise mitgeteilt, weil ich dachte, dass Dir das gefällt. Ich bin sicher, es gibt viele Faktoren, die zum Tragen kommen, jenseits dessen, was ich realisiere. Wie Deine Entscheidung auch sein wird, Du kannst Dich immer hundertprozentig auf mich verlassen. (…) Ich bin sehr geknickt, dass mein Brief Dich betrübt hat, und möchte Dich bitten, ihn zu zerreißen. Dein Dir immer zugeneigter Untergebener, Monty.«

Montgomery tröstete sich mit dem Gedanken, nach Berlin zu marschieren. Sein Traum, zum größten Feldherrn aller Zeiten zu werden, sollte sich dort erfüllen. Nach der Überschreitung des Rheins und der Einnahme des Ruhrgebiets würden seine Soldaten in einem Stoßkeil auf die Reichshauptstadt zumarschieren, direkt in das Herz Deutschlands. Die Hauptstadt Berlin, für Montgomery war sie *die* Kriegstrophäe: Die Seele des Dritten Reiches. Wer dort einmarschiere, so meinte er, wäre nicht nur ein Kriegsheld für die zukünftigen Geschichtsbücher. Er wäre der Bezwinger Adolf Hitlers.

Am 23. März 1945 hatte sich eine gewaltige Streitmacht am linken Ufer des Niederrheins bei Wesel formiert. Über 600 Kampfpanzer, 2 000 Artilleriegeschütze und 350 000 Mann an Kampftruppen standen

Churchill, Eisenhower und Montgomery beobachten Truppenbewegungen über den Rhein bei Wesel am 24. März 1945

bereit zum großen Sprung über den Rhein, der Schicksalslinie der Deutschen. »Ich habe lange auf diesen Moment gewartet«, schrieb er auf erbeutetem Wehrmachtspapier an einen Freund. »Ich war lange unterwegs, bevor ich dies zustande gebracht habe. Es ist ein aufregendes Gefühl!«

Und auch prominente Fronttouristen hatten sich für dieses Ereignis eigens angekündigt. Der britische Premierminister Winston Churchill und der Oberste Befehlshaber der alliierten Streitkräfte Dwight D. Eisenhower wollten bei der Überschreitung des Rheins nicht fehlen. Sowohl den britischen als auch den amerikanischen Vorgesetzten wähnte der Feldherr hinter sich, und er rechnete damit, dass Eisenhower *seinen* Vormarsch nach Berlin unterstützen würde.

Er hatte sich getäuscht. Die Auseinandersetzungen zwischen Eisenhower und Montgomery forderten ihren Tribut. Das Verhältnis war schwer geschädigt. Das Ausmaß der Ablehnung offenbart die Einstellung des Oberbefehlshabers der 12. Armee Gruppe, General Omar N. Bradley. Er sei fest entschlossen »nicht müßig herumzusitzen, während Monty nach Berlin marschiert«.

»Münster, Hannover, dann auf der Autobahn nach Berlin«, telegraphierte Montgomery voller Euphorie an Eisenhower und erbat das

»Go« für Berlin. Doch die Erlaubnis zum Vormarsch blieb aus. Berlin, so Eisenhower, sei nunmehr ein »geographischer Punkt« auf der Landkarte, nicht mehr. Die Amerikaner sahen keinen Grund, die Absprachen zwischen den westlichen und russischen Bündnispartnern zu brechen.

Für den Politiker Churchill und den Feldherrn Montgomery war die Einnahme Berlins durch Amerikaner und Briten jedoch durchaus im Bereich des militärisch und politisch Möglichen. Ja eine solche könne sogar eine zukünftige russische Dominanz in Europa verhindern helfen. Die Berlinfrage hatte nicht nur eine politisch, militärische Dimension. Montgomerys Traum, zum größten Kriegsherrn aller Zeiten zu werden, hatte er sich selbst in den letzten Monaten zunichte gemacht. Der einstige Held von El Alamein hatte sich selbst zu oft im Weg gestanden und andere erzürnt. Gescheitert am eigenen Image, zerbrochen am eigenen Anspruch. »Ein fürchterlicher Fehler«, kommentierte der gedemütigte britische Feldmarschall Eisenhowers Entscheidung. Wie sehr er innerlich getroffen war, vertraute er nur guten Freunden

Britische Truppen haben den Rhein bei Wesel überquert, 24. März 1945

an: »Ike gegenüber halte ich nun totale Funkstille, verhalte mich still und kümmere mich nur um meine eigenen Dinge. Mein Gott, was für eine schmutzige Angelegenheit.«

Montgomery sollte nun wenigstens die Hafenstädte in Norddeutschland für den Westen sichern, so wollte es Churchill, den Eisenhowers Alleingang in der Berlinfrage ebenfalls erzürnte. Montgomery und seine Truppen befanden sich im April 1945 auf dem Vormarsch gen Norden. Das Ende des Krieges war zum Greifen nah. Nur noch vereinzelt stießen britische Truppen auf starken Widerstand der Deutschen, meist von zusammengewürfelten Truppen, darunter auch Kinder und Jugendliche, die noch an den Endsieg und ihren »Führer« glaubten. »Ich denke, wir werden bald an dem Punkt sein, an dem die Deutschen den ungleichen Wettbewerb aufgeben. (…) Sie kämpfen nur noch, weil jeder deutsche Soldat einen persönlichen Eid auf Adolf Hitler geleistet hat. So lange er lebt, müssen sie kämpfen«, beschrieb Montgomery in einem Brief die Situation in Deutschland. Die Alliierten standen kurz davor, Deutschland ganz zu besetzen. Das Reich schrumpfte von Tag zu Tag, und die darin verbleibenden Wehrmachtseinheiten wurden auf ein immer enger werdendes Terrain zusammengedrängt.

Die nächste Etappe auf dem Siegeszug Richtung Norden war die Lüneburger Heide, in der Montgomery am 30. April 1945 sein Hauptquartier aufschlug. Dort schloss Montgomery sich ein. Drei Tage verbrachte er allein in seinem Caravan. Die Nachricht vom Tode eines seiner Adjutanten trieb ihn in die Krise. John Poston, der Mann, der seit El Alamein an Montys Seite gewesen war, starb in den Wäldern Lüneburgs auf einem Erkundungsgang. Auf Montgomerys ausdrücklichen Wunsch wurde der Leichnam ins Hauptquartier geschafft. Postons Wunden zeigten, dass er an Bajonettstichen gestorben war. Monty organisierte höchstpersönlich die Beerdigung. Der Mann, der jahrelang nie Emotionen gezeigt hatte, verlor beim Anblick des Sarges die Fassung, weinte hemmungslos am Grab des jungen Mannes, wie einst am Grab seiner Frau Betty. Der Adjutant sei wie ein Sohn gewesen, hieß es. Gerüchte sprechen eine andere Sprache. Monty, der Mann, der sich immer gern mit jungen Männern umgeben hatte, hätte Poston geliebt. Ob zärtliche Zuneigung oder väterliche Gefühle – Montgomery befand sich zu diesem Zeitpunkt emotional auf dem Tiefpunkt.

Doch ausgerechnet jetzt bot sich dem Feldherrn die Gelegenheit, in die Geschichte einzugehen. Am 3. Mai 1945 machten sich vier Deutsche auf dem Weg zu Montgomerys Hauptquartier. Ihr Ziel: die Aus-

Montgomery am Grab seines Adjutanten John Poston; er starb in der Lüneburger Heide auf einem Erkundungsgang

handlung einer Teilkapitulation. General Dönitz, den Hitler vor seinem Selbstmord im Führerbunker zu seinem Nachfolger als Reichspräsident und Oberbefehlshaber der Wehrmacht ernannt hatte, erkundete die Möglichkeiten und Bedingungen für eine Serie von Teilkapitulationen. Aus diesem Grund schickte er seinen Abgesandten Generaladmiral Hans-Georg von Friedeburg zu Montgomery in die Lüneburger Heide. Ein historischer Moment, das wusste auch Monty. Er verstand es, die Gunst der Stunde zu nutzen. Er bat einen seiner Offiziere, den Union Jack aufziehen zu lassen. Unter der britischen Flagge wollte er mit den deutschen Emissären General von Friedeburg, General Kiensel, Admiral Wagner und Major Friedel verhandeln. Auf diesen Moment hatte er lange gewartet. Endlich lag der Feind am Boden. Für Montgomery war nun das Ende eines langen Weges erreicht.

Das Ende des Krieges und diese historische Stunde verlangte nach einer Inszenierung. Würde eine erfolgreiche Verhandlung Montgomery für die Enttäuschung von Berlin entschädigen und ihn doch noch berühmt machen? Als der Wagen der deutschen Generäle vorfuhr, war Montgomerys große Stunde gekommen. In ihren langen Ledermänteln, sichtlich um preußische Haltung bemüht, wirkten die Deutschen arrogant. Es kam darauf an, sie innerlich zu brechen. Montgomery ließ sie warten. Als der Brite endlich aus seinem Caravan schritt, mit Khaki-Hosen, Pulli und dem bekannten schwarzen Barett betont leger gekleidet und lässig schlendernd, ließ er die Begrüßung erst einmal ruppig ausfallen. Er kläffte von Friedeburg an. »Wer sind Sie?« »General von Friedeburg, Oberbefehlshaber der Marine«, antwortete der General.

»Ich kenne Sie nicht, hab noch nie von Ihnen gehört«, kam die schroffe Antwort. Als Major Friedel sich vorstellte, fuhr Montgomery die Runde an: »Major! Wie können Sie es wagen, einen Major in mein Hauptquartier zu bringen?« Eine Show, die auch Montgomerys Männer begeisterte. »Ich flüsterte Dawnay zu, dass der Chef gerade eine ziemlich gute Vorstellung abgab. ›Sei ruhig‹, zischte Dawnay zurück. ›Er hat das sein ganzes Leben geprobt‹«, berichtete Montgomerys kanadischer Adjutant Trumbell Warren Jahre später. Doch es ging nicht nur um die persönliche Genugtuung. Es ging um mehr: »Es war wichtig, dass die Deutschen sich Montys persönlicher Autorität beugten – seine Führungsmacht und seine persönliche Entschlossenheit, den Krieg bis zum letzten bitteren Ende zu bringen, anerkannten.«

Unter dem gehissten Union Jack lässt Montgomery die deutsche Delegation unter Generaladmiral Hans-Georg von Friedeburg zu den Verhandlungen über eine Teilkapitulation antreten

Ohne weitere amerikanische Truppen besaß Monty nicht genügend Streitkräfte, um die deutschen Armeen, die jetzt noch auf der dänischen Halbinsel festsaßen, schnell zu zerschlagen, falls diese noch Widerstand leisten würden. »Deshalb war es wichtig, den Moment zu nutzen, den Sog, der von Hitlers Tod und dem Fall Berlins ausging, um die sofortige und bedingungslose Kapitulation zu verlangen«, beleuchtet Montgomerys Biograph Nigel Hamilton die Situation.

Das Angebot von Friedeburgs, geschlossene Verbände zu übergeben, um sie vor russischer Gefangenschaft zu bewahren, lehnte Monty ab: »Sicherlich nicht. Die Armeen, die betroffen sind, kämpfen gerade gegen die Russen. Das hat nichts mit mir zu tun«, wies er von Friedeburgs Anliegen schroff zurück. Es war nicht nur die panische Angst vor den Russen, geschürt durch Propaganda und Kriegsverlauf, die den Wunsch von Friedeburgs nährte, seine Truppen, die zwischen beiden Frontlinien standen, den Briten zu übergeben. Es war auch die Illusion eines möglichen Schulterschlusses der westlichen Alliierten mit den Deutschen als Front gegen die Russen. Nach Jahren gemeinsamen Kampfes gegen Hitlerdeutschland sah die Stimmung unter den Alliierten jedoch anders aus: Churchill, Roosevelt und Stalin waren übereingekommen, dass nur die bedingungslose Kapitulation des Deutschen Reiches zu akzeptieren sei. Monty wagte dennoch den Alleingang.

Deutsche Soldaten, die sich mit erhobenen Händen auf britisch besetztem Gebiet ergeben würden, würde er natürlich als Kriegsgefangene behandeln. Eine massenhafte individuelle Kapitulation – für die deutschen Soldaten bedeutete dies den Ausweg. Und für Montgomery war es ein kleiner Trick, diesen historischen Moment nicht an sich vorbeiziehen zu lassen. Seine eigenen Bedingungen vergaß der Kriegsherr unterdes nicht zu formulieren: »Von Friedeburg und Busch«, so sein Diktum, »kapitulieren mit all ihren deutschen Streitkräften an der westlichen und nördlichen Flanke. Dies beinhaltet Folgendes: alle Streitkräfte im westlichen Holland, alle Streitkräfte in Friesland, die friesischen Inseln und Helgoland mit einbezogen, alle Streitkräfte in Schleswig-Holstein, alle Streitkräfte in Dänemark.« Die deutsche Delegation lehnte ab, jedoch nicht, ohne Montgomery zu mahnen, an die Zivilbevölkerung zu denken. »Erinnern Sie sich an eine kleine Stadt mit dem Namen Coventry, die vor sechs Jahren durch eure Bomber dem Erdboden gleichgemacht wurde?«, konterte Montgomery darauf. »Die Menschen, die die Hauptlast zu tragen hatten, waren Frauen, Kinder und alte Männer. Für Eure Frauen und Kinder habe ich kein Mitgefühl – ihr hättet vor sechs Jahren über all dies nachdenken sollen.«

Unterzeichnung der Teilkapitulation durch Friedeburg im Zelt von Montgomerys Hauptquartier in der Lüneburger Heide am 4. Mai 1945

Montgomery zeigte sich unnachgiebig. Eine Ablehnung seiner Forderungen würde den Fortgang der Kämpfe mit sich bringen, machte er den deutschen Generälen unmissverständlich klar. Doch keine Verhandlungen ohne britische Gastfreundschaft. Nach einem fürstlichen Lunch führte Montgomery die Herren erst einmal in seinen Caravan, um ihnen die Situation auf Karten näher zu bringen. Angesichts der Kriegsrealität brach von Friedeburg zusammen. Monty hatte es tatsächlich geschafft, die deutsche Delegation zu demoralisieren. Die Vorbereitungen für die Unterzeichnung der Kapitulationsurkunde für den folgenden Tag wurden rasch getroffen. Montgomery inszenierte »Schlichtheit«: Das Dokument zur Kapitulation hatte er den Korrespondenten bereits vor der Unterzeichnung zur Verfügung gestellt. »Sie wussten, dass dies das Ende des Krieges war«, schrieb Montgomery später. »Ich hatte die Kapitulationsurkunden alle fertig. Die Arrangements im Zelt waren sehr einfach – ein Klapptisch, mit einer Tischdecke darauf, ein Tintenfass, ein einfacher Armeefederhalter, den man in jedem Geschäft für zwei Pence bekommt.« Die Bilder von der Unterzeichnung gingen um die Welt. Sie machten nicht nur deutlich, dass Deutschland am Boden lag, sie ließen Montgomery in die Geschichte eingehen.

8. Mai. Friede in Europa. Die ganze Welt atmete auf und stürzte sich in wilde Siegesfeiern. Gleich ob auf Moskaus Rotem Platz, New Yorks Times Square oder vor Londons Buckingham-Palast, überall

sammelten sich die Menschen. Sechs Jahre Krieg lagen hinter ihnen, sechs lange Jahre der Entbehrung, der Angst und der Ohnmacht. Die britische Königsfamilie und Churchill wurden auf dem Balkon des Buckingham-Palastes gefeiert. Für Generäle war dort jedoch nicht der rechte Platz. Dass Monty neben King George VI. dem Volk zujubelt, konnte Churchill gerade noch verhindern. »Ich glaube, er ist auf meinen Posten aus«, hatte der Premierminister einst seinem König mitgeteilt. »Ich dachte, es ginge um meinen Job«, hatte der König damals entgegnet. Montgomery nahm es gelassen und ließ sich bei der Straßenparade vom Volk umjubeln. Die Begeisterung kannte kein Ende. Die Menschen feierten ihren Monty, den sie nun den »Peoples General« nannten. Er war einer von ihnen, der General des Volkes. Doch wie würde der Kriegsherr nun im Frieden zurechtkommen?

Deutschland lag am Boden, und der Mann, der den Sieg gegen Hitler mit erstritten hatte, machte sich daran, das geschlagene Land aufzurichten. Deutschland, nun in Zonen aufgeteilt, brauchte neue Strukturen, eine neue Verwaltung und eine neue Chance. Und Montgomery war bereit, sie den Deutschen zu gewähren. »Mein Vater fühlte sich sicherlich am Ende des Krieges ausgebrannt. Offensichtlich aber auch erleichtert. Das war es, wofür er immer gekämpft hatte. Nun hatte er eine Menge zu tun. Seine Gedanken galten dem Wiederaufbau dieses zerstörten Landes. Noch heute finden sich Berichte in seinen Akten die sagen, wir müssen die Deutschen wieder auf die Beine bekommen –

Am 10. Mai 1945 treffen Montgomery und der sowjetische Marschall Rokossowskij (2. v. r.) zu einer Siegesfeier in Wismar zusammen

Montgomery im Ruhestand, an den er sich allerdings nie gewöhnen konnte

schnellstens. Er hatte sich fünf Jahre seines Lebens lang zum Ziel gesetzt, so viele Deutsche als möglich zu töten. Sobald der Krieg aus war, änderte sich seine Meinung total.« Montgomery übernahm als Militärgouverneur die Kontrolle über die britische Zone und wurde Mitglied in der Control Commission, dem Alliierten Kontrollrat für Deutschland. Als Geburtshelfer der 1949 gegründeten NATO reichte sein Engagement sogar so weit, sich für Deutschlands Eintritt stark zu machen. Nun war er der erste Soldat Europas. Ein geadelter noch dazu, King Georg VI. hatte Monty zum ›Viscount of Alamein‹ ernannt. Monty war ständig auf Reisen, wurde bei den Mächtigen der Welt herumgereicht. Der knurrige Alte setzte sich selbst über die üblichen Spielregeln im Kalten Krieg und die sich verschlechternden Beziehungen zwischen Ost und West hinweg. Der wütenden Presse, die 1959 seinen Besuch in Moskau schon im Vorfeld mit frechen Schlagzeilen begleitete, bot er kurz vor seinem Abflug aus London noch am Flughafen Paroli: »Diese Ost-West-Spannung ist nicht gut. Ich will dorthin fahren, um herauszufinden, was der Grund dafür ist. Ich kenne die Einstellung des Westens. Ich habe mit ihr gelebt. Den Osten kenne ich nur vom Hörensagen, also werde ich selbst herausfinden, was es damit auf sich hat.«

Auch wenn er immer noch für Schlagzeilen sorgte, war es privat still geworden um den einstigen Helden von Alamein. Das Leben des Privatmannes Montgomery verlief eintönig und einsam. Dem Mann, der immer nur ein Feldherr hatte sein wollen, fiel es schwer, den Lebensabend als Pensionär zu genießen. Als General hatte er immer auf die Bedeutung langfristiger Planung hingewiesen, für seinen Ruhestand und sein Privatleben jedoch nie ein Konzept gehabt. Freundschaften hatte er nie gepflegt, mit seinem Sohn war er in Streit geraten. Einsamkeit bestimmte seinen Alltag. Und ein Gedanke, den er bis zu seinem Tod nie wieder loswurde: Die Frage nach der persönlichen Verantwortung für den Tod so vieler junger Menschen.

Noch einmal kehrte er in die Wüste, nach El Alamein, zurück, im Jahr 1967. Dorthin, wo einst sein Aufstieg zum großen Feldherrn begonnen hatte. Nicht nur in Erinnerung an seine Erfolge trat er diese Reise an, sondern vor allem in Gedenken an die Männer, die unter seinem Kommando gestorben waren.

Die Fotos dieser Rückkehr sprechen Bände: Der alternde Montgomery steht allein vor den unzähligen Grabsteinen »seiner« Männer, gequält von den bohrenden Fragen des Gewisses. »Wenn ich ihnen bald ins Auge sehe«, fragte er einen Freund kurz vor seinem Tode, »was werden sie dann sagen?« Ängstlich hakte er nach: »Wie soll ich erklären, dass ich all die Männer in El Alamein getötet habe?« Eine fixe Idee, die ihn bis zum letzten Atemzug nicht mehr verließ. Selbst als der Feldmarschall im Sterben lag, musste er noch beschwichtigt werden: Bis zuletzt rief man ihm in Erinnerung, dass es seine Soldaten gewesen waren, die das Dritte Reich bezwungen hatten – dass er es gewesen war, der Adolf Hitler zu besiegen half.

1967 kehrt Montgomery noch einmal nach El Alamein zurück, seiner Siege, aber auch seiner vielen toten Soldaten gedenkend

Heike Rossel
Charles de Gaulle   Verpflichtet zum Kampf

Als der hagere und betont aufrecht gehende General sich steifen Schrittes dem Tisch mit dem Mikrofon näherte, ahnte niemand im Studio, dass er Zeuge eines großen Augenblicks werden würde. Der Soldat zog seine weißen Handschuhe aus, legte sie in das Käppi mit den zwei Sternen und nahm mit ernster Miene seinen Platz ein. Man bat ihn um eine Tonprobe. Mit lauter Stimme sprach er: »La France«. Dann konnte er beginnen. Deutlich und sich der Schwere seiner Worte bewusst, stimmte er an: »Die Befehlshaber, die seit vielen Jahren an der Spitze der französischen Armeen stehen, haben eine Regierung gebildet. Diese Regierung hat unter dem Hinweis auf die Niederlage unserer Armeen mit dem Feind Verbindung aufgenommen, um den Kampf einzustellen. Gewiss, wir wurden und sind überwältigt …«

Es war abends, 18.00 Uhr, am 18. Juni 1940, als die BBC mit diesem Aufruf auf Sendung ging. In London war wenige Stunden zuvor die Nachricht eingetroffen, dass die neue französische Regierung dem deutschen Kriegsgegner die Kapitulation angeboten hatte. Der General, der sich im militärischen Ungehorsam über die eigene Regierung hinwegsetzte, erhob seine Stimme gegen die beschlossene Kampfaufgabe. »Aber ist das letzte Wort gesprochen?« So fragte er in auflehnendem Ton: »Muss die Hoffnung verschwinden? Ist die Niederlage endgültig? Nein!« Franzosen, die diese Worte vernahmen, wagten kaum zu atmen. Wer sprach da? Wer war dieser Charles de Gaulle, der da alle französischen Soldaten aufforderte, sich ihm anzuschließen? »Was auch immer geschieht, die Flamme des französischen Widerstands soll nicht erlöschen, und sie wird nicht erlöschen.« Der Vorkämpfer für die Unabhängigkeit seines Vaterlandes schleuderte dem Feind den Fehdehandschuh erneut vor die Füße. Der Kampf war nicht vorbei, es würde weitergehen. Eine Stimme in London, die Frankreich Hoffnung schenkte, der patriotische Aufschrei eines politischen Soldaten. Mit diesem Appell hatte Charles de Gaulle die Weltbühne betreten.

Charles de Gaulle (1890–1970)

Am 18. Juni 1940 ruft Charles de Gaulle über die BBC in London die Franzosen zum Widerstand gegen die deutschen Besatzer auf

Erst einen Monat zuvor war er zum General befördert worden, fünf Jahre später sollte er als französischer Kriegsherr über den Rhein setzen – Jahre des unermüdlichen und erbitterten Kampfes lagen dazwischen. Als er das Ringen um Frankreich aufnahm, hatte er fast nichts: keine Soldaten, keine Legitimation und kaum Geld. Aber er hatte eine felsenfeste, unerschütterliche Überzeugung von der Richtigkeit seines Tuns – und seine Beharrlichkeit. »Unsere Größe und unsere Stärke beruhen in der Unnachgiebigkeit, was die Rechte Frankreichs angeht. Wir werden diese Unnachgiebigkeit bis zum Rhein brauchen, einschließlich«, hatte er sich auf die Fahne geschrieben. Freiheit – und danach einen dauerhaften Frieden für Frankreich, das war sein Ziel. Und der begann für ihn am Rhein. Als seine Truppen endlich über den Strom vorgestoßen waren, ließ er es sich nicht nehmen, dabei zu sein. Eigens dafür reiste er an die Front bei Speyer: »Am 7. April hatte ich die stolze Genugtuung … den Rhein zu überschreiten«, schrieb er später lapidar in seinen »Memoiren«. Für ihn und seine Begleiter war es ein bewegender Augenblick. Die Offiziere wahrten einige Meter Abstand von ihm. Allein ging er über die Pontonbrücke. Als er in der Mitte angekommen war, hielt er einen Moment inne. Die anderen Offiziere blieben ebenfalls stehen. Stille trat ein. Er betrachtete das deutsche Ufer und schaute zurück in Richtung Frankreich. »Wir alle malten uns aus, welche Bilder wohl vor seinem inneren Auge abliefen: die Niederlage von 1940, der Aufruf zur Fortsetzung des Krieges, die Vergeltungs-

maßnahmen ...«, schildert Pierre Lefranc die Situation. »Und dann, einige Augenblicke später, ging er von uns gefolgt weiter.«

Er war am Ziel. Die französischen Truppen standen mitten in Deutschland. Er hatte vollbracht, was sich niemand hätte vorstellen können. Man hatte über ihn gelacht und ihn oft nicht ernst genommen. Nun gingen Charles de Gaulle und das französische Volk aus einem Krieg, der für sie mit einer katastrophalen Niederlage begonnen hatte, als Sieger hervor.

Gemessen an anderen Politikern und Generälen war Charles de Gaulle ein Unbekannter, als er 1940 nach London ins Exil ging. Zwar hatte er bereits in Militärkreisen von sich Reden gemacht und war dem ein oder anderen wegen seiner strategischen Fähigkeiten aufgefallen, doch verlief sein Lebensweg bis dahin eher unspektakulär. Aber ihn zeichneten Zielstrebigkeit, Ehrgeiz und Konsequenz im Denken und Handeln aus.

Am 22. November 1890 war er in Lille als mittleres von fünf Kindern geboren und auf den Namen Charles-André-Joseph-Marie de Gaulle getauft worden. Sein Vater, Henri de Gaulle, hatte seine bürgerliche Cousine, Jeanne Maillot, geheiratet. Charles de Gaulle wuchs im Paris der Jahrhundertwende auf – einer Stadt, die den Glanz des Kolonialreiches widerspiegelte und die mit ihrer selbstbewussten Schönheit jeden in ihren Bann zog. Die beeindruckenden Bauten und die aus ihnen sprechende nationale Größe faszinierten den Heranwachsenden. In einem solchen Geist wurde er erzogen, auch im Elternhaus.

Der Vater, Gymnasiallehrer an einer Jesuitenschule, sei »ein Mann von Bildung, Kultur und Tradition« gewesen, »durchdrungen vom Gefühl der Würde Frankreichs« – so schrieb der Sohn. Seine Mutter »brachte dem Vaterland eine unnachgiebige Leidenschaft entgegen, die nur mit ihrer religiösen Frömmigkeit zu vergleichen war.« Zwei Cha-

Der Vater, Henri de Gaulle, Lehrer für Literatur und Philosophie an einer Jesuitenschule, »war durchdrungen vom Gefühl der Würde Frankreichs«

Die Mutter, Jeanne de Gaulle, »brachte dem Vaterland eine unnachgiebige Leidenschaft entgegen«

Charles-André-Joseph-Marie de Gaulle im Alter von sieben Jahren

raktere, die de Gaulle prägten und zugleich sein Selbstverständnis zeigen: Er war ganz das Kind seiner Eltern. In dieser konservativen, nationalistischen und katholischen Atmosphäre wuchs Charles de Gaulle zusammen mit seinen drei Brüdern Xavier, Jacques und Pierre und seiner Schwester Marie-Agnès auf. Früh wurden die Wurzeln seines inbrünstigen Glaubens an die Außergewöhnlichkeit Frankreichs gelegt. Für ihn glich »La France« einer Prinzessin im Märchen oder der Madonna auf Kirchenfresken. Durchdrungen war er von der Gewissheit des »großartigen und außergewöhnlichen Schicksal« seines Vaterlandes: »Ich glaube, ohne Größe kann Frankreich nicht Frankreich sein.«

Ab seinem zehnten Lebensjahr besuchte er das Jesuitengymnasium, an dem auch sein Vater unterrichtete. Schon in Schulzeiten ging er ganz in französischer Geschichte und Literatur auf, schrieb kleinere Komödien und Novellen. Obwohl zunächst den schöngeistigen Fächern zugetan, wurde ihm bald klar: Er wollte das Kriegshandwerk erlernen. Schon als Fünfzehnjähriger hatte er sich die Geschichte »Feldzug gegen Deutschland« ausgedacht – eine eigene Geschichte des Krieges von 1870/71. Die Erinnerung an die französische Niederlage und der Gedanke an Revanche beschäftigten nicht nur ihn, sondern ganz Frankreich. In der Vorstellung des Schülers unterlag natürlich die deutsche Armee, und an der Spitze des französischen Heeres stand ein General namens de Gaulle.

Waren es nur Träumereien eines Heranwachsenden? Oder zeigte sich schon der Teenager von seinem herausragendes Schicksal überzeugt? »Alles in allem zweifelte ich nicht daran, dass Frankreich gewaltige Prüfungen durchzumachen haben werde und dass die eigentliche Aufgabe meines Lebens darin bestehe, eines Tages dem Land einen außergewöhnlichen Dienst zu leisten.« Dafür war eine militärische Karriere unerlässlich. Das bewiesen die Viten aller großen Männer wie von Alexander dem Großen oder Napoleon.

De Gaulle wechselte von der Schulbank auf den Kasernenhof, nachdem er den Sommer im Schwarzwald, bei Riedern, verbracht hatte, um den Nachbarn im Osten und seine Sprache besser kennen zu lernen. Im ersten Jahr beim Militär hieß es erst einmal parieren, dann folgten zwei Jahre auf der Militärschule Saint Cyr. Die Armee sei bei seinem Eintritt »eine der großartigsten Dinge der Welt« gewesen, so sein unkritisches Urteil. Er war eben von Kopf bis Fuß Soldat. Das äußerte sich auch in seinem Gebaren. Von den Kameraden erhielt er deshalb den Spitznamen »der Konnetabel« – Titel des Obersten Befehlshabers der französischen Armee bis ins 17. Jahrhundert. Ein Spitzname, der ihm lange

links: Als Kadett der Militärakademie in Saint Cyr, etwa 1910

Der junge Leutnant de Gaulle beim 33. Infanterieregiment in Arras (an der Stirnseite des Tisches)

Zeit anhaftete und den Winston Churchill später wieder aufgreifen würde.

Nach der Militärschule ging der junge Leutnant nach Arras, zum 33. Infanterieregiment. Dort machte er die schicksalhafte Bekanntschaft des Obersts Philippe Pétain, Kommandeur von Arras. Pétain fand Gefallen an dem eigenwilligen, jungen Offizier. Er zeigte ihm, »was die Gabe und die Kunst des Befehlens wert sind«. In den nächsten Jahren sollte er ihn immer wieder protegieren. Bis zu dem Tag an dem sich beider Wege endgültig und unversöhnlich trennen würden.

Der erste große Weltenbrand stand bevor. Ein glühender Eifer für die eigene Nation und ein kaum hinterfragtes Bewusstsein ihrer vermeintlichen Überlegenheit hatte die Länder Europas ergriffen.

Charles de Gaulles erster Einsatzort hieß Dinant an der Maas. Den Augenblick vor seiner ersten Schlacht am 14. August 1914 hielt er in seinem Tagebuch fest: »Warum soll ich es nicht sagen? Ich spürte zwei Sekunden lang eine physische Erregung, es schnürte mir den Hals zu. Das war alles. Ich muss sogar sagen, dass mich das Gefühl großer Genugtuung überkam: Endlich war es so weit!«

Mit aufgepflanztem Bajonett zog er an der Spitze seines Zuges in eine verlustreiche Schlacht. Er selbst wurde von einer Kugel am Wadenbein schwer verletzt. Das tat seinem Eifer und seiner Überzeugung keinen Abbruch. Aus dem Lazarett schrieb er seiner Mutter, Frankreich müsse alles daransetzen, »nicht die Waffen niederzulegen, bevor man sich nicht in Deutschland mit den russischen Truppen getroffen hat. Sonst muss man in zehn Jahren von neuem anfangen« – eine Prognose mit Weitsicht. 30 Jahre später, am Ende des nächsten Weltkriegs, reichten sich die westlichen Alliierten und Russen bei Torgau tatsächlich die Hände.

Erst Mitte Oktober stieß er wieder zu seinem Regiment in der Champagne. Der Krieg hatte sich grundlegend verändert. Die Fronten zwischen Deutschland und Frankreich waren festgefahren, man kämpfte nicht mehr um Regionen, sondern um Meter. »Wir haben es mit einem Gegner zu tun, der noch seinen letzten Mann und seine letzten Mittel in die Waagschale wirft«, so die Einschätzung de Gaulles.

Seine letzte Station an der Front im »Großen Krieg« war Verdun. Keine Stadt ist so eng mit den Schrecken des Krieges verbunden, kein Ort ist so zum Symbol für die tödliche Falle des Stellungskriegs geworden wie diese. Die »Hölle von Verdun« erreichte im März 1916 ihren tragischen Höhepunkt. Dort, bei der Verteidigung des Dorfes Douaumont, wurde de Gaulle erneut verletzt. Als er aus der Ohnmacht erwachte, sah er direkt in die Augen eines deutschen Soldaten, der sich über ihn gebeugt hatte, um zu sehen, ob der französische Offizier noch lebte. De Gaulle kam in deutsche Kriegsgefangenschaft. Auf französischer Seite glaubte man zunächst, er sei gefallen, woraufhin ihm der Oberbefehlshaber von Verdun, General Pétain, einen Nachruf widmete. Er nannte ihn einen »Offizier, der nicht seinesgleichen findet«, und lobte »seine geistige und moralische Haltung«.

So ruhmreich es gewesen wäre, für das Vaterland zu sterben, so unehrenhaft war es, in Kriegsgefangenschaft zu geraten. De Gaulle litt besonders darunter. Die zweite Hälfte des Krieges musste er in deutscher Festungshaft, im Fort IX von Ingolstadt absitzen. Auch seine fünf Ausbruchsversuche konnten daran nichts ändern. Dennoch konnte er die Zeit für sich nutzen: Er verbesserte sein Deutsch, las deutsche Zeitungen und lernte verstehen, wie der Gegner das Kriegsgeschehen beurteilte. Den größten Nutzen zog er aus der Bibliothek, er studierte Alte Geschichte und Militärgeschichte. Und ganz der Lehrersohn, referierte er darüber vor seinen Mitgefangenen. Sie brachten ihm Respekt entgegen, hielten ihn aber zugleich für unnahbar. Sein Zimmergenosse Ferdinand Plessy meinte: »All die anderen Hauptmänner duzten sich. Niemand sagte jemals ›du‹ zu de Gaulle.« Immer war er sehr darauf bedacht, Distanz zu halten, selbst in der außergewöhnlichen Situation der Gefangenschaft. De Gaulle selbst deutete einmal an, er sei eigentlich schüchtern. Und vielleicht war es seine Schüchternheit, die er durch diese Haltung zu verbergen suchte.

Die Gefangenschaft lastete schwer auf de Gaulle, war er doch dadurch nicht in der Lage, an der Verteidigung des Vaterlandes teilzunehmen. Depressive Stimmungen kamen auf. Im September 1918 schrieb er seiner Mutter: »Ich bin lebendig begraben.« Und im November, als das Kriegsende abzusehen war, klagte er ihr: »In die unendliche Freude, die ich mit Euch über die Ereignisse empfinde, mischt sich für mich doch, bitterer als zuvor, der unbeschreibliche Kummer, dass ich keinen größeren Anteil daran hatte. Es will mir so scheinen, als ob mich dieser Schmerz mein ganzes Leben, ob es nun kurz oder lang sei, nicht mehr verlassen wird.« Zudem musste der ehrgeizige Hauptmann fürchten, dass seine lange Gefangenschaft seiner militärischen Karriere einen starken Knick zugefügt hatte. Erst durch die »Médaille des Evadés – Medaille für die aus den Lagern Geflüchteten«, die er 1927 für seine Ausbruchsversuche erhielt, sah er sich von dem biographischen Makel seiner Gefangenschaft befreit.

Im November war der Krieg vorbei, im Dezember kehrte de Gaulle heim nach Frankreich, und im April schon befand er sich auf dem Weg nach Polen. Frankreich unterstützte den neuen Verbündeten beim Aufbau der Armee. Dort bekam de Gaulle 1920 eine zweite Gelegenheit, den Krieg kennen zu lernen, als Polen von der Sowjetunion angegriffen wurde. Dieser Kampf unterschied sich völlig vom Stellungskrieg des Ersten Weltkriegs. Angriff und Bewegung waren seine Prinzipien. Sie wurden zu einem wichtigen strategischen Moment in de Gaulles späteren Kriegstheorien.

In einem Brief an seine Mutter aus dieser Zeit wird sein Unmut über den Versailler Friedensvertrag deutlich: »Im Lauf der Jahre wird Deutschland sich wieder aufrichten und anmaßender werden und uns nur sehr wenig von dem zahlen, was es uns schuldet. Obendrein steht zu befürchten, dass unsere Alliierten innerhalb kurzer Zeit unsere Rivalen sein werden und das Interesse an unserem Schicksal verlieren. Das linke Rheinufer muss also unser bleiben.« Nach wie vor betrachtete er den Kriegsgegner von gestern mit größtem Misstrauen. Er sah die Gefahr, dass die Germanen – so nannte er oft die Deutschen, während er die Franzosen als Gallier bezeichnete – den Frieden nicht einhalten würden.

In seinem Privatleben zeichnete sich indes eine einschneidende Veränderung ab. Fast dreißig Jahre alt, dachte er ans Heiraten. Auf einem Heimaturlaub im Oktober 1920 machte man ihn mit Yvonne Vendroux aus Calais bekannt, zehn Jahre jünger als er und aus vermögender, bürgerlicher Familie stammend. Sie waren sich überraschend schnell einig. Schon im November feierten sie Verlobung, und im April 1921 gaben sie sich das Jawort.

*Hochzeit mit
Yvonne Vendroux am
7. April 1921 in Calais*

De Gaulle kehrte Polen den Rücken. In St. Cyr, der Militärschule, wartete ein Lehrauftrag auf ihn. Er lehrte nun die jungen Soldaten die Geschichte der französischen Armeen seit der »Großen Revolution«. Dabei wusste er seine Persönlichkeit und seine Redekunst hervorragend einzusetzen. Wie der spätere General Jean Nérot berichtete, seien de Gaulles Vorlesungen am eindrucksvollsten gewesen, »jede einzelne seiner Lesungen war ein literarisches Ereignis«. Ohne auf seine Notizen zu schauen, habe er gesprochen, und das zwei Stunden am Stück. Auch andere Offiziere und zuletzt auch Generäle seien gekommen, um ihm zuzuhören. »Der Höhepunkt dieser Vorträge war«, so Nérot, wenn de Gaulle auf die Soldaten von Verdun zu sprechen gekommen sei. Dann hätte er gerufen: »Meine Herren, aufgestanden!«, und alle, auch die Generäle, hätten sich erhoben, um den Gefallenen vom Fort Douaumont die Ehre zu erweisen. »Das zeigt die außergewöhnliche Überlegenheit des Hauptmanns über Männer jeden Alters und jeden Ranges«, so die Einschätzung Nérots.

De Gaulle war in seinem Element, es ging voran. Bald erhielt er die Zulassung zur »Ecole supérieure de guerre« – der militärischen Eliteschule Frankreichs, die ihm den Weg in die höchsten militärischen Ränge ebnen sollte. In einer abschließenden Beurteilung eines Lehrers von dort heißt es: »Ein intelligenter, kultivierter und ernsthafter Offizier (…) höchst begabt, charaktervoll. Bedauerlicherweise mindert er seine unbestreitbaren Fähigkeiten durch seine übertriebene Selbstsicherheit, durch seine Strenge gegenüber der Meinung anderer und durch sein Verhalten eines Königs im Exil.« Wahrscheinlich wegen ihres treffenden Kommentars wurde diese Beurteilung eine viel zitierte Charakterisierung.

Sein weiterer Weg führte de Gaulle zunächst nach Mainz in die besetzte Zone. Doch schon bald rief ihn Pétain zurück nach Frankreich, in seinem Mitarbeiterstab. Zwei Jahre blieb er dort, zwei Jahre, in denen er seine Vorträge an der Kriegsschule hielt und für den Marschall zahlreiche Texte verfasste – ohne als Autor genannt zu werden. 1927 kam er als Bataillonskommandeur nach Trier. Bevor er Deutschland Jahre später als unerbittlicher Kriegsgegner gegenüberstehen sollte, ergaben sich genügend Gelegenheiten Land und Leute kennen zu lernen, denen er Achtung und Anerkennung entgegenbrachte. Nach diesen zwei Jahren in Trier führte ihn sein Weg in den Nahen Osten nach Beirut in das französische Mandatsgebiet.

Mittlerweile hatte sich bei den de Gaulles Nachwuchs eingestellt. Drei Kinder hatten sie bekommen, auf den Erstgeborenen, Philippe, waren zwei Mädchen gefolgt, Elisabeth und Anne. Anne, die Jüngste, kam behindert zur Welt, sie war mongoloid. De Gaulle und seine Frau entschieden sich dafür, das Kind in der Familie aufwachsen zu lassen, es nicht in ein Heim zu geben. Für die Kleine brachte de Gaulle in den kommenden Jahren eine zärtliche Fürsorge auf.

In Arras lernte de Gaulle Henri Philippe Pétain kennen; das Foto zeigt den General in seinem Salonwagen während des Ersten Weltkriegs

Nachdem die de Gaulles aus Beirut nach Frankreich zurückgekehrt waren, kauften sie vor allem wegen Anne den Landsitz »La Boisserie« in einem entlegenen Winkel der Champagne nahe dem Ort Colombey-les-deux-Eglises. Bis zum Beginn des nächsten Krieges fand die Familie hier einen Ort der Ruhe. Als de Gaulle gegen Ende der dreißiger Jahre in Metz stationiert war, wunderte sich ein Offizier, dass sein Vorgesetzter jeden Abend den langen Weg nach Hause antrat, da er doch am nächsten Morgen um sechs Uhr wieder zur Stelle sein musste. Mit Erstaunen erfuhr er, dass das kranke Kind erst dann einschlafen könne, wenn sein Vater es in den Schlaf singe. »Wer den General nicht mit seiner kranken Tochter auf den Knien gesehen hat«, so erzählte sein späterer Schwiegersohn Alain de Boissieu, »wie er ihr Lieder vorsang, kannte den wahren Charles de Gaulle nicht.«

De Gaulle hatte unterdessen im Generalsekretariat des Obersten Rates der Nationalen Verteidigung in Paris eine Stelle angetreten. Wieder hatte Pétain seine Hände dabei im Spiel. De Gaulle konnte nun die Politik aus nächster Nähe beobachten.

1934 erschien sein wichtiges Buch »Vers l'armée de métier« (Frankreichs Stoßarmee). Darin forderte er dringend Veränderungen in Frankreichs Armee. Neue Technologien müssten, so de Gaulle, auch neue

Taktiken nach sich ziehen. Panzerverbände könnten ihre Möglichkeiten nur dann wirkungsvoll nutzen, wenn sie allein und selbständig operierten. Bei den wenigen Militärs, die sein Buch lasen, stieß er auf heftigen Widerstand. Manche legten es verärgert beiseite, wieder andere spotteten. Schließlich hatte Frankreich eben erst seine Ostgrenze mit der Maginot-Linie neu befestigt. Der Verteidigungswall sei der beste Schutz Frankreichs. »Die Sicherheit der Nation hängt ausschließlich von den Befestigungen ab«, so äußerte sich auch Marschall Pétain. Das waren dissonante Klänge im Verhältnis des Marschalls zu seinem Protegé.

Im Deutschen Reich, wo der Text ein Jahr später erschien, hatte er einen größeren Erfolg. Nur, meinte der Herausgeber blauäugig, der Autor ginge von einer falschen Annahme aus, wenn er von einem bevorstehenden deutsch-französischen Krieg spräche: »Dieser Gedanke setzt eine deutsche Aufrüstung, wie sie in diesem Übermaß niemand plant, und einen Angriffswillen, der jedem Deutschen fern liegt, voraus.« De Gaulle sah das völlig anders: »Zwischen Galliern und Germanen haben bald hüben, bald drüben erfochtene Siege kein Band endgültig zerschnitten, aber auch keinen Frieden gebracht. Vom Kriege erschöpft, scheinen sich beide Völker manchmal zu nähern. Aber kaum erholt, reißt sich jeder wieder zusammen und stürzt sich auf den anderen.« De Gaulle hatte den neuen, deutschen Machthabern, die aggressiv die Revision des »Schandfriedens« betrieben, genau zugehört. Immer wieder wies er darauf hin, dass das Ende der neuen Befestigung an der Nordgrenze bei Belgien eine Gefahr bedeute, denn »der Weg nach Frankreich« führe »für die Mehrzahl der Deutschen« nicht nur in Friedenszeiten über Belgien. Das las sich später gerade so, als ob er damit der deutschen Wehrmacht für den heraufziehenden Krieg den Weg gezeigt hatte.

Die deutschen Militärs und selbst Hitler lasen de Gaulles Buch. Und zu seinem Ärger nahmen sie dessen Inhalt ernster als die Militärs im eigenen Land.

Überzeugt von der Richtigkeit seiner Gedanken und maßlos enttäuscht von der geringen Resonanz in Frankreich, wandte sich de Gaulle an den Abgeordneten Paul Reynaud. Er wollte seine Ideen im Parlament zu Sprache bringen. Reynaud war dafür der richtige Mann. Gemeinsam fochten die beiden nun für die militärische Neuerung, jedoch ohne Erfolg. Die von Reynaud eingereichte Vorlage fand im Parlament keine Zustimmung. Unterdessen begann das Dritte Reich mit der Aufrüstung. Hitler führte die allgemeine Wehrpflicht wieder ein

Besonders zärtlich umsorgte de Gaulle seine jüngste Tochter Anne

und begann sein internationales Vabanque-Spiel. Den Frieden von Versailles beiseite fegend, besetzte er das Rheinland und schickte die Legion Condor in den Spanischen Bürgerkrieg. Die ehemaligen Kriegsgegner ließen ihn gewähren. De Gaulle allerdings sah in Hitlers Handeln die ersten Anzeichen des nächsten Waffengangs zwischen den beiden Völkern: das Rheinland und Spanien – beide lagen direkt an Frankreichs Grenze.

An seine Mutter schrieb er 1936: »Ich weiß wohl, dass die intensive und sehr geschickte Propaganda Hitlers vielen braven Leuten in Frankreich weisgemacht hat, dass er uns keineswegs übel wolle und dass es, um ihm den Frieden abzukaufen, genüge, ihn Mitteleuropa und die Ukraine erobern zu lassen. Aber ich persönlich bin davon überzeugt, dass das nur Heuchelei ist und dass sein Hauptziel darin besteht, Frankreich zu isolieren und dann zu vernichten, so wie er es in diesem ›Mein Kampf‹ sagt.«

Angesichts dieser Überzeugung litt de Gaulle unter der Untätigkeit der eigenen Regierung. Innerhalb von fünf Jahren hatte er in Paris unter 14 Ministerien gearbeitet. Er hatte die Ohnmacht der Dritten Republik aus nächster Nähe gesehen. Parteiklüngelei und ständig wechselnde Koalitionen vergällten ihm diese Republik. Wo blieb da die staatliche Autorität? Zumal in so schwierigen Zeiten!

Bis 1938 wähnte man den Frieden in Europa gesichert. De Gaulle war mittlerweile zum Oberst avanciert und als Kommandeur zum 507. Panzerregiment nach Metz versetzt worden. Damit fanden seine Aktionen in Paris vorerst ein Ende. Erst als Hitler im Frühjahr 1939 in die »Resttschechei« deutsche Soldaten einmarschieren ließ, wurden auch die Westmächte wach. Plötzlich sah man den drohenden Krieg.

Am 1. September 1939 fiel die deutsche Wehrmacht in Polen ein. Die Reaktion der Westmächte ließ nicht lange auf sich warten. Zwei Tage später erklärten Frankreich und auch England dem Aggressor den Krieg. Doch der begann höchst befremdlich. Obwohl Kriegszustand herrschte, gab es keine Schlacht. Es war die Zeit des »Drôle de guerre, des komischen Krieges«. Die Deutsche Wehrmacht, ganz auf Angriff ausgerichtet, aber nicht hochgerüstet genug für einen Zweifrontenkrieg, unterwarf erst Polen. Frankreich, mit dem Befestigungswall der Maginot-Linie ganz auf Verteidigung eingestellt, musste abwarten. Erst am 10. Mai 1940 begann Hitler die Westoffensive. Wieder preschten die schnellen, selbständigen Panzerverbände, von der Luftwaffe unterstützt, in ein anderes Land. Über das neutrale Belgien drangen die Deutschen über die Ardennen nach Frankreich ein. Sie schnitten

Nordfrankreich ab und stießen im »Sichelschnitt« nach Westen auf die Kanalküste vor. Schon nach wenigen Tagen war der Feldzug entschieden. »Die Armee, der Staat, Frankreich brachen mit atemberaubender Geschwindigkeit zusammen.« De Gaulle erfuhr die traurige Genugtuung, Recht gehabt zu haben. Er selbst hatte bei Kriegsbeginn das Kommando der Panzerstreitkräfte der 5. französischen Armee im Elsass übernommen. Im Sog der Niederlage begegnete er einer Gruppe waffenloser Soldaten auf dem Rückzug. Sie erzählten ihm, deutsche Soldaten hätten ihnen befohlen, »die Gewehre wegzuwerfen und sich schleunigst gegen Süden zu verziehen, um die Straßen nicht zu verstopfen. ›Wir haben jetzt keine Zeit, euch gefangen zu nehmen!‹, rief man ihnen zu.« Angesichts dieser »verächtlichen Unverschämtheit des Feindes« überkam ihn grenzenlose Wut. »Der Krieg fängt unerhört schlecht an. Deshalb muss er fortgeführt werden. Dafür gibt es auf der Welt Raum genug. Wenn ich am Leben bleibe, werde ich kämpfen.« An diesem Tag schwor er sich, er werde so lange kämpfen, bis »der Feind besiegt und die Schmach der Nation getilgt ist.«

Er selbst hatte sein Können unter Beweis gestellt und mit seinen Panzern zwei siegreiche Einsätze geführt – die einzigen Teilerfolge der französischen Armee. Es war ihm gelungen, vorübergehend Gelände zurückzugewinnen. »Ein Hauch des Sieges wehte über das Schlachtfeld«, so erinnerte er sich. »Jeder trägt das Haupt hoch. Die Verwundeten lächeln.« Doch war es nur ein kurzer Lichtblick im allgemeinen Chaos von Rückzug und Flucht.

Sein heldenhafter Kampf ließ ihn zum General, Brigadegeneral auf Zeit, aufsteigen. Anfang Juni berief ihn Paul Reynaud, erst seit wenigen Wochen Ministerpräsident, als Unterstaatssekretär in sein Kabinett. Uneinigkeit, Parteiengezänk und schwache Mehrheiten lähmten auch die neue Regierung. Während die alten Militärs wie Pétain, die Niederlage akzeptieren wollten, setzte sich de Gaulle für die Fortsetzung des Kampfes ein. Auch wenn das Mutterland verloren war, schließlich konnte man auch von Nordafrika die Streitkräfte gegen die Achsenmächte führen. Um den Krieg unter diesen veränderten Bedingungen auch mit dem Verbündeten England zu koordinieren, machte sich de Gaulle auf den Weg nach London. Dort traf er Winston Churchill. In ihren Erinnerungen bezeugen beide, schon bei der ersten Begegnung die Größe des anderen erkannt zu haben. Was nichts daran änderte, dass das Gespräch ohne Resultat blieb. Die deutsche Wehrmacht setzte unterdessen ihren Eroberungszug fort. Die Ereignisse überschlugen sich: Paris wurde zur »offenen Stadt« erklärt. Daraufhin verließ die Regie-

Anfang Juni 1940 beruft Frankreichs Ministerpräsident Paul Reynaud Brigadegeneral de Gaulle (in Uniform) als Unterstaatssekretär in sein Kabinett

rung am 10. Juni die Hauptstadt und flüchtete nach Bordeaux. Die deutschen Truppen standen mitten in Frankreich und besetzten nun Paris. Das Kabinett Reynaud entschied sich schließlich für eine Fortsetzung des Kampfes von Nordafrika aus. De Gaulle reiste ein zweites Mal nach London, um mit Churchill über die dann notwendig werdende Transporthilfe zu verhandeln. In England geschah daraufhin etwas Sensationelles: Man bot Frankreich eine Staatenunion an. Aufgeregt berichtete de Gaulle seinem Vorgesetzten per Telefon von diesem Vorschlag und versuchte ihn von einem staatlichen Schulterschluss mit England zu überzeugen. Unverzüglich machte er sich auf den Weg nach Frankreich. Vielleicht wäre es auf diese Weise Frankreich gelungen, die drohende Niederlage abzuwenden. Doch während de Gaulles Rückreise gab Reynaud auf und trat zurück.

Der Präsident Albert Lebrun ernannte Marschall Philippe Pétain zum neuen Regierungschef. De Gaulle ließ sich nicht entmutigen. Weiterhin trat er energisch für die Fortsetzung des Kampfes ein. Bevor Reynaud seine Geschäfte übergab, gelang es ihm noch, de Gaulle eine Summe von 100 000 Franc aus einem Geheimfond zu übergeben. Mit diesem Geld in der Tasche flog der General am nächsten Morgen mit der gleichen Maschine, mit der er gerade angekommen war, wieder zurück nach London. Churchill meinte später, an Bord des kleinen Flugzeugs hätte er die »Ehre Frankreichs« mit sich getragen. De Gaulles Familie gelang es, sich mit einem der letzten Schiffe aus Brest über den Kanal zu retten.

Vier Jahre lang sollte de Gaulle Frankreich nicht mehr betreten. Ruhelos machte er sich in London sofort an die Arbeit. Am Abend des 17. Juni erfuhr er, dass Pétain bei den Deutschen um einen Waffenstillstand gebeten hatte. Für diesen Fall hatte de Gaulle, der mit einer solchen Reaktion Pétains bereits rechnete, mit Churchill vereinbart, dass er sich über die BBC an Frankreich wenden würde. So kam es zu dem berühmten Aufruf de Gaulles, mit dem er sich seinen Platz in der Geschichte sicherte: seitdem ist er der Mann des 18. Juni 1940. Er war der-

Als Mitglied der französischen Regierung reist de Gaulle noch im Juni 1940 nach London, um mit dem Verbündeten England Aktionen gegen die deutsche Wehrmacht zu koordinieren

jenige, der nein gesagt hat – »Celui, qui a dit non«. Nein gesagt zu der Kapitulation und der Akzeptanz der Niederlage. Stellvertretend für Frankreich führte er in den nächsten vier Jahren den Krieg aus dem Exil weiter.

Seinen Appell über Radio London hörte auch ein Priester in der Bretagne. Dort hielt sich zu diesem Zeitpunkt de Gaulles Nichte Geneviève mit ihren Eltern und der Großmutter auf. Die Familie befand sich zusammen mit anderen Flüchtlingen auf der Straße, als der Priester über den Platz gelaufen kam und aufgeregt berichtete, was er soeben gehört hatte. Ein junger General hatte zum Weiterkämpfen aufgerufen. Als er den Namen des Generals nannte, richtete sich die Großmutter auf, »klein und zerbrechlich in ihrem schwarzen Kleid, und zog den Priester am Ärmel: ›Herr Pfarrer, das ist ja mein Sohn, Herr Pfarrer, das ist ja mein Sohn‹«. In den nächsten Tagen lauschte sie der Stimme ihres Sohnes im Radio. Auch sie empörte sich über die »schändliche Niederlage«, war mit dem Sohn einer Meinung. Einen Monat später starb sie.

Eine anrührende Begebenheit, die auch die Reaktion in Frankreich auf den Aufruf zeigt. Es saßen nicht viele in dieser Stunde am Radio, Hunderttausende befanden sich auf der Flucht. Doch diejenigen, die ihn hörten, waren wie elektrisiert und voller Hoffnung.

Drei Tage nach dem Appell empfing Adolf Hitler, der ehemalige Gefreite im Ersten Weltkrieg, im Salonwagen bei Compiègne die französische Delegation. Dort war es 1918 zur Verkündung und Unterzeichnung des Waffenstillstandes gekommen. Nun schlug die Stunde der Revanche für die deutschen Machthaber. Der deutsche Kriegsherr ließ den Franzosen die Bedingungen des neuen Waffenstillstandes mitteilen. Einen Tag später unterzeichnete der französische General Huntzinger. Für Frankreich waren es harte Bedingungen, zu denen unter anderem hohe Tributzahlungen an die Besatzungsmacht gehörten.

Am nächsten Tag unternahm Hitler in Begleitung weniger Männer seinen frühmorgendlichen Blitzbesuch in Paris. Es war vielmehr eine Besichtigungstour des verhinderten Architekten und Baumeisters Hitler als eine Triumphfahrt des Eroberers. Zu Albert Speer sagte er danach: »Es war der Traum meines Lebens, Paris sehen zu dürfen. Ich kann nicht sagen, wie glücklich ich bin, dass er sich heute erfüllt hat.« Und nur seine Gewissheit, dass Berlin durch seine Bauvorgaben größer und schöner werden würde, hielt ihn davon ab, Paris zu zerstören.

Paris und der Norden Frankreichs waren nun deutsches Besatzungsgebiet. Der Süden, der erst zweieinhalb Jahre später besetzt werden sollte, blieb vorerst frei. Dorthin, in das kleine Städtchen Vichy zog

Am 23. Juni, einen Tag nach der Unterzeichnung des Waffenstillstandsabkommens in Compiègne, lässt sich Hitler durch das besiegte Paris führen

Zum Symbol für den französischen Befreiungskampf wurde das lothringische Kreuz

sich nun die neue französische Regierung unter Pétain zurück. Frankreich war geschlagen, erschüttert und verstört – eine nicht nur militärische, sondern auch moralische Niederlage. Dennoch fühlte sich die Bevölkerung zunächst erleichtert, da die Kämpfe nun vorbei waren. Und – man vertraute dem greisen Pétain, dem Verteidiger von Verdun, dem Nationalhelden.

Das machte es de Gaulle, der mit einer Handvoll Anhängern in London saß, sehr schwer. »Acht Tage nach meinem Appell vom 18. Juni betrug die Zahl der Freiwilligen in dem uns von den Engländern zur Verfügung gestellten Olympia-Saal erst einige Hundert« – eine geringe Zahl. Problematisch war vor allem auch, dass bekannte Größen aus Militär, Politik, Kultur in seinem Kreis fehlten. Wer sollte sich ihm schon anschließen, ihm, dem kleinen General, der für ein paar Tage Unterstaatssekretär gewesen war? Die Aufgabe, die der Neunundvierzigjährige vor sich hatte, schien kaum zu bewältigen: Es galt, die Franzosen im Exil zu vereinigen und eine Armee aufzustellen. Die Kolonien, die zum großen Teil vichytreu waren, mussten gewonnen werden. England und damit auch andere Verbündete wollten überzeugt werden, dass sie es mit einer legitimen Macht zu tun hatten. Und es galt, die deutsche Besatzungsmacht aus dem Vaterland zu vertreiben und Frankreichs Größe wieder herzustellen. »Und ich, der ich einen solchen Steilhang erklettern wollte, ich selber war anfänglich nichts, gar nichts. Nicht der Schatten einer Streitkraft oder einer Organisation stand mir zur Seite. In Frankreich selber keine Anhänger und keine Bekanntheit. Im Ausland weder Kredit noch Rechtfertigung. Aber gerade dieser Mangel schrieb mir die Richtlinie für mein Verhalten vor. Nur wenn ich die Sache des Landes vorbehaltlos zu meiner eigenen machte, könnte ich Autorität erlangen. (…) Die Leute, die während des ganzen Dramas an meiner Unnachgiebigkeit Anstoß nahmen, wollten nicht einsehen, dass für mich, der ich zahllose Widerstände zu überwinden hatte, die mindeste Nachgiebigkeit verhängnisvoll gewesen wäre.«

Zunächst gründete de Gaulle am 23. Juni ein französisches Nationalkomitee. Zum Symbol für den Befreiungskampf wurde das lothringische Kreuz gewählt. Schon wenige Tage später erkannte ihn Winston Churchill als den Chef der »Freien Franzosen« an. Er sagte ihm die notwendige Unterstützung, auch finanzieller Art, zu. In Folge wurde de Gaulle Chef der »Freien Französischen Streitkräfte« und somit ihr Oberbefehlshaber.

Faktisch repräsentierte er fast nichts und niemanden, also musste er sich durch entsprechendes Auftreten Anerkennung verschaffen. »Nur wenn ich als unbeugsamer Repräsentant der Nation und des Staates agierte, wäre es mir möglich, die Zustimmung, sogar den Enthusiasmus der Franzosen und den Respekt und die Anerkennung des Auslandes zu erlangen.« Doch sollte ihm der Mangel an Legitimation und Akzeptanz in den folgenden vier Jahren immer wieder große Schwierigkeiten bereiten, zumal auch er nicht von Anfang an über das notwendige Selbstverständnis verfügte. Das entwickelte sich erst in den Wochen nach Beginn seines Exils. Sichtbar wurde es schließlich in dem im Oktober verkündeten Manifest von Brazzaville. Darin heißt es, eine neue Staatsgewalt müsse die Aufgabe von Frankreichs Einsatz im Krieg übernehmen. »Diese heilige Verpflichtung ist mir durch die Ereignisse auferlegt. Ich werde mich dem nicht entziehen.« Er versprach, der französischen Nation, sobald sie wieder frei bestimmen könne, über das Handeln des Freien Frankreichs Rechenschaft abzulegen. Gleichzeitig sprach er der Regierung in Vichy jede Legitimation ab. »Es gibt keine wirkliche französische Regierung mehr. Was in Vichy sitzt und sich diesen Namen anmaßt, ist verfassungswidrig und dem Eroberer unterworfen …« Tatsächlich hatte sich unter Pétain das Parlament selbst aufgelöst. In einer neuen Verfassung erhielt Pétain umfassende Vollmachten, ein autoritärer Staat wurde errichtet, und man sprach von »nationaler Revolution«. Pétain, sein einstiger Förderer, war nun zum Gegner de Gaulles geworden. Der greise Marschall gab seiner Enttäuschung über ihn unmissverständlich Ausdruck. Er nannte ihn »eine Schlange, die ich an meinem Busen genährt habe«. Jahre später attestierte er ihm zwar »gute Absichten«, meinte aber gleichzeitig, dass der Ehrgeiz de Gaulles keine Grenzen kenne. Nun, 1940, wurde de Gaulle von einem französischen Militärgericht zunächst zu Gefängnis, schließlich Anfang August wegen Verrats und Desertion zum Tode verurteilt.

Dunkle Wolken warfen ihren Schatten auf de Gaulles Anfänge in London. Schon bald geschah die erste Katastrophe – Mers el-Kebir. Nach der Kapitulation war die französische Flotte – eine der größten und modernsten – in Frankreichs Hand geblieben und nicht, wie zunächst von England befürchtet, den Deutschen ausgeliefert worden. Dennoch traute das britische Kriegsministerium dieser Übereinkunft nicht. Schließlich könnte eine Übergabe zu einem späteren Zeitpunkt nachgeholt werden. Dann würde diese Flotte von den Achsenmächten im Kampf gegen England eingesetzt werden.

So nahmen Anfang Juli britische Schlachtschiffe Stellung vor dem französischen Geschwader, das im Hafen Mers el-Kebir bei Oran in Algerien lag. Man übergab ein Ultimatum, und als dies abgelehnt wurde,

Zeremonie der freifranzösischen Soldaten in London anlässlich ihres Nationalfeiertags am 14. Juli 1940

eröffneten die Briten das Feuer auf die nur notdürftig gefechtsbereit gemachten Schiffe. Fast 1 300 Mann verloren ihr Leben bei diesem Kampf, der eher einer Exekution gleichkam. Dieser Überfall des einstigen Verbündeten löste in Frankreich einen tiefen Schock aus. Vichy brach die Beziehungen zu London ab. Und in Frankreich wuchs die Bereitschaft zur Kollaboration mit dem deutschen Besatzungsregime.

Die Folgen für de Gaulle, vor dem man das Unternehmen geheim gehalten hatte, waren verheerend, denn der britische Einsatz untergrub seine Glaubwürdigkeit. Viele sahen in ihm nun nicht mehr den Widerstandskämpfer, sondern einen Landesverräter.

Und auch die nächste Niederlage für den Chef der Freien Franzosen stand schon vor der Tür. Dakar, ein Flottenstützpunkt in Französisch-Westafrika, sollte für England und die Freien Franzosen gewonnen werden. Der Ort war nicht nur wegen seiner strategischen Lage attraktiv. Man hatte dorthin auch den Goldschatz der belgischen und polnischen Staatsbank in Sicherheit gebracht. Dieser wäre den Briten zur Bezahlung der Kriegsgüter aus den USA höchst willkommen gewesen. Churchill war Feuer und Flamme. Unter dem Schutz der britischen Flotte sollten de Gaulle und seine Freifranzosen an Land gehen.

Man hoffte, die französische Besatzung von Dakar gewinnen zu können. De Gaulle hatte jedoch die Lage vor Ort unterschätzt. Man verweigerte ihnen die Landung und erst recht die Übergabe. Es kam zum Gefecht. Nach schweren Treffern auf britische Kriegsschiffe blies der britische Admiral die Aktion ab – eine schwere Einbuße an Prestige für de Gaulle. »Die folgenden Tage waren fürchterlich. Ich kam mir vor wie ein Mensch, dem ein Erdbeben das Haus brutal erschüttert und dem die Dachziegel auf den Kopf regnen. In London ging ein Sturm der Entrüstung, in Washington ein Orkan von Sarkasmus über mich los.« Und vor allem: Vor Dakar hatten zum ersten Mal Franzosen auf Franzosen geschossen. Die Vichy-Regierung antwortete einen Tag später mit einem Gegenangriff auf den britischen Flottenstützpunkt in Gibraltar, d. h., für zwei Tage bekämpften sich England und Frankreich. Und wieder rückte Vichy ein wenig näher an Berlin heran.

So entmutigend diese Ereignisse waren, in den darauf folgenden Wochen ging es bergauf. Nach seinem Appell vom 18. Juni hatten sich einige überseeische Gebiete wie Neukaledonien, die Neuen Hebriden und Äquatorial-Afrika mit den Ländern Tschad, Ubangi-Schari und Mittel-Kongo de Gaulle angeschlossen. Nach der Aktion von Dakar reiste de Gaulle direkt nach Schwarzafrika weiter, wo er auch Gabun und Kamerun für sich gewinnen konnte. Er verfügte nun über ein eigenes politisches Einflussgebiet, das er von nun an in die Waagschale werfen konnte.

Wieder in London, begann für de Gaulle die Zeit der Konsolidierung. Streitigkeiten und Intrigen unter den Freien Franzosen mussten beiseite geräumt werden. Wieder war er gezwungen, den ein oder anderen von seinem Führungsanspruch zu überzeugen. Ab und an gab es zwar Widerstand wegen seines autoritären Führungsstils, doch ließ er sich davon nicht beirren. Zusammen mit General Catroux, General Larminat und General Legentilhomme behauptete er sich im Londoner Exil.

Auch in Frankreich selbst wollten die Freien Franzosen Fuß fassen. Deshalb galt es, den Widerstand im Mutterland zu schüren und Anhänger zu gewinnen. Regelmäßig wandte sich de Gaulle über Radio London an seine Landsleute. Die Reaktionen dort waren im ersten Jahr allerdings enttäuschend, denn noch befand Pétain sich auf der Höhe seines Ansehens.

Seine Familie hatte de Gaulle wegen der massiven deutschen Luftangriffe außerhalb von London in einem Landhaus untergebracht. Viel Zeit konnte er nicht mit ihr verbringen. Zu sehr nahmen ihn die Ge-

De Gaulle nach der Rückkehr von seiner Reise durch Äquatorial-Afrika im November 1940

schäfte der Freien Franzosen in Carlton Gardens 4 ein. Sein Sohn Philippe besuchte die Marineschule in London, denn schon bald sollte auch er für Frankreich kämpfen. Tochter Elisabeth bereitete sich auf ihre Studien in Oxford vor, und Anne blieb das Sorgenkind der Familie. Sie stirbt im Alter von 20 Jahren, drei Jahre nach dem Krieg.

Die Luftschlacht um England wütete. Kurz vor seiner Rückkehr aus Afrika war Coventry verwüstet worden. Rückblickend schrieb de Gaulle über diese Zeit: »Ende des Jahres 1940 hatten die auf ihrer Insel belagerten Engländer das Gefühl, in einem stockdunklen Tunnel eingeschlossen zu sein.« Die Stimmung war nicht gut, und dennoch: »Wahrhaft bewundernswert, wie jeder einzelne Engländer tat, als ob von ihm und seinem Benehmen das Heil des Landes abhinge.« So freundliche Worte er im Nachhinein für sein Gastgeberland fand, de Gaulle hatte gegenüber England immer seine Vorbehalte, schließlich war es der große Rivale vergangener Zeiten. Dies machte sich auch in seinem Verhältnis zu Churchill bemerkbar, das starken Schwankungen unterlag. Obwohl der britische Premier ihn als Chef des Freien Frankreich anerkannt hatte, setzte Churchill nicht von Anfang an auf de Gaulle. Er habe niemals den Anspruch erheben können »eine tatsächliche alternative Regierung darzustellen«, so Churchill in seinen Memoiren. Zudem war Englands Lage in diesen Monaten äußerst bedroht. Auch wenn England Hilfe von den USA erhielt, drückten Last und Schrecken des Krieges allein auf das Inselreich. Als einzige europäische Großmacht stand es im Krieg gegen das Dritte Reich. Dringend brauchte es mehr Unterstützung. Deshalb bemühte sich Churchill trotz der Schwierigkeiten mit Vichy-Frankreich im Sommer 1940 wieder um Kontakt. Auch Hitler versuchte im Herbst 1940 Vichy-Frankreich als Kriegspartner zu gewinnen. Bei einem gemeinsamen Treffen mit Pétain in Montoire hatte dieser allerdings abgelehnt. Das hielt Vichy jedoch nicht davon ab, zukünftig weitere Konzessionen mit Deutschland einzugehen. Schließlich wollte man den »Frieden« nicht aufs Spiel setzen.

Und inmitten dieser schwierigen Zeit gab es in London eine Kolonie von Freifranzosen mit einem höchst fordernden und unnachgiebigem Chef, der es dem britischen Premier weiß Gott nicht immer leicht

Treffen zwischen Hitler und Pétain, dem Präsidenten der Vichy-Regierung, am 24. Oktober 1940 in Montoire

machte. De Gaulle hatte sich zum Ziel die vollständige Befreiung und Wiederherstellung eines souveränen Frankreichs einschließlich seiner Kolonien gesetzt. Deshalb wollte er um jeden Preis vermeiden, dass man seine Truppen, die an Englands Seite kämpften, als ein britisches Hilfsheer betrachtete. Nein – sie kämpften für Frankreich. Aber selbst in Frankreich glaubte man, dass England und die Freien Franzosen eins wären. Dagegen verwehrte sich de Gaulle scharf. Er stellte die Regierung Frankreichs dar! Schon bald kam es zum ersten schärferen Konflikt mit England, einem von vielen.

Für de Gaulle war es eine Frage der Existenz des Freien Frankreichs, dessen Territorium auszuweiten. Unter anderem hatte er ein Auge auf das französische Mandatsgebiet im Nahen Osten, Syrien und den Libanon, geworfen. Das unterstand allerdings noch Vichy. Als nun Vichys Vizepräsident, François Darlan, Hitler das Landerecht für deutsche Flugzeuge auf dem Weg in den Irak dort einräumte, fürchtete England einen zusätzlichen Krisenherd im Mittelmeerraum. Das Freie Frankreich und England beschlossen, gemeinsam anzugreifen. Freifranzösische Truppen sollten dabei die britischen unterstützen. Wieder einmal kämpften Franzosen gegen Franzosen. Es gelang den Verbündeten, die vichy-französischen Truppen in Syrien zu bezwingen. Deren Kommandeur wandte sich wegen eines Waffenstillstandes nun an die Briten. Darin gewährte England den Vichy-Franzosen freien Abzug und wollte die Levante in die Unabhängigkeit entlassen. Das war ein herber Schlag für den Chef des Freien Frankreich. Er sah die Zuständigkeit einer Neuordnung Syriens und des Libanons beim Freien Frankreich und nicht bei England. Er war übergangen worden! Die Briten hatten großzügig über französisches Gebiet verfügt. Blass vor Wut ging de Gaulle zu Oliver Lyttleton, dem britischen Beauftragten im Nahen Osten. Der erste große Streit brach aus. Später kam es auch mit Churchill zu einer heftigen Debatte darüber. Die beiden schrien sich an, der Dolmetscher wurde des Zimmers verwiesen. Am Ende rauchten sie als »Friedenspfeife« gemeinsam Churchills Zigarren. Das Problem der Zukunft von Syrien und dem Libanon war indes nicht geklärt worden. Dieser Konflikt sollte noch eine Weile weiterschwelen.

De Gaulle hatte von Anfang an, selbst als nur wenige europäische Mächte an dem Konflikt beteiligt waren, prophetisch von einem Weltkrieg gesprochen. Er sollte Recht behalten. Mit dem Überfall der deutschen Wehrmacht auf die Sowjetunion änderte sich nun der Krieg. Dies machte sich zunächst vor allem für England bemerkbar. Deutsche Truppen waren nun an der Ostfront gebunden, und Churchill bekam mit Stalin einen mächtigen, wenn auch schwierigen Partner an die Seite.

Das Freie Frankreich stellte dagegen noch immer keine beeindruckende Größe dar. Und dennoch: Auch beim deutschen Kriegsgegner war man hellhörig geworden, was die Franzosen im Exil betraf. Schon im September 1940 hatte Hitlers Chefdemagoge Joseph Goebbels, der von de Gaulle in den Wochen vorher eher geringschätzig als dem »Wundergeneral« gesprochen hatte, vor diesem gewarnt: »Die Bewegung de Gaulles nimmt doch größeren Umfang an, als man zuerst glauben wollte. Wir müssen da doch etwas aufpassen und dürfen die Angelegenheit nicht allzu sehr bagatellisieren.« Das hielt ihn freilich nicht davon ab, den Chef des Freien Frankreichs künftig als »Abenteurer« oder »Operettengeneral« zu betiteln.

Die deutsche Abwehr zeigte starkes Interesse an de Gaulle, wie aus einem geheimen Bericht vom Januar 1941 ersichtlich wird. Hans Speidel, damals stellvertretender Militärbefehlshaber in Paris, lieferte darin ausführliche Informationen über de Gaulle und seine Einflussnahme auf die Franzosen. Er war der Meinung, de Gaulles Propaganda operiere mit »den Wunschträumen der Franzosen auf die Niederwerfung des Eindringlings, auf die Revanche am ›Nazi-Deutschland‹«. Weiterhin bezeichnet er ihn als Prototyp »des nationalen Franzosen, als Verfechter französischer Selbständigkeit und französischer Macht«. De Gaulle würde, so urteilte er, zum Symbol aufsteigen.

Doch nicht nur die Abwehr, auch der »Führer« des Dritten Reiches höchstpersönlich informierte sich über diesen französischen General in London. Als 1945 alliierte Truppen den Berghof einnahmen, konnte Alain de Boissieu, der künftige Schwiegersohn de Gaulles, eine Notiz sichern, die man Hitler gegeben hatte:

»General de Gaulle, 51 Jahre, von der französischen Regierung in Abwesenheit zum Tode, zur Degradierung und Einziehung seines Vermögens verurteilt. Wies als Militärschriftsteller frühzeitig auf die Bedeutung der Panzerwaffe im Heer hin und forderte das Berufsheer. Tatkräftige Persönlichkeit, aber wegen seines cholerischen Temperamentes keine überragende Führernatur. Übertriebener Ehrgeiz, den die Engländer sich nutzbar zu machen verstanden. Wegen seines Charakters im Heer wenig beliebt. 1940 Kommandeur einer Panzer-Div., später Unterstaatssekretär im Kriegsministerium.«

Für Hitler war de Gaulle längst kein Unbekannter mehr. Dessen Buch über die »Stoßarmee« hatte er intensiv studiert, wie er Albert Speer bekannte: »Ich habe immer wieder das Buch von Oberst de Gaulle über die Möglichkeiten der modernen Kampfweise voll motorisierter Einheiten gelesen und daraus viel gelernt.« Hitlers Exemplar, versehen mit handschriftlichen und anerkennenden Notizen, wurde bei der Einnahme des Berghofes gefunden. Ein amerikanischer Soldat, nicht wissend, was er in den Händen hielt, schenkte ihm keine Beachtung. Er warf es ins Feuer.

Über die Arbeit de Gaulles aus der Vorkriegszeit wusste nun, 1941, auch »Life« zu berichten. Er habe den Erfolg der Panzerwaffe prophetisch vorausgesagt, hieß es dort. Und: »Wie alle Propheten gilt auch er nichts in seinem Lande. Pétain schob sein Buch beiseite als Witz.«

De Gaulle hatte endlich Boden unter den Füßen gewonnen. Mit dem Kriegseintritt der USA traten jedoch neue Probleme auf: »Am 7. Dezember zwang der Überfall auf Pearl Harbor Amerika in den Krieg. Man wäre geneigt zu glauben, dass die amerikanische Politik nunmehr die Freien Franzosen (…) als Verbündete behandeln würde. Das war aber keineswegs der Fall.« Die USA sahen nach wie vor in Vichy die rechtmäßige Regierung Frankreichs, unterhielten mit ihr Beziehungen – obwohl diese mit Nazi-Deutschland kollaborierte. Und England fühlte sich zunehmend seinem großen Bruder USA verpflichtet. Das wiederum vertrug sich ganz und gar nicht mit der Politik des Freien Frankreich.

Zwischen England und den Exilfranzosen ging das Tauziehen im Mai 1942 in die nächste Runde. Das Objekt des Streites hieß diesmal Madagaskar. Die Insel, eine französische Kolonie, war als militärischer Stützpunkt im Indischen Ozean für England wichtig geworden. So besetzten die Briten die Hafenstadt Diégo-Suarez und beließen den Rest der Insel unter der Verwaltung des vichy-treuen Kommandanten. Das alles geschah ohne vorherige Absprache mit de Gaulle. Wieder sah er die Großmacht Großbritannien, den kolonialen Kontrahenten von gestern, nach französischem Besitz greifen. Sein Misstrauen gegen den Verbündeten wuchs.

Doch beinahe zeitgleich konnten die Truppen des Freien Frankreichs ihren ersten großen militärischen Erfolg verbuchen. In Bir Hakeim in der Cyrenaika hatte sich die 1. freifranzösische Brigade unter General Pierre Koenig verschanzt. Auf dem Weg nach Tobruk musste Rommel zunächst diese Wüstenbefestigung ausschalten. Zum einen, weil von dort Nachschub an die britische Armee in Tobruk geliefert wurde, und zum anderen – dies war noch weitaus wichtiger –, weil er die britische Armee erst dann einkesseln konnte, wenn diese Befestigung gefallen war.

Der »Wüstenfuchs« belagerte das Fort und forderte mehrmals zur Aufgabe auf. Die Briten baten die Franzosen dringend, die Stellung so lange wie möglich zu halten. Jeder Tag, den Rommel hier verlor, war für die britische Wüstenarmee überlebenswichtig. Nur so war ihr Rückzug möglich. Zwei Wochen hielt General Koenig mit seinen Truppen aus, bis es schließlich Anfang Juni 1942 höchste Zeit für den Ausbruch wurde. Er gelang. Die freifranzösische Brigade hatte dem »Wüstenfuchs« Rommel erfolgreich getrotzt.

Die alliierte Presse jubelte. Und de Gaulle? Nachdem er dem Überbringer der Botschaft gedankt hatte, so schreibt er im Rückblick, sei er allein gewesen: »Oh! Mein Herz schlägt vor Erregung, Schluchzen des Stolzes, Tränen der Freude!« Soldatisch knapp sind seine Worte für seine tiefe Ergriffenheit noch im Rückblick. Bir Hakeim bedeutete die Wende: Frankreichs Wiederaufstieg hatte begonnen. Freifranzösische Truppen hatten ihren ersten Anteil an der Niederringung des Feindes geleistet.

In diesen Tagen zog er Zwischenbilanz. »Sie [die Zwischenbilanz] ist positiv, aber grausam. (…) Siebzigtausend Mann unter Waffen, tüchtige Führer, Gebiete voll kraftvollen Bemühens, eine wachsende Widerstandsbewegung im Innern …« Im Rückblick schilderte er die Selbstzweifel, die ihn erfassten, seine Unsicherheit darüber, ob seine Kraft und seine Fähigkeiten ausreichen würden, den Kampf bis zum Ende zu bestehen. Doch dann erging er sich in all seinem Pathos: »Schluss mit dem Zweifel! Am Rande des Abgrunds, in den das Vaterland gestürzt ist, stehe ich, sein Sohn, der es ruft, der das Licht hält und ihm den Weg des Heiles weist. Schon viele haben sich mir angeschlossen. Andere werden noch kommen, ich bin dessen gewiss! Jetzt aber vernehme ich Frankreichs Antwort. Aus der Tiefe des Abgrunds erhebt es sich, es schreitet aus und erklimmt die Höhe. Ah! Mutter, nimm uns, so wie wir sind, um Dir zu dienen.«

Einen Monat später tauften sich die Freifranzosen in »Kämpfendes Frankreich – La France Combattante« um. Auch Churchill hatte Worte der Anerkennung für Bir Hakeim gefunden, die USA indes weigerten sich weiterhin, im Kämpfenden Frankreich eine verbündete Macht zu sehen. Doch auch Franklin Delano Roosevelt konnte nicht übersehen, dass die Franzosen im Mutterland zunehmend ihre Hoffnung auf den General in London richteten. Den Krieg führenden Großmächten wurde klar, dass sich in Frankreich langsam ein Widerstand aufbaute. Die deutsche Besatzungsmacht verschloss am allerwenigsten ihre Augen davor. »Der totale Zusammenbruch Frankreichs hatte eine allge-

Im Auftrag von de Gaulle kehrt Jean Moulin illegal nach Frankreich zurück, um dort die Résistance auszubauen und zu führen

meine Lähmung der geistigen und seelischen Kräfte des Volkes zur Folge.« Inzwischen habe aber eine »Besinnung auf die nationalen Belange« eingesetzt, so warnte Speidel in seinem Lagebericht.

Zunächst hatten sich vereinzelt Grüppchen unterschiedlichster politischer Couleur zum Kampf gegen die Besatzung formiert. De Gaulle war schnell klar geworden, dass diese Gruppen der unbesetzten Zone zusammengeführt werden müssten. So könnten sie an einem Strang ziehen. Seine ersten Versuche fanden wenig Resonanz. Deshalb versuchte er, Jean Moulin für seine Sache zu gewinnen. Moulin, ehemals Präfekt, sollte eine geeinte Résistance aufbauen. Wie sich bald herausstellte, war er der richtige Mann dafür. Im Januar 1942 kehrte er mit dem Fallschirm nach Frankreich zurück und setzte sich unermüdlich für dieses Ziel ein. Bald konnte er die Résistance dem Kämpfenden Frankreich angliedern. Jean Moulin wurde 1943 von den Schergen Klaus Barbies gefasst. Er starb an den Folgen der Folter.

Obwohl der wachsende Widerstand gegen die Deutschen im Mutterland de Gaulles Position gegenüber seinen Verbündeten stärkte, gingen die Querelen um Madagaskar und den Nahen Osten weiter. De Gaulle verfocht zäh und hartnäckig Frankreichs Ansprüche. Depeschen hier, Beschwerden dort – ein zermürbendes Hin und Her für beide Seiten. Schließlich kam es im Spätsommer 1942 zum Eklat zwischen Churchill und de Gaulle. Churchill wütete: »Sie sagen, Sie sind Frankreich! Sie sind nicht Frankreich! Ich erkenne Sie nicht als Frankreich an!« De Gaulle hielt dagegen: »Wenn ich in Ihren Augen nicht der Repräsentant Frankreichs bin, warum und auf welchem Recht diskutieren Sie dann mit mir seine weltweiten Interessen? (…) Ich handle im Namen Frankreichs. Ich kämpfe an der Seite Englands, aber nicht für England. Ich spreche im Namen Frankreichs, und ich bin ihm gegenüber verantwortlich.« Heftig waren die beiden aneinander geraten. Und kaum hatte sich dieses Gewitter entladen, braute sich schon das nächste zusammen.

Im Herbst 1942 kündigte sich die entscheidende Wende im Zweiten Weltkrieg an: In El Alamein war es der 8. britischen Armee unter Bernhard L. Montgomery gelungen, den »Wüstenfuchs« Rommel zu besiegen. Bei Stalingrad wurde die sowjetische Offensive vorbereitet, während die deutsche Wehrmacht begonnen hatte, sich in der russischen Weite aufzureiben. Und die Amerikaner und Briten setzten zur Landung in Nordafrika an.

Das Unternehmen »Torch« begann am 8. November 1942. Dieses Unternehmen war Anlass für die nächste Missstimmung zwischen

Winston Churchill (l.) und General de Gaulle vertraten häufig gegensätzliche Meinungen

Charles de Gaulle und seinen westlichen Verbündeten. Die Landung geschah auf französischem Boden in Marokko und in Algerien – und wieder einmal war ein Unternehmen vor de Gaulle geheim gehalten worden. Erneut fürchtete er einen Zugriff der Westalliierten auf französisches Territorium, bangte um Frankreichs Stellung in der Nachkriegsordnung.

Bei der Landung erlebten die Alliierten einen stärkeren Widerstand der Vichy-Truppen als erwartet und mussten hohe Verluste hinnehmen. François Darlan, ehemals der »Kronprinz« Pétains und nun Oberbefehlshaber der Vichy-Streitkräfte, hatte sich zum Zeitpunkt des Angriffs zufällig in Algerien aufgehalten und den Kampf gegen die Invasionstruppen an der Küste Nordafrikas geleitet. Nach seiner Kapitulation beließen die Amerikaner zur allgemeinen Empörung Darlan, den Kollaborateur, auf seinem Posten als Verwalter des besetzten Territoriums. In London, so berichtete de Gaulle, löste das lautstarken Protest aus. Churchill versicherte, England habe seine Zustimmung nur gegeben, weil es sich um einen »Notbehelf« handle. De Gaulle blieb nichts anderes übrig als an die Moral der Krieg führenden zu appellieren.

Die freie Zone Frankreichs musste indessen für die Ereignisse in Nordafrika bitter bezahlen: Die deutsche Wehrmacht überschritt die Demarkationslinie und besetzte den Süden. Der Widerspruch Pétains verhallte ungehört, die »Waffenstillstandsarmee« legte, ohne gekämpft zu haben, ihre Waffen nieder. Vichy war von nun an eine Marionette Berlins. Terror und Repression nahmen in Frankreich spürbar zu.

Während die Widerstandsbewegung in Frankreich sich mehr und mehr hinter de Gaulle stellte und auch weitere Kolonien seinen Kampf befürworteten, musste er in Algier erneut Demütigungen hinnehmen. Darlan fiel am 24. Dezember 1942 einem Attentat zum Opfer. Die USA besetzten seinen Posten nun mit General Henri Giraud, einem Soldaten mit wenig Sinn für Politik. Diese Lösung war für die USA weitaus angenehmer als ein de Gaulle, der ganz klare eigene politische Ziele verfolgte. Trotz dieser Kränkung versuchte de Gaulle sofort in Kontakt mit Giraud zu treten, um ihn für seine Sache zu gewinnen. Giraud antwortete zunächst ausweichend. Dabei lag eine Einigung beider im Interesse aller. Man konnte de Gaulle als politische Größe nicht mehr völlig ausschließen, das sah auch der US-Präsident ein. Schließlich wurden sie zu einer Begegnung genötigt. Roosevelt sprach von »shotgun wedding« – von einer Zwangshochzeit. Er und Churchill trafen sich Mitte Januar zu einer Konferenz in Casablanca. Giraud wurde als der Mann der amerikanischen Seite eingeladen. Churchill konnte de Gaulle nach anfänglichem Sträuben überzeugen, die Einladung dorthin anzunehmen. Es widerstrebte dem Chef des Freien Frankreich zutiefst, von fremden Mächten auf französischen Boden gebeten zu werden.

»Ein Stacheldrahtverhau umgab den Konferenzplatz. Amerikanische Posten wachten draußen und drinnen und ließen niemanden weder hinein noch hinaus. Bedient und versorgt wurde jeder Konferenzteilnehmer von einem amerikanischen Soldaten. Kurzum, man befand sich in Gefangenschaft. Dass die Angelsachsen sie sich selbst auferlegten, dagegen hatte ich nichts einzuwenden. Dass man aber mich ihr unterwarf, und dazu noch auf französischem Hoheitsgebiet, wirkte auf mich beleidigend« – so schilderte de Gaulle die Situation.

Wie Franklin Roosevelt für Charles de Gaulles, so hegte auch der Franzose keine Sympathien für den Amerikaner. Zwar bestritt er die herausragenden Fähigkeiten Roosevelts keineswegs: Er sah in ihm einen Mann, erfüllt von den »höchsten Ambitionen«. Dazu hätten ihn »seine Intelligenz, sein Wissen, seine Kühnheit« befähigt. Doch selbst in der Rückschau konnte er nicht umhin, subtile Spitzen gegen den

Fototermin während der Konferenz in Casablanca im Januar 1943, Giraud, Roosevelt, de Gaulle, Churchill (v. l.)

Präsidenten zu äußern. Wenn er vom amerikanischen »Messianismus« sprach, dann meinte er die amerikanische Neigung, »in der ganzen Welt den Elenden und Unterdrückten« helfen zu müssen, hinter der sich letztendlich nichts anderes als »Herrschsucht verbarg«. Und Roosevelt habe sich diese amerikanische Neigung zu Eigen gemacht, urteilte de Gaulle. »So hatte er alles getan, damit sein Land an dem Weltkonflikt teilnahm.« Das übermäßige Selbstbewusstsein des Amerikaners, der glaubte, der Frieden müsse eine »Pax americana« sein, der sich anmaßte »über die Interessen des französischen Volkes zu entscheiden« – das alles verärgerte den Chef des Kämpfenden Frankreichs ungemein.

Churchills Rolle gestaltete sich weitaus schwieriger. Auf die Unterstützung des großen Bruders Amerika angewiesen, verfocht er im Wesentlichen dessen Politik. Zeitgleich konnte er aber die Macht, die de Gaulle darstellte, nicht mehr ignorieren. Noch im Nachhinein klagte Churchill über die ständigen Schwierigkeiten, die ihm de Gaulle bereitet hatte. »Seine arrogante Haltung verstand und bewunderte ich, während ich sie gleichzeitig ablehnte. Wer war er denn: Ein Flüchtling, der mit dem Todesurteil über seinem Haupt in fremdem Land lebte und einzig vom Wohlwollen der britischen und neuerdings auch der amerikanischen Regierung abhing. Sein Vaterland war vom Feind erobert. Nirgends stand er auf festen Füßen. Dennoch trotzte er allen.«

In Casablanca schlug man nun de Gaulle ein Zusammengehen mit Giraud vor. Giraud, der Mann Amerikas, sollte dabei die Führung übernehmen, de Gaulle sollte die zweite Geige spielen. Die französischen

Das Nationalkomitee der Freien Franzosen mit de Gaulle an der Spitze, Adrien Fixier, de Gaulle, Alphonse Joseph George, René Pleven, André Diethlem, Maurice Couve de Murville, Paul Legentilhomme, Jeanne Monnet, René Mayer (v. l.)

Streitkräfte außerhalb des Mutterlandes sollten von nun an der Führung Girauds und somit dem Oberbefehl der Amerikaner unterstellt werden. Für de Gaulle hieß das, die Zukunft Frankreichs in die Hände Amerikas zu legen. Er ging auf den Vorschlag nicht ein.

Roosevelt, ganz auf Publicity bedacht, bat ihn zum Abschluss der Konferenz zum Fototermin. Vor den Kameras, Churchill und Roosevelt neben sich, gaben sich Giraud und de Gaulle die Hände. Für die Weltöffentlichkeit wurde Eintracht demonstriert, die so nie existierte. De Gaulle spielte diese Komödie mit, dementierte jedoch in den nächsten Tagen die angebliche Übereinkunft, von der in der angloamerikanischen Presse berichtet worden war. Die Entrüstung war allgemein, Churchill und Roosevelt zeigten sich verärgert. Churchill nutzte jede Möglichkeit, um de Gaulles Bewegungsfreiheit einzuschränken, man stellte ihm zum Beispiel kein Flugzeug mehr zur Verfügung. Nun wurde die Abhängigkeit des Kämpfenden Frankreichs von Großbritannien offensichtlich. Das betraf vor allem die Finanzen, aber auch die Räumlichkeiten und Fortbewegungsmittel. De Gaulle wich jedoch auch in den folgenden Wochen keinen Zentimeter von seinem Standpunkt ab.

Roosevelt war dieser anmaßende und ewig Nein sagende Franzose ein Dorn im Auge. Und auch Churchill konnte diesen »eitlen und sogar bösartigen Mann« nicht mehr ertragen. In einem chiffrierten Telegramm legte er seinem Kabinett nahe, de Gaulle »als politische Kraft zu eliminieren«. Roosevelt machte in einem Memorandum den Vorschlag, ihn als Gouverneur von Madagaskar kaltzustellen, und sprach zugleich von dem »messianischen Komplex« des Generals. In dieselbe Richtung ging auch ein anderer Vergleich. Churchill hatte den amerikanischen Präsidenten schon mehrmals vor de Gaulles »Jeanne-d'Arc-Komplex« gewarnt. »Wir nennen ihn Jeanne d'Arc«, so meinte er bei einer anderen Gelegenheit mit seinem recht eigenwilligen Humor, »und wir suchen dringend einen Bischof, um ihn verbrennen zu lassen.« De Gaulle wusste um den Vergleich mit der Jungfrau von Orléans. Er sah die Belustigung über seine Person, aber auch die Verunglimpfung der französischen Nationalheldin, die darin verborgen lag. Solchen Beleidigungen begegnete er Eisenhower gegenüber einmal auf seine Art: höchst ironisch, feinsinnig und fast blasiert selbstbewusst: »Roosevelt glaubte, dass ich mich für Jeanne d'Arc halte. Er hatte Unrecht. Ich halte mich einfach für General de Gaulle.«

Schließlich kam es doch zu einer Verständigung zwischen de Gaulle und Giraud. De Gaulle verließ London und wechselte nach Algier. Am 3. Juni 1943 hoben sie dort das »Französische Komitee der nationalen Befreiung« unter der Doppelpräsidentschaft Girauds und de Gaulles aus der Taufe. Wenige Tage später etablierten sie eine Art Regierung, in der de Gaulles Leute – das wusste er klug einzufädeln – zahlenmäßig überlegen waren. De Gaulle beanspruchte für sich die politische Führung, während Giraud der Oberbefehl der Streitkräfte zukam. Es gelang de Gaulle gegenüber Giraud den Primat der Politik geltend zu machen. Einmal gab er ihm unmissverständlich zu verstehen: »Krieg ist eine Politik.« De Gaulle selbst hatte sich in den zurückliegenden Jahren vom politischen Soldaten zum strategisch denkenden Politiker verwandelt. Langsam aber beharrlich drängte er nun Giraud aus der Führung heraus. Im Herbst zog Giraud die Konsequenzen und legte sein Amt als Präsident nieder. Ein halbes Jahr später verabschiedete er sich auch von der Führung der Streitkräfte. De Gaulle hatte seinen Widersacher beseitigt.

Das Taktieren setzte sich auch auf internationaler Ebene fort. Das Treffen der Großen Drei – Stalin, Roosevelt und Churchill – fand in Teheran ohne de Gaulle statt. Wieder hatte man den Chef der Franzosen nicht eingeladen, obwohl es diesmal auch für Frankreich von größter Bedeutung war: Man hatte die Errichtung der zweiten Front auf dem Kontinent beschlossen – die Invasion sollte in Nordfrankreich beginnen. Das französische Befreiungskomitee, nicht darüber informiert, wann und wo die Landung einsetzen sollte, war alarmiert. Man fürchtete die Etablierung einer alliierten Militärregierung in Paris nach

Nach vier Jahren Abwesenheit betritt de Gaulle wieder französischen Boden, umjubelt von der Bevölkerung in der Normandie, Juni 1944

der Landung der anglo-amerikanischen Truppen in Frankreich. Für die Exilfranzosen war diese Vorstellung unerträglich. Sie reagierten schnell. Kurz vor Beginn des Unternehmens »Overlord«, deklarierten die Franzosen in Algier die »Provisorische Regierung der Republik Frankreich« – politisch ein äußerst listiger Schachzug.

Churchill, der de Gaulle zum Zeitpunkt der Invasion nach England eingeladen hatte, versuchte ihn zu überzeugen, sich mit Roosevelt wegen der zukünftigen Regierung in Paris zu verständigen. Wieder gerieten die Streithähne aneinander. »Wie kommen Sie zu der Auffassung, dass ich mich bei Roosevelt um die Macht in Frankreich bewerben müsste? Die französische Regierung besteht bereits. Ich habe in dieser Hinsicht weder von den Vereinigten Staaten noch von Großbritannien etwas zu erbitten.« Churchill hielt dagegen: »Wir werden Europa befreien, aber nur, weil die Amerikaner uns beistehen. Damit Sie es wissen! Jedes Mal wenn wir zwischen Europa und einem Größeren zu wählen haben, wählen wir den Größeren. Jedes Mal wenn ich zwischen Ihnen und Roosevelt zu wählen habe, wähle ich Roosevelt.«
Und während die »Operation Overlord« im Gange war, fochten die beiden ihren nächsten Kampf aus. Diesmal ging es um die Reihenfolge

Rede vor den Bürgern von Bayeux unter dem Symbol des Freien Frankreich, dem Lothringer Kreuz, Juni 1944

der Rundfunkreden nach erfolgter Landung der alliierten Truppen in der Normandie. De Gaulle weigerte sich im Anschluss an Eisenhower zu sprechen. Der französische General, der in Churchill den verantwortlichen Drahtzieher dafür sah, schimpfte diesen einen »Gangster«, und Churchill, als er von der Weigerung erfuhr, schrie: »Verrat auf der Höhe der Schlacht.« De Gaulle bekam schließlich seinen eigenen Sendeplatz. Um 18 Uhr, am 6. Juni, sprach er über die BBC zu den Franzosen: »Die große Schlacht hat begonnen. (...) Wohlverstanden, es ist die Schlacht um Frankreich und die Schlacht Frankreichs.« Er sprach von Frankreich und Frankreichs Söhnen, von deren Kampf und den bevorstehenden Aufgaben, er sprach von den Anweisungen der französischen Regierung, die genau befolgt werden müssten, doch er sprach nicht von den alliierten Truppen, die gerade ihr Leben einsetzten. Dafür schwor er seine Landsleute auf Frankreichs Kampf gegen den Feind ein und endete auf seine Art, voller Pathos: »Die Schlacht um Frankreich hat begonnen. In der Nation, im französischen Reich, in den Armeen gibt es nur noch einen einzigen Willen, eine einzige Hoffnung. Hinter der dunklen Wolke unseres Blutes und unserer Tränen geht wieder die Sonne unserer Grandeur auf!«

Die Invasion der Alliierten verlief erfolgreich. De Gaulle selbst ging am 14. Juni in der Nähe des Dorfes Courseulles an Land. Nach fast genau vier Jahren betrat er wieder den Boden Frankreichs. Jubelnd empfingen ihn die Einwohner von Bayeux: »Wir gehen zu Fuß weiter. Als die Einwohner General de Gaulle erblicken, sind sie zunächst verblüfft. Gleich darauf brechen sie in Hochrufe oder Tränen aus. Die Menschen strömen aus den Häusern heraus, ziehen in größter Aufregung hinter mir her. Die Kinder umringen mich. Die Frauen lächeln und schluchzen. Die Männer strecken mir die Hände entgegen.« De Gaulle wertete diesen stürmischen Empfang als ein Plebiszit für sich. Auch die Weltöffentlichkeit konnte seinen Erfolg nicht übersehen.

Schon vor dem »längsten Tag« hatte Roosevelt den Chef der Freifranzosen in die USA eingeladen. Nun endlich holten die beiden das Treffen nach. Roosevelt sprach zu de Gaulle über seine Vorstellungen einer neuen Weltordnung. Für die einstige Großmacht Frankreich war darin wenig Platz vorgesehen. »Ich höre zu, wie mir Roosevelt seine Projekte darlegt. Es ist nur menschlich, dass sich der Wille zur Macht den Mantel des Idealismus umhängt«, so der Franzose über den Amerikaner. Man kam sich nur sehr bedingt näher. Roosevelt kritisierte an de Gaulle seine Empfindlichkeit, »was die Ehre Frankreichs angeht. Aber ich meine, er ist im Wesentlichen ein Egoist.« Im engeren Kreis nannte er ihn sogar eine »faschistische Natur«. Später sollte de Gaulle über den amerikanischen Präsidenten sagen: »Im Gegensatz zu Churchill habe ich mich mit Roosevelt nie gestritten, aber wir haben uns auch nicht verstanden.«

Grundsätzlich war de Gaulle mit dem Erreichten zufrieden. Nun widmete er sich der Rückeroberung von Paris. Die Kriegslage schien ihm günstig zu sein: »Pattons 3. Armee, die an der Spitze von Bradleys Armeegruppe die Verfolgung des Feindes aufgenommen hatte, schickte sich an, in zwei Kolonnen die Seine zu überschreiten. (…) Links von Bradley ging Montgomerys Armeegruppe gegen den zähen Widerstand der Deutschen nur langsam in Richtung Rouen vor.« Für das Schicksal von Paris, so wollte es der französische Kriegsherr, sollte in erster Linie die 2. Französische Panzerdivision unter General Leclerc verantwortlich sein. Die Hauptstadt sollte vor allem von französischen Truppen zurückerobert werden. Am 25. August war es vollbracht. General Dietrich von Choltitz übergab die Stadt Leclerc. De Gaulle zog unter dem Jubel der Bevölkerung in das zum Teil noch umkämpfte Paris ein. Im Rathaus hielt de Gaulle seine erste Ansprache: »Beschimpftes, gebrochenes, gefoltertes, aber befreites Paris! Befreit durch

Am 26. August 1944, einen Tag nach der Befreiung von Paris, hält de Gaulle seinen grandiosen Zug über die Champs-Elysées

sich selbst, befreit durch sein Volk, unterstützt von den Armeen Frankreichs, mit der Hilfe des ganzen Frankreichs, des Kämpfenden Frankreichs, des einzigen, des wahren, des ewigen Frankreichs!« Von nun an gab es nur noch ein einziges Frankreich, und de Gaulle stand an der Spitze. Er war zum Symbol für das kämpfende und befreite Frankreich geworden.

Die Befreiung von Paris war eines der meist gefeierten Ereignisse in der Geschichte Frankreichs. Am nächsten Tag hielt de Gaulle seinen grandiosen Zug über die Champs-Élysées. Es sollte sein größter Triumph werden: »Vor mir liegen die Champs-Élysées! Ah, ein Meer! Ungeheure Menschenmengen stehen auf beiden Seiten der Prachtstraße. Wohl zwei Millionen! Auch die Dächer sind schwarz von Menschen. In allen Fenstern dicht gedrängte Gruppen, umgeben von Fahnen. Trauben von Menschen hängen an Feuerleitern, Masten und Laternen. So weit mein Auge reicht: eine einzige brandende Menge, in der Sonne, unter der Tricolore. (…) So schreite ich ergriffen und ruhig dahin, inmitten des unbeschreiblichen Jubels der Menge, durch das Getöse der Stimmen, die meinen Namen rufen. So weit wie möglich bemühe ich mich, meine Blicke auf jede Welle dieses Meeres zu richten, damit mein Auge den Blicken aller begegnen kann, und ich hebe und senke die Arme, um ihre Zurufe zu erwidern. (…) Und ich, inmitten dieses Begeisterungstaumels, fühle mich erfüllt von einer Aufgabe, die sehr weit über meine Person hinausgeht, ich fühle mich als Werkzeug des Schicksals.« Worte, mit denen er über zehn Jahre später diese Erinnerung wach hielt und die Stunden des Glücks nochmals auskostete. Vier Jahre hatte er für diesen Augenblick gelebt und gekämpft, als Sieger war er nun zurückgekehrt. Und diese Minuten sollten ihm allein gehören. Georges Bidault, Vorsitzender des Nationalrates der Résistance, der während des Zuges mit de Gaulle auf eine Höhe kam, wurde deshalb zurechtgewiesen: »Ein wenig nach hinten, bitte …!«

Doch der Krieg war noch nicht vorbei, Frankreich noch nicht befreit, das Terrorregime in Deutschland noch nicht vernichtet. Im Innern Frankreichs herrschten Chaos und Orientierungslosigkeit. Die Euphorie über die Befreiung Paris' und die Vertreibung des Feindes aus dem Land hielt nicht lange an. Zu sehr hatte die Besatzungsmacht die Ressourcen ausgebeutet, zu sehr zehrte der Krieg nun an den Kräften des Volkes. Der Vormarsch der Alliierten nach Osten verlor im September an Schwung, die deutsche Gegenwehr war zäh.

Auch vom Süden her eroberten die Alliierten inzwischen Frankreich zurück. Die Vichy-Regierung, von den deutschen Besatzern nach

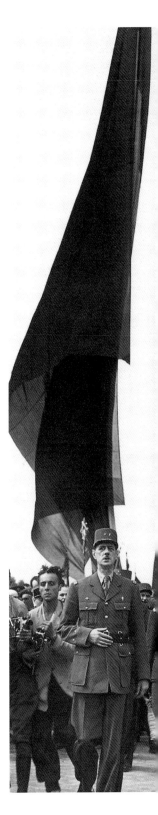

Sigmaringen gebracht, hatte de facto aufgehört zu existieren. Ohne großes Aufhebens versank sie.

Für de Gaulle hieß es, die Ordnung im Land wieder herzustellen. Das war in den ersten Wochen nicht leicht, denn in Frankreich waren mit der Befreiung Hass und Rache gegenüber den Kollaborateuren des Vichy-Regimes ausgebrochen. Die große Welle der »Säuberung – der Épuration« hatte begonnen. In Selbstjustiz, ohne Gerichtsverfahren wurden Tausende Menschen hingerichtet. Der Hass galt denen, die sich in den Dienst der deutschen Besatzer gestellt und damit am Leid und Tod ihrer Landsleute, besonders derjenigen in der Résistance mitgewirkt hatten. Die »Säuberung« entwickelte sich manchmal zum Selbstläufer, und auch Unschuldige fielen der Hatz zum Opfer. Erst nach einigen Wochen konnte diese Justiz wieder in rechtsstaatliche Verhältnisse gelenkt werden.

Ein Jahr später wurde auch Pétain vor Gericht gestellt, der freiwillig nach Frankreich zurückgekehrt war. Im Sommer 1945 verurteilte man ihn zum Tode. De Gaulle begnadigte den fast neunzigjährigen »Sieger von Verdun« zu Festungshaft, in der er sechs Jahre später starb.

Zu den Opfern der deutschen Repression zählten auch Familienangehörige und Verwandte de Gaulles. Sowohl sein Bruder Pierre als auch seine Nichte Geneviève, Tochter seines Bruders Xavier, waren wegen ihrer Mitwirkung bei der Résistance verhaftet und schließlich in deutsche Konzentrationslager deportiert worden. Beide überlebten den Terror.

Nach dem Einmarsch in Paris ging der Krieg weiter. De Gaulle hatte bisher große Umwege machen müssen, um endlich das realisieren zu können, was er sich seit vier Jahren zum Ziel gesetzt hatte. Nun war es endlich so weit: Der Krieg gegen Hitler trat in seine letzte, entscheidende Phase.

Als Oberbefehlshaber der französischen Streitkräfte hatte er die Eingliederung der Einheiten der Résistance in das Heer forciert. Somit konnte er eine zusätzliche eigene Armee aufstellen. In dieser 1. Armee unter Führung des Generals Jean de Lattre de Tassigny befanden sich überwiegend nordafrikanische Kolonialtruppen und ehemalige Kampfverbände aus der Résistance. Diese Armee unterstand der 7. amerikanischen Armee von General Jacob Devers.

De Gaulle wollte eine klare territoriale Lösung, um die Sicherheit Frankreichs für die Zukunft zu gewährleisten. Dazu musste Frankreich es zunächst schaffen, seinen Anteil am Deutschen Reich zu erobern, damit es zusammen mit den anderen Siegermächten über dessen Schicksal entscheiden könnte. »Das Schicksal Deutschlands ist das zentrale Problem der Welt. Zugleich ist es für Frankreich eine Frage auf Leben und Tod«, so seine Überzeugung im Herbst 1944.

Und auch den Delegierten der Provisorischen Nationalversammlung führte er vor Augen, warum die Einflussnahme auf Deutschland und die Deutschen so unerhört wichtig sei: Es ist »ein großes Volk, das aber immer zum Krieg neigt, weil es nur an Herrschaft denkt; ein Volk, fähig, die anderen zu vernichten, unerhörte Anstrengungen zu erbringen und äußerste Opfer auf sich zu nehmen; ein Volk, immer bereit, jedem bis zum Verbrechen zu folgen, der ihm Eroberungen verspricht – so ist das deutsche Volk!«.

Nachvollziehbares Urteil eines Mann, dessen Kindheit im Schatten des Traumas von 1870/71 gestanden hatte, und der es zwei Mal selbst erleben musste, wie deutsche Armeen in sein Vaterland eingedrungen waren.

De Gaulles Ringen mit den Alliierten setzte sich fort. Frankreich sollte an der Gestaltung der Nachkriegsordnung in Deutschland seinen Anteil haben, doch auch bei seinem Besuch in Moskau gelang es ihm nicht, Stalin von seinen Deutschlandplänen zu überzeugen. Deutschland, die Auffassung vertrat er mit aller Beharrlichkeit, müsse dezentralisiert und wieder in viele Territorialstaaten verwandelt werden. So wie die Oder im Osten, so sollte der Rhein im Westen die »natürliche« Grenze sein. Schon 1934 hatte er geschrieben, »dass der Rhein von der

Parade zum Jahrestag des Waffenstillstands vom 16. November 1918, 1944 in Paris; auf der Tribüne Churchill, de Gaulle, Chef der provisorischen Regierung von Frankreich, der britische Außenminister Anthony Eden und Georges Bidault (v. l.)

Natur den Galliern als Schutz und Grenze bestimmt ist«. Und obwohl die Großen Drei seine Regierung mittlerweile anerkannt hatten, sahen Stalin und Roosevelt keine Veranlassung, ihn an ihrer Konferenz in Jalta zu beteiligen. Churchill machte sich, überraschenderweise, inzwischen stark für de Gaulle – Frankreich sollte eine eigene Besatzungszone zugewiesen bekommen. Der britische Premier nahm diese Position sicherlich nicht ohne Eigennutz ein: Er fürchtete, wenn der Krieg vorbei und die Truppen der USA abgezogen wären, der neuen Weltmacht Sowjetunion allein in Europa gegenüberzustehen. Da war ihm ein wieder erstarktes Frankreich nur recht.

Stalin aber wehrte sich grundsätzlich gegen ein gleichberechtigtes Frankreich: »Man darf nicht vergessen, daß es in diesem Krieg Frankreich war, das den Feind hat passieren lassen. Das ist eine Tatsache. Wir hätten nicht solche Verluste und Verwüstungen erlitten, wenn die Franzosen den Feind nicht hätten passieren lassen. Die Kontrolle über Deutschland muss den Mächten vorbehalten bleiben, die von Anfang bis Ende widerstanden haben, Frankreich gehört nicht dazu.« Churchill konnte sich jedoch durchsetzen – Frankreich sollte auf Kosten der Westalliierten eine Besatzungszone erhalten.

Während sich die Regierungschefs der Alliierten in Jalta schon die Köpfe über die Zukunft Deutschlands zerbrachen, lief der Krieg auf Hochtouren. Hitlers Wehrmacht hatte im Dezember 1944 zur letzten großen Offensive in den Ardennen ausgeholt. Noch einmal waren alle Kräfte mobilisiert worden, noch einmal wollte Deutschland den Schlag gegen Frankreich führen, wie auch viereinhalb Jahre zuvor. Und noch einmal hielt Frankreich den Atem an. Es war ein letztes Aufbäumen an Deutschlands Westfront, bevor das »Tausendjährige Reich« seinem Untergang entgegenging. Knapp zwei Monate später hatten die Alliierten ihre vor der Offensive bereits eroberten Stellungen wieder erreicht, mehr als eine Verlängerung des Krieges war nicht herausgekommen. Fast 50 000 Menschen auf beiden Seiten mussten diesen Wahnsinn mit dem Leben bezahlen.

De Gaulle setzte nun alles daran, beim Kampf um Deutschland so viel Territorium wie möglich zu erobern. Über große Armeen verfügte er nicht; die eine, die er hatte, unterstand dem Oberbefehl des amerikanischen Generals Devers. Es kam zu einer Art Wettlauf zwischen der französischen und amerikanischen Armee, obwohl die französische die weitaus schwächere war.

Während die westalliierten Truppen auf den Rhein zu marschierten, brüllte Joseph Goebbels noch immer seine Durchhalteparolen aus den Volksempfängern wie »wir wollen eher sterben als kapitulieren«. Auch de Gaulle hörte zu: »Als ich in jenen Tagen zufällig den deutschen Rundfunk hörte, war ich von Grausen ergriffen angesichts der Raserei, die sich in den Sendungen äußerte. Eine heroische, düstere Musik, sinnlose Reden vor Soldaten und Arbeitern, wahnwitzige Ansprachen Goebbels', der bis zur Erschöpfung erklärte, Deutschland werde siegen, das alles hüllte die deutsche Katastrophe in eine Art Phantasmagorie.«

De Gaulle kannte den Gegner, kannte seine Sprache, hatte sich lange und intensiv mit ihm beschäftigt. »Zweifellos«, so meinte er, »wollte Hitler, dass sein Werk, nachdem es gescheitert war, in einer Apokalypse unterging.« Die Ursache für Hitlers Untergang sah er, der der festen Überzeugung war, dass es in diesem Krieg um die Moral ging, in Hitlers »Glauben an die Niedrigkeit des Menschen«.

Anfang März überschritten amerikanische Truppen die Brücke bei Remagen und konnten vorübergehend einen ersten Brückenkopf auf der anderen Rheinseite einrichten, bis die Brücke einstürzte. Am 22. März setzte Patton zwischen Nierstein und Oppenheim über den Rhein, und am 24. März zog Montgomery in einer groß angelegten Aktion bei Wesel nach. »Ungeduldig« hatte de Gaulle auf diese Nachricht gewartet. Die Alliierten standen nun mitten im Deutschen Reich.

Die französischen Truppen unter de Lattre waren über die Südpfalz an den Rhein vorgestoßen und standen nun bei Speyer. De Gaulle drängte den General, dass auch er auf das rechte Ufer übersetzen müsse. Er schickte de Lattre ein Telegramm: »Sie müssen den Rhein überschreiten, auch wenn die Amerikaner sich nicht dafür hergeben und Sie auf Kähnen übersetzen müssen. Die Sache ist vom nationalen Standpunkt aus von höchster Bedeutung.« Am 31. März ging auch die französische Armee über den Fluss. Schon bald besetzte sie Karlsruhe. Nun reiste de Gaulle an, um selbst über den Rhein schreiten zu können. Danach stattete er der »furchtbar zerstörten badischen Hauptstadt« einen Besuch ab. In Karlsruhe hatte man einen Tag vor seiner Ankunft bislang unversehrte Häuser in Brand gesetzt. Wurden diese Flammen lediglich für den Besuch des Generals inszeniert? In Karlsruhe ist man davon überzeugt.

Die französische Armee zog über den Schwarzwald nach Stuttgart. De Gaulle wollte es so. Er brauchte die Stadt als »wichtiges Unterpfand für die Erlangung unserer Ziele in Bezug auf die französische Besatzungszone«. Als de Lattre die Stadt bereits besetzt hatte, bekam er von Devers den Räumungsbefehl. Auf höherer Ebene wurde weitergestritten. De Gaulle setzte durch, dass die Franzosen blieben – vorerst, denn mit der Aufteilung in die Besatzungsgebiete wurde Stuttgart dann doch den Amerikanern zugeteilt.

Der Eroberungszug der Franzosen war für die deutsche Bevölkerung mit Angst und Schrecken verbunden, denn in einigen Orten, wo die französische Armee einzog, setzte eine Welle der Plünderung und Vergewaltigung ein. Dies war jedoch nach einigen Tagen wieder vorbei.

Auch das deutsche Drama ging seinem Ende entgegen: der »Führer« hatte sich umgebracht, Berlin war vom sowjetischen Verbündeten besetzt, die Führung der deutschen Wehrmacht hatte die Waffen gestreckt. De Gaulle hatte einige Tage zuvor über den Rundfunk erklärt: »Philosophen und Historiker werden sich späterhin über Motive dieser Verbissenheit streiten, die ein großes Volk, zum vollständigen Untergang führte, ein Volk, das zwar schuldig ist und Bestrafung verdient, dessen Vernichtung aber die höhere Vernunft Europas beklagen würde.«

Die Kapitulation war bedingungslos, die Niederlage total. Frankreich, für das der Krieg so entsetzlich begonnen hatte, war als siegende Macht daraus hervorgegangen. Beim Schlussakt unterzeichnete General de Lattre die Kapitulation für Frankreich. Man war von den Alliierten dazu aufgefordert worden, fast gehörte man wieder zu den Großen.

Allerdings nur fast, denn auf der Potsdamer Konferenz sollte Frankreich eine eher untergeordnete Rolle spielen. Man hatte de Gaulle nicht dazu eingeladen. So konnte er sich mit seinen Vorstellungen für eine deutsche Nachkriegsordnung nicht behaupten, ganz zu schweigen von einer »natürlichen« Grenze zwischen Deutschland und Frankreich. Bei den Alliierten hatte sich ohnehin einiges verändert. Schon im April war Präsident Roosevelt gestorben und Churchill während der Potsdamer Konferenz bei den Wahlen zu Hause nicht bestätigt worden. Er musste seinen Platz für Clement Attlee räumen. Und auch de Gaulle erklärte schließlich im Januar 1946 seinen Rücktritt. In der soeben entstandenen Vierten Republik sah er eine Wiederbelebung der ungeliebten Dritten Republik. Das konnte er mit seinem Verständnis von Politik und Republik nicht in Einklang bringen. Er ging, um zwölf Jahre später wieder gerufen zu werden. Die westlichen Hauptdarsteller des Krieges hatten die Bühne verlassen.

De Gaulles Einstellung zur Deutschlandpolitik änderte sich indes. Vielleicht hatte seine Reise durch die französisch besetzte Zone im Mai 1945 das Ihre dazu beigetragen: »Was Deutschland darstellte, war jedenfalls jammervoll. Als ich die Schutthaufen sah, in die die Städte verwandelt waren, als ich durch die niedergedrückten Dörfer fuhr und die

Bitten der verzweifelten Bürgermeister entgegennahm, als ich beobachtete, dass aus der Bevölkerung fast alle männlichen Erwachsenen verschwunden waren, da fühlte ich, wie sich mein Herz als Europäer zusammenschnürte. Aber ich bemerkte auch, dass die ungeheuerliche Katastrophe die Psychologie der Deutschen tief verändern würde.« Und schon ein halbes Jahr später hatte er die Vision vom Rhein als einem »Band des Abendlandes«. Vorerst nur zarte Anfänge für eine deutsch-französische Aussöhnung, doch schließlich sollte Freundschaft daraus werden.

Im September 1962 besucht Charles de Gaulle die Bundesrepublik Deutschland, bejubelt von Hunderttausenden Deutschen; das Bild zeigt ihn gemeinsam mit Bundeskanzler Konrad Adenauer in München

Ingeborg Jacobs

Georgij K. Schukow   Verurteilt zum Sieg

An Marschall Schukow scheiden sich die Geister noch heute, über ein halbes Jahrhundert nach dem Ende des Zweiten Weltkriegs. Von vielen Menschen in der ehemaligen Sowjetunion als großer Heerführer, als Sieger gegen Hitlerdeutschland verehrt, gehen andere seiner Landsleute mit ihm hart ins Gericht. Rücksichtsloses Vorgehen gegen die eigenen Soldaten und Bereicherung an deutschem Beutegut gehören zu den erhobenen Vorwürfen.

Ein großer Mann – ohne Frage, ein Mann auch, dem Neider seine Verdienste nicht gönnen, der Missgunst auf den Plan rufen muss. Eine Tatsache, die besonders deutlich in einer der neuesten Publikationen wird. In »Marschall Schukow – Porträt ohne Retuschen« versucht Autor Boris Sokolow, Georgij den Siegreichen von seinem Sockel zu stürzen. Dabei schreckt er allerdings nicht davor zurück, ihm Vergehen zu unterstellen, die anderen zuzuordnen sind.

Die erste Schukow-Biographie von Nikolaj Nikolajewitsch Jakowlew erschien erst 1986, in den Anfangsjahren der Perestroika. In den neunziger Jahren folgte dann eine ganze Reihe von Publikationen, die sich mit dem Leben und Wirken des Marschalls der Sowjetunion beschäftigen. Heute ist Schukows Name in Russland in aller Munde, wer über den Zweiten Weltkrieg diskutiert, kommt an ihm nicht mehr vorbei.

Georgij Konstantinowitsch Schukow hatte weder Geld noch Gönner, die es ihm ermöglicht hätten, Karriere zu machen. Schukow, der Junge vom Lande, musste sich hochdienen: 1915 wurde er zur Grundausbildung bei der Kavallerie eingezogen, 1918 erlebte er den Zusammenbruch der Zarenarmee, wurde in der Roten Armee mit Tapferkeitsmedaillen ausgezeichnet und war Vorbild für seine Soldaten.

Ungeschoren überstand Schukow dann die Großen Säuberungen in der Roten Armee, die in der Jahre 1937 und 1938 Zigtausende Opfer forderten. Die moderne Kriegführung lernte er 1939 in der Mongolei

Georgij Konstantinowitsch Schukow (1896–1974)

kennen, wo es ihm in der Schlacht von Chalchin-Gol gelang, die Japaner über die Grenze zurückzudrängen. Damals schon gab es bei seinen Soldaten das geflügelte Wort: »Dort, wo Schukow ist, wird angegriffen. Und dort wird gesiegt.«

Hart gegenüber sich selbst und andere, setzte Schukow alle Kräfte ein, um sein Heimatland zum Sieg über Deutschland zu führen. Von Moskau über Leningrad und Stalingrad dirigierte er seine Armeen an die Oder und schließlich nach Berlin. Dabei musste er sich nicht nur mit seinen militärischen Mitstreitern in der Stawka (dem Oberkommando der Sowjetischen Streitkräfte) auseinander setzen, sondern auch den Oberkommandierenden, Stalin, von seiner jeweiligen Strategie überzeugen. Mehr als einmal setzte Stalin seine eigenen Pläne durch. Dann hieß es für Schukow, diese wider besseres Wissen in die Tat umzusetzen.

Im Großen Vaterländischen Krieg – so nennen die Russen bis heute den Zweiten Weltkrieg – ging es um Sein oder Nicht-Sein der Sowjetunion, gleichzeitig um Schukows militärisches, ja physisches Überleben. Und so errang Schukow den Sieg um jeden Preis, auch den vieler, vielleicht allzu vieler Menschenleben. Für so manchen ist dies schwer verständlich – aber man darf nicht vergessen, dass ein Menschenleben in der damaligen Sowjetunion nicht viel galt. Ein Soldat der Roten Armee zog in den Kampf, um zu sterben, das bezeugen nicht nur die Kriegslieder. Kam er lebend zurück, hatte er halt Glück gehabt.

Seit der Auflösung der Sowjetunion wird Georgij K. Schukows Name wieder mit Stolz und Stärke der einstigen Großmacht in Verbindung gebracht, seine Person, seine Siege stehen heute für die Macht und Größe Russlands, für den Zusammenhalt der ganzen Nation.

Vom Dorfjungen zum Brigadekommandeur
Georgij Konstantinowitsch Schukow wird am 1. Dezember 1896 in dem kleinen Dorf Strelkowka in der Nähe von Kaluga geboren. Seine Eltern sind einfache, ja arme Leute, Vater Konstantin Artjomowitsch Schukow arbeitet als Schuster, die Mutter Ustinja Artjomjewna verdient durch Fuhrarbeiten ein Zubrot für die Familie. Sie wohnen in einem kleinen, windschiefen, mit Gras gedecktem Holzhäuschen, in dem mit Georgij noch seine ältere Schwester Maria aufwächst. Der später geborene Bruder Aljoscha wird nicht einmal ein Jahr alt. Besonders im Winter – wenn nicht gejagt und nur wenig Fische gefangen werden – lebt die Familie oft nur von Wasser, Brot und Salz. Drei Jahre

Russisches Dorf um 1900, in einem solchen Ort in der Nähe von Kaluga wuchs Schukow auf

lang darf Georgij Konstantinowitsch die Pfarrschule im Nachbardorf Welitschkowo besuchen, dann – er ist gerade einmal zehn Jahre alt – muss er wie auch die anderen Dorfkinder in die Lehre gehen. Ihn führt der Weg nach Moskau.

Georgij Konstantinowitsch will gerne Drucker werden, doch seine Eltern kennen niemanden, der ihm eine solche Lehrstelle vermitteln könnte. So kommt er bei Michail Artjomowitsch Pilichin, dem Bruder seiner Mutter, in die Kürschnerlehre. Pilichin ist in Moskau dank seines Könnens und seiner Geschäftstüchtigkeit zum wohlhabenden Mann geworden. Neben Georgij Schukow und seinen eigenen beiden Söhnen hat er noch einen weiteren Lehrjungen.

Die große Stadt mit den vielen Menschen beeindruckt den zehnjährigen Schukow sehr. Er ist erstaunt über die vielen Landstreicher und armen Leute, die vielen Betrunkenen, die laute und wilde Musik. Darüber nachzudenken bleibt ihm aber zunächst wenig Zeit. »Die Lehrjungen standen immer um sechs Uhr auf«, schreibt Schukow fast 60 Jahre später in seinen »Gedanken und Erinnerungen«, »nach einer Kurzwäsche unterm Wasserhahn mussten wir den Meistern ihre Arbeitsplätze herrichten und alles, was für die Arbeit nötig war, vorbereiten. Schlafen gingen wir um elf, wenn alles aufgeräumt und für den nächsten Tag fertig gemacht war. Wir schliefen gleich in der Werkstatt auf dem bloßen Fußboden oder, wenn es sehr kalt war, auf dem Hängeboden im hinteren Korridor.«

Mit zehn Jahren wird Schukow nach Moskau in die Lehre geschickt; die Moskauer Kremlmauer mit dem Spasskij-Turm, um 1910

Erst im vierten Lehrjahr würde er endlich einmal ein paar Tage Urlaub bekommen und nach Hause fahren dürfen. Obwohl das Heimatdorf doch nur knapp 150 Kilometer entfernt nahe einer Bahnlinie liegt.

An den Sonnabenden und Sonntagen besucht Georgij Konstantinowitsch mit dem ältesten Lehrjungen die Kirche, an Festtagen nimmt ihn sein Lehrherr und Onkel Michail Pilichin in eine der Kreml-Kathedralen mit. Doch der Kirchgang interessiert ihn nicht besonders. Er liest lieber Bücher mit seinem Cousin Alexander und bereitet sich auf die Abendschule vor. Sie wird er mit Erfolg absolvieren.

Im Sommer 1911 darf Georgij Konstantinowitsch dann endlich zum ersten Mal nach Hause fahren. Alle freuen sich über die Geschenke, die der Fünfzehnjährige aus Moskau mitgebracht hat, denn die Familie lebt immer noch in großer Armut. Allzu selten wird der Vater für seine Schusterarbeiten gut bezahlt, denn die meisten seiner Kunden haben selbst kein Geld, und viele der Dorfbewohner tragen keine Leder-, sondern Strohschuhe. Auch das Fuhrgeschäft der Mutter geht schlecht.

Im Dorf hat sich während Georgijs Abwesenheit wenig geändert, und nur selten dringen Nachrichten aus der übrigen Welt bis hierher.

Kurz nach seiner Rückkehr in die Hauptstadt Moskau endet Schukows Lehrzeit, wird er Geselle. Mit 18 Rubeln im Monat erhält er einen guten Lohn; ein Brot kostet zur damaligen Zeit nur wenige Kopeken, sein Bett bei der Witwe Malyschewa drei Rubel im Monat. Neben seiner Kürschnerarbeit verbringt Georgij nun auch viele Stunden im Laden seines Onkels Pilichin. Wenn er dort auch nur spärlichen Kontakt zu den Kunden hat, erfährt er durch die wenigen Gespräche immerhin einiges darüber, was sich in Moskau ereignet. Und er begleitet seinen Lehrherrn auf die große Messe in Nischnij Nowgorod.

Georgij Konstantinowitsch wohnt im Stadtzentrum von Moskau, direkt neben dem Hotel »National«. Aber er hat so wenig Kontakt mit den Moskowitern, dass er den größten Teil der Informationen aus Zeitungen beziehen muss: »Ich war damals über politische Dinge noch kaum orientiert, aber eines war mir klar: Diese Zeitungen (›Swesda‹/Stern und ›Prawda‹/Wahrheit) vertraten die Interessen der Arbeiter und Bauern, während solche Blätter wie ›Russkoje slowo‹ (Russisches Wort) und ›Moskowskije wedomosti‹ (Moskauer Nachrichten) Sprachrohre der Herren des zaristischen Russlands, der Kapitalisten, waren.«

Der Ausbruch des Ersten Weltkriegs ist Schukow »durch die Plünderung ausländischer Geschäfte in Moskau im Gedächtnis geblieben«. Und in seinen Erinnerungen schildert er auch, wie »beeinflusst von der

links: Schukow (l.) mit seinem Vetter Alexander Pilichin, 1914

rechts: Im Frühjahr 1923 wird Schukow zum Kommandeur des 39. Busuluker Kavallerieregiments ernannt

Propaganda viele Jugendliche, besonders aus wohlhabenden Familien, von patriotischen Gefühlen getrieben freiwillig in den Krieg zogen. Mein Vetter Alexander, der Sohn meines Herrn, wollte sich ebenfalls an die Front melden: Er versuchte lange, mich zum Mitgehen zu überreden.«

Aber Georgij Konstantinowitsch sieht täglich die vielen als Krüppel heimkehrenden jungen Männer, deshalb meldet er sich nicht freiwillig an die Front. Außerdem ist Schukow verliebt, will die Tochter seiner Wirtin heiraten.

Im Juli 1915 wird Schukows Jahrgang vorzeitig einberufen. Georgij Konstantinowitsch kommt zur Kavallerie, worüber er froh ist – alle seine Jugendfreunde aus dem Dorf werden zur Infanterie eingezogen.

Die fast einjährige Grundausbildung ist hart, ja schikanös, doch Georgij Konstantinowitsch hält sie durch. Er wird ein exzellenter Reiter und als einer der Besten seines Ausbildungslehrgangs für einen Unteroffizierskurs ausgewählt.

Statt zum Lehrgang will der Zwanzigjährige nun eigentlich lieber an die Front, doch sein Zugführer überredet ihn mit den Worten: »An die Front kommst du noch früh genug, Freund, es kann nicht schaden, wenn du vorher noch etwas lernst, du wirst es brauchen können. (…) Ich habe in einem Jahr Fronteinsatz erfahren, was Krieg bedeutet, und vieles begriffen.«

In den ersten Septembertagen des Jahres 1916 ist es dann auch für Schukow so weit, er muss an die Front. Nach einem Festessen heißt es antreten, wenig später setzt sich der Militärzug in Richtung Charkow in Bewegung.

1920 lernt Georgij Konstantinowitsch seine erste Frau Alexandra Dijewna Sujkowa kennen

Nach zahlreichen, kurzen Fronteinsätzen in den folgenden Monaten zieht er sich eine schwere Gehirnerschütterung zu, als er auf eine Mine reitet. Bis zum Dezember 1916 bleibt er im Lazarett in Charkow.

Es dauert nicht lange, bis er und die meisten seiner Kameraden genug vom Krieg haben. Bereits Ende 1916 erzählt man sich auch an der Front von den Arbeiterstreiks in Petrograd, Moskau und anderen großen Städten. Und von den Bolschewiki, die gegen den Zaren kämpfen. Von der Agitation gegen den Zarismus ist der junge Schukow beeindruckt: »(...) ich fühlte instinktiv, dass niemand anders als die Bolschewiki dem russischen Volk Frieden, Land und Freiheit geben konnten.«

Ende November 1917 kehrt Schukow nach Moskau zurück. Dort haben im Oktober die Arbeiter-, Soldaten- und Bauernsowjets die Macht übernommen. Anfang des Jahres 1918 – als der III. Allrussische Sowjetkongress die Schaffung neuer Streitkräfte beschließt – reift bei Georgij Konstantinowitsch der Entschluss, der Roten Garde beizutreten. Er erkrankt jedoch an Flecktyphus, und es dauert einige Monate, bis er sich davon wieder erholt.

Im August meldet sich Schukow dann mit vielen seiner ehemaligen Kameraden aus der Zarenarmee freiwillig zum 4. Kavallerieregiment der 1. Moskauer Kavalleriedivision und ist damit der Roten Armee beigetreten. Hier kommt ihnen die umfangreiche Ausbildung innerhalb der Zarenarmee zugute, Schukow erinnert sich: »Wenn ich jetzt an das Lehrkommando der alten zaristischen Armee zurückdenke, so muss ich zugeben, dass wir eine gute Ausbildung, besonders im Exerzieren, erhielten. Jeder Abgänger war ein glänzender Reiter, beherrschte die Waffentechnik und die Methodik der Soldatenausbildung. Kein Wunder, dass viele Unteroffiziere der alten Armee nach der Großen Oktoberrevolution zu qualifizierten Heerführern der Roten Armee wurden.«

Die Macht in den Truppen geht an die Soldatenräte über, und die Kommandeure der Roten Armee werden – bis hinauf zum Regimentskommandeur – auf allgemeinen Versammlungen gewählt. Eine weitere wichtige Neuerung bei der Umstrukturierung der zaristischen in die Rote Armee sind die Kommissare. Deren Aufgabe beschränkt sich nicht nur auf Agitation und Propaganda, sie wirken auch bei der Ausarbeitung der Befehle mit. Vor allem in den ersten Jahren überzeugen diese Kommissare durch ihr vorbildliches persönliches Verhalten, und so sehr Schukow die Kommissare später auch ablehnen wird, so sehr schätzt er sie in »der Bürgerkriegszeit, [da] waren [sie] zu Recht von legendärem Ruhm umwoben«.

Am 1. März 1919 wird Georgij Konstantinowitsch Schukow Mitglied der Kommunistischen Partei Russlands (Bolschewiki): »(…) der Tag meiner Aufnahme in die Partei bleibt mir unvergesslich. Von nun an galt mein ganzes Sinnen und Trachten der Pflichterfüllung als Mitglied der Kommunistischen Partei; und wenn es zur Auseinandersetzung mit den Feinden des Heimatlandes kam, war ich als Kommunist der Forderung unserer Partei eingedenk dem Volk vorbildlich und treu zu dienen.«

1920 lernt Georgij Konstantinowitsch Schukow seine erste Frau Alexandra Dijewna Sujkowa kennen. Doch ein normales Familienleben ist nicht in Sicht, denn der Bürgerkrieg zwischen Roten und Weißen ist noch lange nicht beendet. Schukow erlebt ihn an verschiedenen Fronten, auf der Krim, in Tambow, bei Woronesch. Für seine Tapferkeit erhält er den »Rotbanner-Orden«. Nach Beendigung des Bürgerkrieges bleibt Schukow in der Armee, beginnt seine Karriere. In den Jahren 1924 und 1925 besucht er einen Kavalleriekommandeur-Lehrgang in Leningrad, in einem Brief an seine Frau berichtet er: »Gestern Abend um 18 Uhr habe ich die letzte von sieben Prüfungen hinter mich gebracht. Im Fach Politische Erziehung bekam ich ›ausreichend‹, in Kavallerietaktik ›gut‹ und in Allgemeine Taktik ›hervorragend‹«. Auf dem Lehrgang lernt er auch seine späteren, langjährigen Kampfgenossen Konstantin Konstantinowitsch Rokossowskij, Iwan Ch. Bagramjan und A. I. Jerjomenko kennen. Alle sind im gleichen Alter, jung, voller Energie und Ausdauer.

Im Anschluss an einen weiteren Lehrgang wird Schukow 1926 Kommandeur und zugleich Kommissar des 39. Melekes-Pugatschow-Kavallerieregiments. Sein Regiment nimmt mit großem Erfolg an den verschiedensten Manövern und Übungen teil, wodurch sich Schukow für die Teilnahme an einem Lehrgang für höhere Kommandeure im Moskauer Volkskommissariat für Verteidigung qualifiziert. Seine weitere militärische Laufbahn führt ihn über Samara an der Wolga in das Weißrussische Slutzk.

Am 26. November 1936 wird Georgij Konstantinowitsch Schukow durch einen Befehl des Volkskommissars für Verteidigung der UdSSR, den Marschall der Sowjetunion K. Woroschilow, zum Brigadekommandeur ernannt. – Dienstränge gibt es zu diesem Zeitpunkt in der Roten Arbeiter- und Bauern-Armee nicht.

1937–1938 Säuberungen in der Armee
Zwei Jahre – von September 1936 bis November 1938 – steht Nikolaj Jeschow an der Spitze des Volkskommissariats für Innere Angelegenheiten, des NKWD. In dieser Zeit erlebt die Sowjetunion stärkste Repressionen, die vom Politbüro und von Stalin abgesegnet werden und vor keiner Bevölkerungsschicht Halt machen. Auch nicht vor dem Militär.

Wie gefährlich die Situation für die Offiziere der Roten Armee damals war, verdeutlicht die Tatsache, dass innerhalb von zwei Jahren drei Kommandeure des Weißrussischen Militärkreises – dort dient Schukow in dieser Zeit – von ihrem Posten entfernt werden. Zwei von ihnen werden Opfer der Säuberungen, darunter Armeegeneral Uborewitsch, den Schukow gut kennt und dessen Kenntnisse sowie Führungsstil er schätzt.

Vom Schicksal I. P. Uborewitschs erfährt Georgij Konstantinowitsch aus einer Aufsehen erregenden Pressemitteilung vom 11. Juni

Familienbild aus dem Jahr 1940 mit Schukows Mutter Ustinja Artjomjewna, den Töchtern Era (2. v. l.) und Ella (2. v. r.) und seiner Frau Alexandra Dijewna

1937: »Ein Militärgericht [hat] in geheimer Sitzung folgende Personen wegen Verrats und Spionage zum Tode verurteilt: Marschall Tuchatschewskij, Vizekommissar der Verteidigung (…) sowie sieben Generäle der Armee, nämlich Jakir (militärischer Befehlshaber der Region Kiew), Uborewitsch (militärischer Befehlshaber der Region Weißrussland), Eideman, Kork, Putna, Feldman und Primakow. (…) Tuchatschewskij und seine ›Komplizen‹ wurden der militärischen Verschwörung beschuldigt. Die Aktion war monatelang sorgfältig vorbereitet worden. Die wichtigsten Beschuldigten waren im Mai 1937 verhaftet und ›handfesten‹ Verhören unterzogen worden [bei einer 20 Jahre später durchgeführten Untersuchung zur Rehabilitierung Tuchatschewskijs wiesen mehrere Seiten der schriftlichen Erklärung des Marschalls Blutspuren auf]. Jeschow selbst übernahm die Leitung der Verhöre. Erst kurz vor ihrer Verurteilung wurden die Angeklagten geständig. Stalin persönlich überwachte das gesamte Ermittlungsverfahren.«

Innerhalb von zwei Jahren fallen der Säuberung in der Roten Armee zum Opfer:

> 3 von 5 Marschällen (Tuchatschewskij, Jegorow und Blücher)
> 13 von 15 Armeegenerälen (u. a. Schukows Chef Uborewitsch)
> 8 von 9 Admirälen
> 50 von 57 kommandierenden Generälen
> 154 von 186 Divisionsgenerälen
> 16 von 16 der Armee zugeordneten Kommissaren
> 25 von 28 dem Armeekorps zugeordneten Kommissaren
> außerdem 35 020 Offiziere.

Wie viele von ihnen hingerichtet wurden, ist noch immer nicht bekannt. Ungefähr 11 000 – unter ihnen auch General K. K. Rokossowskij – werden zwischen 1939 und 1941 wieder in den Armeedienst übernommen.

Georgij Konstantinowitsch Schukow lässt sich in seinen fast siebenhundert Seiten umfassenden »Erinnerungen« nicht über den Stalinschen Terror des Jahres 1937 aus. Er skizziert vor allem seinen eigenen weiteren militärischen Werdegang: »1937 wurde ich durch Befehl des Volkskommissars für Verteidigung zum Kommandeur des 3. Kavalleriekorps ernannt. Gleichzeitig setzte mich der Befehlshaber der Truppen des Belorussischen Militärbezirks Uborewitsch als Chef der Minsker Garnison ein.« Dass er wegen seiner guten Kontakte zu Uborewitsch Gefahr läuft, in den Gulag zu kommen, erwähnte Schukow nicht.

Dabei melden Studenten der Frunse-Akademie am 10. August 1937 – zwei Monate nachdem Uborewitsch zum Tode verurteilt wurde –, dass Schukow und Uborewitsch eng zusammengearbeitet haben, Uborewitsch sogar öfter bei Familie Schukow zu Gast gewesen sei. Infolgedessen wird Schukow mehrfach verhört, auch auf der Parteiversammlung der 4. Kavalleriedivision. »Die Organisatoren dieser Versammlung zählten wohl darauf, mich aus der Partei auszuschließen«, erinnert sich Schukow, »zumindest aber darauf, dass mich die Partei streng bestrafen würde, aber dies taten die Kommunisten nicht.«

Schukow war mit Uborewitsch tatsächlich gut bekannt, und er weiß, wie gefährlich es ist, mit einem »Volksfeind« befreundet zu sein. Deshalb bleibt er nach der Parteiversammlung nicht tatenlos, schreitet vielmehr – wie es seinem Charakter entspricht – zum Gegenangriff. Er schickt ein Telegramm an Stalin und Woroschilow, in dem er sich über die ungerechtfertigten Anschuldigungen und das Zur-Rede-Stellen vor der Parteiversammlung beschwert. Trotzdem besteht Jeschow darauf, dass Divisionskommandeur Schukow verhaftet und erschossen werden müsse. Doch Stalin entscheidet anders. Warum er dies tat, ist bis heute nicht bekannt, vielleicht, weil Timoschenko ein gutes Wort für Schukow eingelegt hat.

Dabei wäre es ein Leichtes gewesen, noch weiteres Material gegen Schukow zu sammeln, ihn wie Tuchatschewskij allzu enger Kontakte mit den Deutschen zu bezichtigen. Denn Schukow fährt im Herbst 1937 zu den Manövern des Weißrussischen Militärbezirks, an denen Generäle und Offiziere des deutschen Generalstabs als Gäste teilnahmen. Die Manöver wurden vom Volkskommissar für Verteidigung, Woroschilow, und Generalstabschef Schaposchnikow beobachtet. Man hätte ihn auch »antikommunistischen Verhaltens« bezichtigen können, weil seine 1937 geborene zweite Tochter Ella getauft wird. Vorwände für eine Verhaftung gab es also genug – trotzdem blieb Schukow von Repressionen verschont.

Auch wenn Jeschows eifrige Mitarbeiter weiterhin kompromittierendes Material über ihn zusammentragen, überlebt Georgij Konstantinowitsch Schukow die Große Säuberung der Jahre 1937 und 1938, während deren sein Freund und späterer Mitstreiter Rokossowskij wegen angeblicher Kontakte zum polnischen und japanischen Geheimdienst verhaftet und verurteilt wird, ja sogar in Lagerhaft kommt. Und Schukow wird auch das wiederum gefährliche Jahr 1947 überleben, in dem er täglich seine Verhaftung erwartet – ein Köfferchen mit Wäsche steht dann immer bereit.

Auch nach dem September 1938, als Jeschow selbst von seinem Posten als NKWD-Chef entlassen und wahrscheinlich ermordet wird, setzen sich unter seinem Nachfolger Lawrentij Berija die »Säuberungsaktionen« fort. Sie werden selbst während des Krieges nicht eingestellt. Trotz der Hitlerschen Bedrohung schreckt Stalin nicht davor zurück, einen Großteil seiner besten Offiziere zu opfern, an allen Fronten die Kommandeure wie Marionetten auszutauschen. So wird im März 1942 einer der engsten Kampfgefährten Schukows, Generalmajor W. Golutschkewitsch gemeinsam mit einer Reihe anderer Generäle verhaftet.

Lawrentij P. Berija, seit 1938 Chef des sowjetischen Geheimdienstes, des NKWD

Den Haftbefehl unterzeichnet Viktor Abakumow, Leiter der Hauptabteilung Abwehr der Roten Armee. Man wirft dem General vor, gemeinsam mit Schukow ein Komplott geschmiedet und für den deutschen Geheimdienst gearbeitet zu haben. Trotz der Folter bleibt Golutschkewitsch standhaft, und er liefert Berijas Leuten keinerlei Material über Georgij Schukow.

Warum Schukow die Säuberungen in der Roten Armee in den Jahren 1937/1938 ungeschoren übersteht, lässt sich heute nicht mehr sagen. Das Telegramm an Stalin und Woroschilow, ein kurzer Einsatz im Spanischen Bürgerkrieg, die Abkommandierung nach Chalchin-Gol an die mongolisch-japanische Grenze Anfang Juni 1939 – all dies zusammen hat sicherlich Schukows Leben gerettet.

Und die massenhaften Säuberungen in der Roten Armee wirken sich sogar günstig auf seine Karriere aus: Für ihn wird der Weg in die militärische Führungsriege frei. Seinen ersten hohen Posten erhält er Ende 1938, als er zum Stellvertretenden Kommandeur des – strategisch wichtigen – Weißrussischen Wehrkreises wird.

Das schwere Jahr 1941

Als im Herbst 1940 die Sowjets ihre planmäßigen Manöver abhalten, erhalten sie erstmals Informationen über deutsche Truppenbewegungen an ihrer Westgrenze. Schukow findet das höchst beunruhigend, denn er kennt die schlechte Verfassung der Roten Armee, ihre mangelhafte Bewaffnung und weiß, dass seit den Großen Säuberungen der Jahre 1937 und 1938 viele fähige Kommandeure fehlen. »Im Laufe von fünf Vorkriegsjahren hatte der Generalstab vier Chefs erlebt«, schreibt er Jahre später. »Ein so häufiger Führungswechsel machte es unmöglich, die Verteidigung des Landes umfassend zu meistern und alle Aspekte eines kommenden Krieges gleichmäßig zu berücksichtigen.«

Georgij Konstantinowitsch misstraut den Deutschen, die mit ihren Flugzeugen immer wieder den sowjetischen Luftraum verletzen. Doch alle Warnungen Schukows schlägt Stalin in den Wind. Wahrscheinlich will er die Deutschen nicht provozieren und glaubt an die Einhaltung des am 23. August 1939 zwischen dem Deutschen Reich und der Sowjetunion unterzeichneten Nichtangriffspakts.

Ende Dezember 1940 findet im Volkskommissariat für Verteidigung ein strategisches Planspiel statt, bei dem Generaloberst D. G. Pawlow die rote, die östliche, und Armeegeneral Schukow die blaue, die westliche Seite vertritt. Vierzehn Tage darauf treffen sich hohe Par-

Josef W. Stalin (r.) und Joachim von Ribbentrop nach der Unterzeichnung des deutsch-sowjetischen Nichtangriffspakts am 23. August 1939 in Moskau

teifunktionäre und Militärs bei Stalin im Kreml zur Manöverkritik. Stalin ist hoch zufrieden mit Schukow, am nächsten Tag teilt er ihm mit, dass er ihn zum Chef des Generalstabes ernennt. Bereits im Februar kommt es zu einer neuen Begegnung zwischen Stalin und Schukow: »Ich sagte, dass angesichts der Gespanntheit der militärisch-politischen Situation dringend etwas unternommen werden müsse, um die Unzulänglichkeit der Streitkräfte und der Verteidigung der Westgrenzen rechtzeitig zu beheben«, schrieb Schukow in seinen Memoiren.

Von verschiedenen Seiten, auch aus dem Westen, erreichen Stalin bereits Warnungen – die er nicht immer an seinen Generalstab weitergibt – mit Hinweisen auf existierende Angriffspläne der Deutschen. So erhält Stalin im April ein Sonderschreiben des englischen Premierministers Winston Churchill, in dem er auf umfangreiche Truppenbewegungen der Deutschen im Osten aufmerksam gemacht wird. Stalin schenkt diesen Informationen zwar große Aufmerksamkeit, wertet sie jedoch als einen Versuch Englands ab, ihn gegen Hitler aufzuwiegeln. Ende April erreichen ihn Informationen aus sowjetischen Geheimdienstquellen, der Angriff Deutschlands auf die Sowjetunion »ist endgültig entschieden und wird in kürzester Zeit erfolgen. Der Operationsplan sieht einen Blitzschlag auf die Ukraine und ein weiteres Vorrücken nach Osten vor (…)« Aber kaum etwas passiert daraufhin in der Sowjetunion, lediglich 25 Divisionen werden zur Verstärkung der südwestlichen Flanke abkommandiert.

In dieser Zeit arbeitet Generalstabschef Schukow gemeinsam mit dem Volkskommissar für Verteidigung Timoschenko im Frühjahr einen Plan aus, der bis zum heutigen Tag immer wieder Diskussionen unter den Historikern auslöst. Überschrieben ist er mit dem Titel: »Überlegungen hinsichtlich eines strategischen Planes zum Aufmarsch der militärischen Kräfte der Sowjetunion für den Fall eines Krieges mit Deutschland und seinen Verbündeten«. Das nur in einem Exemplar existierende Schreiben ist an Stalin adressiert, dem es am 15. Mai 1941 persönlich übergeben wurde.

Bedeutet dieses Schreiben, dass die Russen ebenfalls einen Barbarossa-Plan hatten, wollten sie etwa Deutschland zuerst überfallen? Und war Stalin mit diesem Plan Schukows einverstanden?

Der russische Stalin-Biograph Dmitrij Wolkogonow schreibt dazu: »Der in naher Zukunft am meisten gefeierte Heerführer im Großen Vaterländischen Krieg (Schukow) schlug Stalin fünf Wochen vor Kriegsbeginn eine radikale Entscheidung vor: einen Präventivschlag gegen die deutschen Truppen zu führen, die sich auf den Blitzangriff vorbereiteten. Eine mutige, äußerst harte Entscheidung. Schriftliche Spuren hinterließ Stalin nicht auf dem Dokument; in dieser Zeit war ›der Führer‹ äußerst vorsichtig und umsichtig. Es ist sehr wahrscheinlich, dass Schukows Vorschlag nicht gutgeheißen wurde. Der Diktator meinte immer noch, dass das Land noch genügend Zeit habe, sich auf das Gefecht mit dem Faschismus vorzubereiten. Vielleicht hätte der vorsichtige Stalin den Vorschlägen Schukows zugestimmt, wenn der Krieg um wenigstens ein Jahr aufgeschoben worden wäre.«

Timoschenko, Volkskommissar für Verteidigung (l.), und Generalstabschef Schukow erarbeiteten gemeinsam einen Plan zur Verteidigung der Sowjetunion, 1940

Es ist also keine Reaktion Stalins auf dieses Dokument überliefert, ganz zu schweigen von einem »Dobro« (einverstanden), wie vielfach wieder behauptet wird. Doch auch ohne Stalins »Dobro« hätte Schukow bessere Vorbereitungen treffen können, damit der deutsche Angriff am 22. Juni 1941 die Sowjetunion und die Rote Armee nicht ganz so unvorbereitet getroffen hätte. Diese Untätigkeit werfen ihm seine Kritiker heute mit Recht vor.

Ende Mai, kaum zwei Wochen nach Vorlage dieses Plans von Schukow/Timoschenko, ruft Stalin S. K. Timoschenko und G. K. Schukow zu sich in den Kreml und teilt ihnen mit, der deutsche Botschafter habe ihn über die Bitte der deutschen Regierung informiert, »Gräber von deutschen Soldaten und Offizieren« auf dem Territorium Russlands

Am 22. Juni 1941 dringen Truppen der deutschen Wehrmacht in die Sowjetunion ein

suchen lassen zu dürfen. Schukow sieht darin einen Vorwand der Deutschen dafür, das russische Terrain erkunden zu wollen, und Timoschenko weist auf die immer häufiger werdenden Grenzverletzungen durch deutsche Flugzeuge hin. Doch Stalin lässt auch diese Einwände nicht gelten, meint vielmehr, in der deutschen Luftwaffe seien »zurzeit sehr viele junge, schlecht vorbereitete Piloten, die sich in der Luft schlecht orientieren können«.

Selbst noch eine Woche vor Kriegsbeginn verbietet Stalin die Mobilmachung und den Abmarsch sowjetischer Truppen an die westlichen Grenzen, denn dies könne zum Krieg führen. Doch der lässt nicht lange auf sich warten.

Am 22. Juni 1941 erfahren die Moskauer, dass »Deutschland entgegen dem Nichtangriffspakt den Krieg gegen die Sowjetunion begonnen hat«. »Ich erinnere mich gut an den Tag, als der Krieg anfing«, erzählt Ella Schukowa, »ich war damals noch klein, gerade einmal vier Jahre alt. Meine Mutter sagte, ich solle keine Angst haben. Vater sorge dafür, dass uns nichts passiert. Und da war ich beruhigt.«

Auch die Militärs, allen voran Schukow, zeigen sich überrascht davon, »dass der Gegner solch eine Masse von motorisierten Panzertruppen hat zusammenziehen und gleich am ersten Tag mit schlagkräf-

tigen Einheiten in wichtigen strategischen Richtungen hat einsetzen können«. Und er fügte hinzu: »Wir Militärs haben offensichtlich auch nicht alles getan, um die politische Führung mit Stalin an der Spitze davon zu überzeugen, dass eine baldige Auseinandersetzung mit dem faschistischen Deutschland unausweichlich war.«

Stalin fehlt es an fähigen militärischen Führungskräften – im Generalstab, an der Spitze der Truppen, ja selbst auf unterster Führungsebene. Am 23. Juni wird die Stawka, vergleichbar mit dem Oberkommando der Wehrmacht, geschaffen. Zu den elf Mitgliedern gehört neben Stalin, Molotow, Timoschenko und Budjonnij auch Schukow.

In den ersten Tagen, Wochen, ja Monaten kann von einer ernst zu nehmenden Verteidigung der Sowjetunion keine Rede sein. Hitlers Blitzkriegstaktik hat Erfolg, denn den Sowjets fällt es schwer, ihre Kräfte zu mobilisieren, zu organisieren und zu motivieren.

Dabei ist jedem klar, wie gefährlich der Überfall Deutschlands auf die Sowjetunion für das Land ist. Gleich in den ersten Kriegstagen hat dies der Textdichter des damals in der Sowjetunion wohl populärsten Liedes »Swjaschonnaja woina« (Der heilige Krieg) in Worte gefasst:

Steh auf, steh auf, du Riesenland!
Heraus zur größten Schlacht!
Den Nazihorden Widerstand!
Tod der Faschistenmacht!
Es breche über sie der Zorn
wie finstre Flut herein.
Das soll der Krieg des Volkes,
der Krieg der Menschheit sein!

Das Lied wird zum ersten Mal am 26. Juni für die an die Front ziehenden Soldaten gespielt, von da an jeden Morgen im Radio. Praktisch ersetzt es bis 1943 die sowjetische Nationalhymne, die »Internationale«, die dann selber einer neuen, patriotischen »Hymne der Sowjetunion« Platz macht.

Doch alle Versuche, die Deutschen zu stoppen, bleiben erfolglos. Bald sind Minsk und Smolensk in deutscher Hand, auch Kiew ist in Gefahr. Am 29. Juli ruft Schukow Stalin an und bittet ihn, ihm über die Lage an der Front berichten zu dürfen. Schukow sieht die größte Gefahr am schwachen, zentralen Frontabschnitt und schlägt vor, die südwestliche Front bis hinter den Dnjepr zurückzuziehen und Kiew zu opfern. Doch Stalin erklärt sich mit diesem Vorschlag nicht einverstanden und bezeichnet ihn als »Blödsinn«. Schukow ist außer sich und bietet Stalin sogleich seinen Rücktritt vom Posten des Generalstabschefs an, wenn er von »Blödsinn« rede. Daraufhin wird Schukow binnen weniger Stunden zum Leiter der »Reserve-Truppen« degradiert, Schaposchnikow wird Generalstabschef, Stalin zehn Tage später Oberbefehlshaber der sowjetischen Streitkräfte.

Mitte August 1941 hat Georgij Konstantinowitsch Schukow zum ersten Mal direkten Kontakt mit einem deutschen Kriegsgefangenen. Er ist erstaunt, als er während des Verhöres feststellt, dass dieser Kriegsgefangene keine Angst vor ihm hat, nicht um sein Leben bettelt. Nach diesem Verhör ist Georgij Konstantinowitsch klar, mit welch hoch motivierten Gegnern er es zu tun hat.

Die Motivation der sowjetischen Soldaten hingegen ist an allen Frontabschnitten schlecht. Schukow versucht dies auf unterschiedliche Weise zu verändern. So bittet er die von ihm verehrte Volkssängerin Lidija Ruslanowa um Unterstützung. Sie, die Frau seines Mitstreiters Generalleutnant W. W. Krjukow, tritt vor den Soldaten auf, bevor sie ins Gefecht ziehen, um ihnen mit ihren Liedern Mut zu machen, für ihre Heimat alles zu geben.

Als die Deutschen versuchen Leningrad einzunehmen, schickt Stalin General Schukow am 10. September 1941 in die Stadt an der Newa. Gleich nach seiner Ankunft nimmt Georgij Konstantinowitsch im Smolnij-Palast am Kriegsrat teil. De facto übernimmt er damit das Oberkommando der Leningrader Front. Schukow lässt sofort Verteidigungsanlagen errichten, die Zugänge zur Stadt verminen und Sondertruppen der baltischen Flotte aufstellen. Außerdem ergreift er rigorose Maßnahmen zur Wiederherstellung der militärischen Disziplin. So soll er u. a. mit einem Maschinengewehr auf die zurückweichenden, die eigenen Leute geschossen haben. Unterstützt wird er bei solchen Aktionen auch vom NKWD: »Ganze Bataillone aus NKWD-Truppen, die mit automatischen Waffen ausgerüstet waren, lagen hinter den Kampflinien, um militärische Einheiten niederzuschießen, die vielleicht desertieren wollten oder zurückgeworfen wurden.«

»Krieg – das ist kein Kinderspiel«, schreibt Schukow später in sein Tagebuch, »manchmal erfordert er außergewöhnliche Taten, und nicht jeder ist in der Lage, sie zu vollbringen.«

Zur selben Zeit schreibt er an seine Töchter Era und Ella: »Guten Tag, liebe Erotschka und Ellotschka! Ich schicke euch einen Gruß von der Front. Die Deutschen erleiden sehr hohe Verluste, versuchen aber weiterhin Leningrad zu erobern. Ich glaube aber, dass ich die Deut-

Leningrader Frauen beim Bau von Verteidigungslinien, September 1941

schen nicht nur weiterhin halten, sondern bis nach Berlin jagen kann. Wie geht es euch denn, ich möchte euch sehr gerne sehen. Ich denke, dass wir uns sehen, sobald ich die Deutschen geschlagen habe. Dann komme ich entweder zu euch oder ihr zu mir. Schreibt öfter. Ich habe dazu keine Zeit, nur für den Kampf. Ganz viele Küsse, euer Vati.«

Währenddessen greifen die deutschen Truppen Peterhof, Oranienbaum und die Höhen von Pulkowo an. Ohne Erfolg, denn nun verteidigt sich Leningrad heftig. Der Stellungskrieg beginnt und mit ihm Anfang Oktober 1941 die Blockade der Drei-Millionen-Stadt, die letztendlich 2–2,5 Millionen Opfer fordern wird: etwa 300 000 deutsche Soldaten, eine Million sowjetische Soldaten und ebenso viel Einwohner der Stadt an der Newa.

Schukow hat einen klugen Kopf und einen eisernen Willen, er ist ein Mann von großer Entschlossenheit. Das wird bei seinem Einsatz im Kampf um Leningrad klar: Mit Hilfe der Stawka und der Parteiorganisation Leningrads stoppt er den Rückzug der sowjetischen Truppen und verhindert damit die Einnahme der Stadt durch die Deutschen.

Die Sowjetunion braucht einen Helden, einen unbesiegbaren Heerführer. Als es Schukow nicht gleich gelingt, auch den Blockadering um Leningrad zu sprengen, ruft ihn Stalin nach Moskau, wo der kluge und entschlossene Militär zudem dringend gebraucht wird.

Während der Belagerung Leningrads sterben etwa eine Million Einwohner der Stadt an Hunger und Kälte, Winter 1941/42

Am späten Nachmittag des 7. Oktober 1941 trifft Schukow bei Stalin ein, der ihm die kritische Lage der Hauptstadt schildert. Um 20 Uhr verlässt Schukow den Kreml bereits wieder, fährt zum Generalstab in der Frunsestraße, nachts weiter zum Stab der Westfront in Perchuschkowo.

Trotz aller Anstrengungen gelingt es der Roten Armee zunächst nicht, den deutschen Vormarsch auf Moskau zu stoppen. Gerade noch rechtzeitig, bevor die Deutschen Schukows Heimatdorf Strelkowka in der Nähe von Kaluga in Schutt und Asche legen, werden seine Mutter und seine Schwester evakuiert.

Auch in Moskau fliehen viele der Bewohner aus der Stadt, die Familie Schukows wird nach Kuibischew an der Wolga evakuiert. Gemeinsam leben seine Frau und die beiden Töchter mit Schukows Mutter und Schwester in einem Haus mit den Familien anderer Generäle: mit den Wassiljewskijs und Rokossowskijs. Auch Stalins Tochter lebt in der Stadt an der Wolga. Am 15. Oktober 1941 bereitet sich selbst Stalin darauf vor, Moskau zu verlassen.

Vor der Hauptstadt spitzt sich die Lage zu. Immer noch ist die Moral der sowjetischen Truppen sehr schlecht. Deshalb befiehlt Schukow als Kommandeur der Westfront dem Kriegsrat: »Da es nicht nur einmal vorgekommen ist, dass Soldaten das Schlachtfeld verlassen haben, ordne ich an, (…) die 17. und 53. Schützendivision dazu zu zwingen, standhaft zu kämpfen, (…) falls dies nicht geschieht, sind alle an Ort und Stelle zu erschießen.« Und das geschieht auch.

Bei Moskau trifft Schukow seinen alten Freund und Kameraden K. K. Rokossowskij wieder. Zwei unterschiedliche Charaktere prallen hier aufeinander: der feinsinnige polnische Aristokratensohn Rokossowskij, den man erst 1940 aus dem Untersuchungsgefängnis entlassen hatte, wo er vier lange Jahre lang – seit 1937 – gelitten hatte. Und Schukow, der harte, grausame Armeegeneral, von Stalin zur Verteidigung der Hauptstadt gerufen, weil alle anderen bis dahin versagt haben. Rokossowskij rät zur Rücknahme der Front bei Istra, doch Schukow setzt seine harte Linie durch: Verteidigung um jeden Preis. Denn die Deutschen stehen kurz vor der Stadtgrenze, selbst die großen Zufahrtswege sind in ihrer Hand.

Am 6. November 1941 finden die Feierlichkeiten zur Oktoberrevolution in der Metrostation Majakowskaja statt, am folgenden Tag gibt es eine kurze Militärparade auf dem Roten Platz. Die Teilnehmer werden sofort an die Front geschickt. Derweil verlangt Hitler in Orscha nachdrücklich die Einnahme von Moskau.

Nach dem großen Luftangriff am 14. November 1941 fordert Stalin am folgenden Tag, mit dem Gegenangriff solle bereits am 16. November begonnen werden. Schukow hält dies für verfrüht und sieht sich nach kurzer Zeit in dieser Bewertung bestätigt. Denn nach den anfänglichen sowjetischen Erfolgen beginnt bald der deutsche Gegenangriff, und die Rote Armee muss erneut zurückweichen.

Stalin ist in höchstem Maße beunruhigt, doch Schukow kann den Oberbefehlshaber mit dem Versprechen, Moskau zu halten, vom Ver-

Sowjetische Panzer des Typs T 34 rollen an die Front zur Verteidigung der Hauptstadt, Moskau im November 1941

lassen der Stadt abhalten. Kaum vorstellbar, was passiert wäre, wie die Menschen reagiert hätten, wenn ihr großer Führer Stalin die Stadt verlassen hätte.

Anfang Dezember stehen deutsche Panzerspitzen kurz vor Schukows Hauptquartier in Perchuschkowo. Damit hat die Wehrmacht nördlich von Naro-Fominsk eine Linie erreicht, die nur noch 25 Kilometer von Moskau entfernt ist. Von weitem sind bereits die Türme des Kreml zu erkennen.

Die Lage entspannt sich erst, nachdem die Sowjets einen Teil ihrer Truppen aus dem Fernen Osten abziehen und bei Moskau einsetzen können. – Möglich war dies, weil die Sowjets von dem deutschen Doppelagenten Richard Sorge erfahren hatten, dass die Japaner keinen Angriff im Fernen Osten planten. – Der Gegenangriff, der vom 5. bis 8. Dezember 1941 erfolgt, bringt die entscheidende Wende im Kampf um Moskau.

Ende Dezember 1941 fliegt Familie Schukow mit dem Flugzeug des Generals – einer amerikanischen »Douglas« – zum Vater an die Front, trifft sich mit ihm im Stabsgebäude. Denn die Gefahr für die Hauptstadt ist gebannt. Und der Name von General Georgij Konstantinowitsch Schukow, dem Retter Moskaus, ist in aller Munde.

Der lange Weg zum Sieg

Im Januar 1942 gehen die sowjetischen Truppen an breiter Front zum Angriff über, doch die Wehrmacht ist noch lange nicht geschlagen. Der Blockadering um Leningrad steht noch immer, große Teile Westrusslands, die Ukraine und Weißrussland sind besetzt. Die deutschen Truppen planen, zum Kaukasus vorzustoßen, ihr Ziel ist das Öl des Kaspischen Meeres.

Trotz der andauernden Bedrohung durch den deutschen Kriegsgegner wird im März 1942 einer der engsten Kampfgefährten Schukows, Generalmajor W. Golutschkewitsch gemeinsam mit einer Reihe anderer Generäle verhaftet. Den Haftbefehl hat Viktor Abakumow unterzeichnet, Leiter der Hauptabteilung Abwehr der Roten Armee (SMERSCH). Man wirft dem General vor, gemeinsam mit Schukow ein Komplott geschmiedet und für den deutschen Geheimdienst gearbeitet zu haben. Trotz der Folter bleibt Golutschkewitsch standhaft; er liefert keinerlei Material über Georgij Konstantinowitsch Schukow für Berijas Leute.

Am 23. August 1942 brechen die deutschen Truppen nördlich von Stalingrad zur Wolga durch. Schukow befindet sich zu dieser Zeit nur wenige Kilometer von dort entfernt, in Gorodischtsche. Am 27. Au-

Mit der Kapitulation der deutschen Truppen vor Stalingrad am 2. Februar 1943 tritt die Wende im »Großen Vaterländischen Krieg« ein; gefangene deutsche Soldaten in Stalingrad

Rokossowskij (l.) und Schukow; am 3. November 1944 muss Rokossowskij das Kommando über die 1. Weißrussische Front an Schukow abgeben

gust ruft ihn Stalin zu sich nach Moskau, ernennt ihn zu seinem Stellvertreter und fordert, Stalingrad unter allen Umständen zu halten. Zwei Tage später fliegt Schukow an die Stalingrader Front zurück. Doch auch ihm gelingt es nicht, den weiteren Vormarsch der Deutschen schnell zu stoppen.

In den nächsten Tagen und Wochen pendelt er zwischen Stalingrad und Moskau. Im Generalstab erarbeitet er den Plan für die »Operation Uran«, die Einkesselung der 6. Armee von General Paulus bei Stalingrad – eine Strategie, mit der man bereits im Bürgerkrieg bei Zaryzin (der frühere Name Stalingrads) Erfolg hatte. Mitte November fliegt Schukow wieder zurück an die Südwest-Front nach Stalingrad. Am 19. November schnappt die Falle bei Kalatsch zu, für die deutschen Soldaten und Offiziere nimmt das Unheil seinen Lauf. Für die Russen aber bedeutet Stalingrad die glückliche Wende, den ersten Schritt auf dem langen Weg zum Sieg.

Als sich Anfang Januar 1943 der Erfolg für die Rote Armee in der Schlacht bei Stalingrad abzeichnet, schickt Stalin seinen General Schukow nach Leningrad. Dort soll endlich der deutsche Blockadering gesprengt werden. Georgij Konstantinowitsch enttäuscht Stalin auch diese Mal nicht, am 18. Januar befreit sich Leningrad aus der Umzingelung, als eine Verbindung in die eingeschlossene Stadt über den zugefrorenen Ladoga-See gelingt. Schukow wird zum Marschall der Sowjetunion ernannt.

In den folgenden Monaten ist Schukow ständig unterwegs, besucht die einzelnen Frontabschnitte, um die Stawka und Stalin über die Vorgänge dort auf dem Laufenden zu halten. Nach der gewonnenen Panzerschlacht von Kursk, in der die Deutschen endgültig ihre Offensivkraft einbüßen, geht es von nun an nur noch westwärts, mit dem Ziel Berlin.

Im November 1943 wird die Ukraine, ein gutes halbes Jahr später Weißrussland befreit. Für seine militärischen Erfolge, die einzeln aufzuzählen nun kaum mehr möglich ist, erhält Marschall Georgij Konstantinowitsch Schukow am 10. April 1944 den Siegesorden Nr. 1, die höchste militärische Auszeichnung der Sowjetunion. Später werden auch Montgomery und Eisenhower damit ausgezeichnet.

Am 3. November 1944 geht der Oberbefehl über alle Fronten an die Stawka über, Marschall Schukow wird Kommandeur der 1. Weißrussischen Front, womit er an die Stelle von Konstantin Konstantinowitsch Rokossowskij tritt. Darüber ist dieser schwer gekränkt, er glaubt, Schukow selbst habe sich im Gerangel um die beste Ausgangsposition beim Wettlauf auf Berlin auf diesen Posten gedrängt.

Am 12. Januar 1945 erfolgt der Großangriff auf das deutsche Reichsgebiet, und bereits Anfang Februar 1945 steht Marschall Schukows 1. Weißrussische Armee an der Oder, wobei die 5. Stoßarmee einen Brückenkopf am Westufer erobert hat. Da Schukow über keinerlei

Sowjetische Infanterie beim Überqueren der Oder, April 1945

Luftunterstützung verfügt – seine Flugzeuge können wegen des schlechten Wetters nicht starten –, ordnet Schukow seinen Truppen an, sich einzugraben, nachts kurze, überschaubare Einsätze zu starten und tagsüber die Angriffe des Feindes zurückzuschlagen.

Anfang März erobern Schukows Truppen Pommern. Sie stehen an der Ostsee, als Marschall Schukow zu Stalin zitiert wird. Er ist erschöpft und gesundheitlich stark angeschlagen, deshalb besucht Schukow ihn auf seiner Datscha. Auf einem gemeinsamen Spaziergang sprechen sie unter anderem über Stalins Sohn Jakow, der schon 1941 in deutsche Gefangenschaft geraten war. Stalin vermeidet jedoch über dessen Tod zu sprechen, stattdessen verabschiedet er sich plötzlich von Schukow mit den Worten: »Fahren Sie zum Generalstab, und sehen Sie sich die Pläne für die Berliner Operation an. Morgen um 13 Uhr sehen wir uns hier wieder.«

Am nächsten Tag erläutern Schukow und der Generalstabschef A. I. Antonow Stalin und dem Staatskomitee für Verteidigung diese Pläne. Stalin ist einverstanden. Schukow reist zurück an die Front in Ostpommern und an der Oder, wo sich die deutschen Truppen verzweifelt gegen die sowjetische Übermacht zur Wehr setzen.

Etwa zur gleichen Zeit, Ende März 1945, hören die Sowjets von dem Plan der Westalliierten, entgegen früherer Abmachungen Berlin als Erste einzunehmen.

Am 29. März 1945 – die Festung Küstrin ist gerade gefallen – ruft die Stawka Marschall Georgij Konstantinowitsch Schukow von der Oder-Front nach Moskau. Schukows Flugzeug muss wegen schlechten Wetters in Minsk landen, so dass er mit dem Zug nach Moskau weiterfahren muss. Sofort nach seiner Ankunft am 30. März berichtet Georgij Konstantinowitsch Stalin im Kreml von der Lage der 1. Weißrussischen Front und informiert darüber, dass er in spätestens zwei Wochen den Angriff auf Berlin führen kann.

Zwei Tage später legen Antonow, Schukow und Konjew in der Stawka ihre Pläne für den Angriff auf die Hauptstadt Deutschlands vor. Die Stawka entscheidet: Schukows 1. Weißrussische Front soll den Angriff auf Berlin am 16. April 1945 beginnen. Der Operationsplan wird in eine Karte eingezeichnet, in der Stalin die Nahtlinien zwischen Schukows und Konjews Fronten streicht. Damit provoziert er den Wettlauf der beiden Heerführer auf die deutsche Hauptstadt. Dort tönt Hitler am 14. April noch einmal großspurig »Berlin bleibt deutsch!«, obwohl längst bekannt ist, welch umfangreiche Angriffsvorbereitungen die Russen an der Oder treffen.

Schukow in seinem Befehlsstand vor dem Angriff auf Berlin, April 1945

Wie geplant, beginnt bei den Seelower Höhen am 16. April um 5 Uhr morgens das sowjetische Artilleriefeuer. Eine halbe Stunde lang erfolgt keine Gegenwehr von deutscher Seite. Um dem Trommelfeuer zu entgehen, war die vorderste Stellung planmäßig geräumt worden. Dann schalten die Sowjets 142 im Abstand von 200 Metern aufgebaute Scheinwerfer an (diese Scheinwerfer wurden von weiblichen Soldaten bedient). In Stalingrad hatte Schukow diese starken Scheinwerfer mit Erfolg eingesetzt. Doch diesmal sitzen die Deutschen in ihren gut ausgebauten Stellungen und wehren die russischen Angriffe ab.

Schukow wirft daraufhin noch mehr Menschenmassen in den Kampf um die Anhöhen, jedoch ohne Erfolg. Später schreibt er dazu kritisch: »Wir haben das schwierige Gelände bei den Seelower Höhen, auf denen sich dem Gegner die Möglichkeit bot, eine kaum einzunehmende Verteidigungslinie aufzubauen (…), unterschätzt. (…) Die Schuld für diese unzureichende Vorbereitung muss vor allem ich auf mich nehmen.«

Gegen Mittag sieht Schukow ein, dass die Seelower Höhen nicht so einfach zu nehmen sind. Er setzt noch mehr Panzer und Soldaten ein. Als Stalin um 14 Uhr anruft, ist dieser ungehalten über den langsamen Fortgang der Operation. Erst am Morgen des 18. April gelingt es Schukow, unter fürchterlichen Verlusten die Seelower Höhen zu nehmen. Nun ist der Weg nach Berlin frei.

Der Wettlauf um die Einnahme der deutschen Reichshauptstadt zwischen Schukow und Konjew treibt beide Militärführer dazu, an

Am 3. Mai besichtigt Schukow das besiegte Berlin; auf der Treppe des zerstörten Reichstags

ihre Soldaten Forderungen zu stellen, die kaum zu bewältigen sind. Konjews Truppen treffen auf weniger heftigen deutschen Widerstand, kein Wunder also, dass dieser im Wettlauf erst einmal die Nase vorn hat: Am 22. April um 22 Uhr erhält Stalin die Nachricht, dass Konjews 3. Panzergardearmee in die südlichen Stadtteile Berlins eingedrungen ist und um den Teltowkanal kämpft. Doch Schukow gibt sich noch nicht geschlagen. Und als Konjews Truppen beim Übergang über die Spree im Bereich des Tiergartens sogar seine eigenen – Schukows – Truppen beschießen, da nicht klar ist, wo sich die einzelnen Verbände befinden, wendet er sich an die Stawka mit der Bitte, endlich den Operationsbereich der beiden Fronten genau festzulegen oder aber den Truppen der 1. Weißrussischen Front zu erlauben, die Positionen der 1. Ukrainischen Front Konjews zu besetzen.

Die Stawka schickt daraufhin Konjew und Schukow genauere Anordnungen für den weiteren Kampf um Berlin. Jetzt ist klar, Schukow wird die Ehre zufallen, die deutsche Hauptstadt einzunehmen.

Dann geht es Schlag auf Schlag: Am 23. April wird Karlshorst eingenommen, bereits am 24. April stehen die Russen im Stadtzentrum. General Bersarin wird zum Kommandanten und Leiter der sowjetischen Garnison in Berlin ernannt. Knapp eine Woche später weht die Rote Fahne über dem Reichstag.

Erst am 1. Mai wird Marschall Schukow über Funk vom Tod Hitlers unterrichtet. Aber wo ist seine Leiche? Man findet einige Doppel-

Nikolaj E. Bersarin, erster Stadtkommandant von Berlin beim Verlassen der Kommandantur in Lichtenberg, Mai 1945

gänger des Führers, welchen Weg seine Leiche nahm, ist bis heute nicht geklärt.

In seiner offiziellen Bekanntgabe am 2. Mai 1945 entscheidet Stalin den Wettlauf seiner Feldherrn um Berlin: »Die Truppen der 1. Weißrussischen Front haben mit Unterstützung der 1. Ukrainischen Front die Berliner Gruppe der deutschen Truppen zerschlagen und haben die Hauptstadt Deutschlands, die Stadt Berlin, das Zentrum des deutschen Imperialismus und (…) der deutschen Aggression in ihrer Hand.«

Der Sieger von Berlin heißt Marschall Georgij Konstantinowitsch Schukow.

Am 3. Mai besichtigt Schukow das zerstörte Berlin und den Reichstag, begleitet von Arthur Pieck, dem Sohn des deutschen Kommunisten Wilhelm Pieck – dieser wird später der erste Präsident der DDR. Lidija Ruslanowa, die an allen sowjetischen Fronten vor den Soldaten aufgetreten ist, singt am Reichstag. Moskau ist im Siegestaumel. Auf dem Manege-Platz mischen sich auch Schukows Frau und Töchter unter die Moskowiter, nachdem sie der Vater angerufen und zum Sieg beglückwünscht hat. Erst Ende Mai werden sich die vier wiedersehen.

Am 7. Mai teilt Stalin seinem siegreichen Marschall mit, die Deutschen hätten in Reims die Kapitulation unterzeichnet. »Die größte Last des Krieges aber«, erklärt er, »hat das sowjetische Volk auf seinen Schultern getragen, und nicht etwa die West-Alliierten. Deshalb muss die

Unterzeichnung der bedingungslosen Kapitulation durch die Vertreter des Oberkommandos der Wehrmacht unter Generalfeldmarschall Wilhelm Keitel (an der Stirnseite des Tisches) in Berlin-Karlshorst am 8. Mai 1945

Kapitulation vor den Oberkommandierenden aller Staaten der Anti-Hitlerkoalition unterzeichnet werden, und nicht nur vor den Oberkommandierenden der alliierten Truppen.« Das Dokument von Reims habe nur vorläufigen Charakter, die bedingungslose Kapitulation werde in Berlin unterschrieben. Marschall Georgij Konstantinowitsch Schukow sei der Vertreter der sowjetischen Seite.

Die Unterzeichnung der Kapitulationsurkunde findet in der Nacht vom 8. auf den 9. Mai 1945 statt, anschließend lädt die sowjetische Delegation zu einem großen Sieges-Bankett ein.

Erst am 19. Mai fliegt Schukow nach Moskau. Am Abend trifft er Stalin, der überraschend den Vorschlag macht, im Juni eine große Siegesparade abzuhalten, die selbst abzunehmen, er sich nicht nehmen lassen will.

Anfang Juni ist Schukow wieder in Berlin, wo er mit Montgomery und Eisenhower zusammentrifft. Schukow versteht sich gut mit Eisenhower, der seinerseits Schukow hoch schätzt. Montgomery ist ihm hingegen weniger sympathisch, eine Abneigung, die auf Gegenseitigkeit beruht.

Am 18./19. Juni 45 ruft Stalin Marschall Schukow zu sich auf die Datscha. »Können Sie noch reiten?«, fragt er den alten Kavalleristen.

»Dann sollten Sie die Siegesparade abnehmen.« Stalin, ein ungeübter Reiter, ist bei den Vorbereitungen auf diesen großen Tag vom Pferd gefallen und muss die Ehre dem sattelfesten Georgij Konstantinowitsch Schukow überlassen.

Am 24. Juni um 10 Uhr morgens schlagen am Kreml die Glocken des Spasskij-Turms, und Georgij der Siegreiche, Marschall der Sowjetunion, galoppiert auf einem Schimmel auf den Roten Platz. Bei strömendem Regen meldet ihm Marschall Konstantin Konstantinowitsch Rokossowskij, dass die Ehrenformation angetreten ist.

Nach der Siegesparade in Moskau lädt Marschall Schukow zu einem Bankett auf seine Datscha. Unter den Anwesenden ist auch Lidija Ruslanowa. Sie trägt ihre Lieder vor und bringt schließlich einen Toast auf Schukow, auf »Georgij den Siegreichen« aus. Und dann wendet sie sich an den Marschall und seine Frau, Alexandra Dijewna: »Wer hat all Ihre Hosen und Fußlappen gewaschen, sich um Ihre Gesundheit gekümmert? Die Regierung hat keinen Orden für die Frontfrauen, ich aber zeichne die beste Ehefrau aus.« Mit diesen Worten löst sie eine große sternförmige Brillantbrosche von ihrem Kleid und gibt sie Frau Schukowa.

Anschließend kehrt Schukow nach Berlin zurück, ohne zu ahnen, dass man in der Lubjanka bereits damit begonnen hat, Material für die Akte »Marschall Schukow« zu sammeln.

Am 5. Juni 1945 unterzeichnen die Oberbefehlshaber der alliierten Streitkräfte in Deutschland die »Berliner Deklaration« und übernehmen damit die Hoheitsgewalt über Deutschland; Montgomery, Eisenhower, Schukow, Jean de Lattre de Tassigny (v.l.)

Während der Potsdamer Konferenz im Juli/August 1945 bewohnt Schukow mit seiner Familie die ehemalige Villa Ludendorffs in Babelsberg bei Berlin; hier im Gespräch mit sowjetischen Militärs

Auf Stalins Anweisung bezieht Familie Schukow ein herrschaftliches Haus – die ehemalige Villa Ludendorffs – in Babelsberg bei Berlin, denn Schukow wird in den kommenden Monaten einige internationale Empfänge geben. Schukow bereitet die Potsdamer Konferenz vor, zu der Stalin mit seinem Sonderzug aus Moskau anreist. Nach der Konferenz findet ein großer Empfang statt, den die kleine Ella Schukowa aus der Ferne beobachtet: »Ich war noch zu klein, als dass ich hätte bei einem Bankett dabei sein dürfen«, erinnert sie sich, »aber ich hatte mir einen guten Platz ausgesucht, von dem aus ich das Ganze beobachten konnte. Und da habe ich sie dann alle gesehen, Eisenhower und Montgomery und die Ruslanowa mit ihrem Mann.«

Der große Volksheld oder Volksfeind

Marschall Georgij Konstantinowitsch Schukow auf dem galoppierenden Schimmel, die Siegesparade auf dem Roten Platz abnehmend – ein Bild, das als Symbol für den im Großen Vaterländischen Krieg erfolgreichen Heerführer tausendfach im Film, als Foto und Ölgemälde um die Welt geht. Seine Paradeuniform musste mit einer Metallplatte verstärkt werden, um das Gewicht all seiner Ehrenzeichen zu tragen. Es schmückten ihn drei Sterne als Held der Sowjetunion, sechs Leninorden, zwei Siegesorden, der Orden der Oktoberrevolution, drei Rotbanner-Orden, zwei Suworow-Orden 1. Klasse und zahlreiche ausländische Ehrenzeichen.

Alexandra Dijewna, Schukows Frau, und die beiden Töchter Era und Ella stehen auf der Ehrentribüne links neben dem Lenin-Mausoleum. Ella ist gerade einmal acht Jahre alt: »Die Leute schenkten dem grauen Himmel und eiskalten Regen keine Aufmerksamkeit, ihre Gesichter strahlten förmlich. Wir waren schon sehr früh auf die Tribüne gekommen und warteten voller Aufregung auf den Beginn der Parade. (…) Ich war so stolz und sagte ganz leise – damit mich niemand hören konnte – ›Das ist ja mein Vati, mein Vati! Und wie schön er aussieht!‹. Etwas Ähnliches habe ich in meinem späteren Leben nicht mehr erlebt.«

Gemeinsam mit Marschall Rokossowskij nimmt Schukow zu Pferde die Ehrenformation ab. Anschließend begibt er sich auf die Tribüne des Lenin-Mausoleums, um eine Rede zu halten. Er beendet

Siegesparade am 24. Juni in Moskau; Georgij der Siegreiche galoppiert auf einem Schimmel über den Roten Platz

sie mit den Worten: »Ewiger Ruhm den Helden, die im Kampf um unsere sowjetische Heimat gefallen sind. Ein Hoch auf unseren Sieg! Ruhm den siegreichen Soldaten, die Ehre, Freiheit und Unabhängigkeit unserer Heimat verteidigt haben! Ruhm dem großen Sowjet-Volk – dem Sieger-Volk! Ruhm dem Schöpfer und Organisator unseres Sieges – der großen Partei Lenins und Stalins! Ruhm unserem weisen Führer und Heerführer, dem Marschall der Sowjetunion, dem Großen Stalin! Hurra!«

Niemand weiß, welche Gedanken Stalin während der Zeremonie durch den Kopf gingen. Sicherlich hat er Neid empfunden, denn trotz aller schönen Worte Schukows wird für alle Zuschauer der Parade sichtbar, dass nicht der Oberbefehlshaber Stalin die Rote Armee zum Sieg über Hitler-Deuschland geführt hat, sondern Schukow, der Marschall auf dem stolzen Schimmel. Kein Wunder also, wenn sich Stalin durch diesen Auftritt Schukows einmal mehr zurückgesetzt fühlt, verletzt ist in seinem Stolz. Kein Wunder auch, dass er beschließt, den allzu beliebten und erfolgreichen Marschall, auf den er im Großen Vaterländischen Krieg nicht hat verzichten können, in seine Schranken zu weisen.

Es ist ein schwieriges Verhältnis, das die beiden Männer verbindet. Sie achten einander, Stalin den talentierten Heerführer und Schukow Stalin als seinen – einzigen – militärischen Vorgesetzten. Schließlich war Georgij Konstantinowitsch der erste und einzige Stellvertreter Iosif Wissarionowitsch Stalins, des Oberkommandierenden aller Truppen der Roten Armee. Neben Schaposchnikow, Wassilijewskij und Antonow gehörte er sicherlich zu den vier Militärs, die den größten Einfluss auf Stalin ausübten. Von ihnen lernte dieser im Großen Vaterländischen Krieg das Abc der Strategie und Kriegskunst.

Stalin und Schukow verband nie, was man eine Männerfreundschaft nennt. Vielleicht waren sie sich zu ähnlich in ihrem Ehrgeiz, dem Streben nach Macht, der Unnachgiebigkeit Untergebenen gegenüber. Jahre später bedauert es Schukow, dass er »keine persönliche Beziehung zu Stalin« hat aufbauen können. »Aber er schätzte meinen Krieger-Kopf, und ich schätzte seinen staatsmännischen Verstand. Stalin hat mich versetzt, auch auf niedrigere Posten, aber er hat mich nicht erniedrigt. Es hätte mal jemand versuchen sollen, mich in seiner Anwesenheit zu verletzen, Stalin hätte ihm den Kopf abgerissen!«

Welche Rolle Stalin während des Krieges tatsächlich spielte, welche Entscheidungen er alleine traf und sich dabei über seine militärischen Berater hinwegsetzte, insbesondere welche Niederlagen auf sein Konto gingen, lässt sich nicht mehr eindeutig belegen, denn die meis-

Stalin und Schukow während der Siegesparade auf der Tribüne neben dem Lenin-Mausoleum am Roten Platz

ten Dokumente, die darüber Auskunft geben könnten, sind während der Ära Chruschtschow vernichtet worden.

Es gibt keinen Befehl, keine Anordnung Stalins, Schukow aus dem Weg zu räumen. Derer bedurfte es auch nicht. Die leitenden Mitarbeiter der Staatssicherheit erkennen bereits aus kleinen Andeutungen und Bemerkungen die geheime Absicht ihres Obersten Heerführers, Schukow auszuschalten. Sie nehmen Georgij Konstantinowitsch genauer ins Visier, aber noch traut sich niemand abzudrücken. Wie hätte man auch im Jahre 1945 erklären können, dass der Sieger von Berlin in Wahrheit ein Volksfeind ist, dass er gar beseitigt werden muss?

Belastendes Material gegen Schukow wird bereits gesammelt, als dieser sich noch geschickt auf internationalem Parkett bewegt. Er vertritt die Sowjetunion nicht nur in Karlshorst bei der Unterzeichnung der bedingungslosen Kapitulation, er ist auch bei der Potsdamer Konferenz dabei, wird Mitglied des Alliierten Kontrollrates. Eisenhower und Montgomery verleihen ihm die verschiedensten Orden und erhalten selber aus seiner Hand die höchsten »Sieges«-Orden der Sowjetunion.

Marschall Schukow in seiner Paradeuniform am Schreibtisch seiner Babelsberger Villa, Juli/August 1945

Schukow genießt internationales Ansehen, und doch ist er abhängig von den Entscheidungen des Politbüros und Stalins selbst: Als er in der zweiten Augusthälfte 1945 von der US-Regierung nach Amerika eingeladen wird, muss er absagen. »Aus gesundheitlichen Gründen«, heißt es offiziell. Doch seine Krankheit ist rein diplomatischer Natur. Der Stern des Marschalls beginnt zu sinken.

Schukow hält sich in den folgenden Monaten in seiner Funktion als Oberkommandierender sowohl der sowjetischen Militäradministration als auch der sowjetischen Besatzungstruppen vor allem in Deutschland auf. Gleichzeitig ist er Mitglied des Alliierten Kontrollrates. Unter seiner Regie werden Verwaltung, Infrastruktur, öffentliches Leben und die Versorgung der Bevölkerung mit dem Notwendigsten organisiert. Gleichzeitig werden im Rahmen der Reparationsleistungen Fabriken demontiert und zusammen mit technischem Gerät in die Sowjetunion geschafft. Auch die »Operation Beutekunst«, der Abtransport wertvoller Kunstgüter aus deutschen Museen und Privatsammlungen ist in vollem Gange. Und Marschall Schukow beschleunigt manches Mal solche Vorgänge.

Ende 1945 nennt Stalin Schukow auf einer Veranstaltung im Kreml einen »Marodeur«, der »Lebende und Tote bestiehlt, um sich alle ihre Siege zuzuschreiben«. Noch im Dezember 1945 kommt es zur ersten Konfrontation zwischen dem Volkskommissariat für Verteidigung und Schukow, als der Stellvertreter Berijas, General Abakumow, nach Berlin kommt. Bald wird bekannt, dass Abakumow Generäle und Offiziere verhaften lässt. Ein Vorgang, gegen den Schukow scharf protestiert: Er lässt Abakumow zu sich kommen und befiehlt ihm, die Festgenommenen unverzüglich freizulassen und selbst schnellstens nach Moskau zurückzufliegen.

Wenig später wird Abakumow Minister für Staatssicherheit. Von da an versucht er mehrfach, sich an Schukow zu rächen. So lässt er Dutzende von Schukows Kampfgenossen, darunter Generäle und Admirale, verhaften und von seinen Mitarbeitern so lange »bearbeiten«, bis die meisten von ihnen unter der Folter Marschall Schukow belasten.

Mitte März 1946 ruft Stalin Schukow aus Berlin nach Moskau zurück. Er entfernt ihn von seinem Posten als Oberbefehlshaber der sowjetischen Besatzungstruppen und Obersten Leiter der Administration der sowjetisch besetzten Zone Deutschlands und macht ihn für kurze Zeit zum Oberbefehlshaber der Landtruppen und stellvertretenden Verteidigungsminister. Am Abend des 31. Mai kommen drei junge Männer zu ihm auf die Datscha, um eine Hausdurchsuchung durchzuführen. Doch sie haben keinen Durchsuchungsbefehl bei sich, und Schukow wirft die drei unter Androhung von Waffengewalt hinaus. Ella Schukowa erinnert sich: »Wir hatten bereits gehört, dass viele Leute, die Vater kannten, verhaftet worden waren. Niemand hat mit mir, einem damals neunjährigen Kind, darüber gesprochen. Die Erwachsenen sprachen über die Verhaftungen, und ich hörte zu. Natürlich hatte ich auch Angst, dass man meinen Vater verhaften würde. Aber er

Stalin mit der militärischen Elite der Sowjetunion, links neben ihm Schukow, 1946

strahlte immer eine große Ruhe und Zuversicht aus, so als könne ihm nichts geschehen.«

Tags darauf im Kreml beginnt auf Stalins Anordnung die Sitzung mit dem Verlesen der Aussagen, die von Marschall Nowikow (er wurde am 22. April 1946 verhaftet) in den Verliesen der Lubjanka erzwungen wurden: Angeblich habe sich Schukow alle Verdienste am Sieg im Großen Vaterländischen Krieg selbst zugeschrieben, die Rolle Stalins geschmälert, gar einen Militärputsch gegen ihn vorbereitet. Als man Schukow des Bonapartismus bezichtigt, ereifert er sich: »Napoleon? Napoleon hat den Krieg verloren, ich aber habe ihn gewonnen!« Zu diesem Zeitpunkt sind bereits 74 Personen aus dem Umkreis Schukows verhaftet, er selbst könnte Nummer 75 sein. Eine neue »Säuberungswelle« schwappt über die Sowjetunion. Das belegt ein Schreiben von S. Kruglow, damals Innenminister der UdSSR, vom 7. März 1948 an Stalin. Darin berichtet er kurz über die Situation in den Arbeitslagern im Jahr 1947: »Am 1. Januar 1948 befanden sich 2 199 535 in den Lagern. 27 neue Lager wurden eingerichtet ...« Am 23. Januar 1950 nennt er neue Zahlen: »2 500 275 Gefangene, 1,8 m² Platz für jeden. Zwei neue Lager mit besonders strengen Haftbedingungen sind eingerichtet worden für »Spione, Terroristen, Trotzkisten, Rechte, Menschewiken, Sozialrevolutionäre, Anarchisten ...«

Die im Saal Anwesenden kennen solche Fakten. Und sie erinnern sich genau an die Säuberungen der Jahre 1937 und 1938. Marschall Rokossowskij zum Beispiel, der sich mehr als drei Jahre in den Händen von Stalins Schergen befand. Und auch Marschall Konjew, Schukows Rivale im Wettlauf um Berlin. Er wäre im Oktober 1941 erschossen worden, hätte sich Schukow damals nicht für ihn eingesetzt. Konjew ergreift jetzt als Erster das Wort, spricht vom Einsatz Schukows für sein Heimatland Russland, die Partei und Stalin. Danach sprechen Wassiljewskij, Rokossowskij und andere. Alle sind sich einig: Sie schenken Stalins Worten und seinen so genannten Beweisen keinen Glauben. Sie haben die Armee hinter sich und wissen, wenn sie einen der ihren opfern, können auch sie selbst bald gefährdet sein. Gegen die Armee kann Stalin den – auch im Westen – populären Marschall Schukow nicht beseitigen.

So verliert Schukow Anfang Juni 1946 seine Posten als stellvertretender Verteidigungsminister und Oberkommandierender der Landtruppen – und wird in eine ehrenhafte Verbannung geschickt: Marschall Georgij Konstantinowitsch Schukow wird Kommandeur des völlig unbedeutenden Wehrkreises von Odessa.

Andere Quellen behaupten allerdings, Schukow habe selbst um seine Entlassung aus diesen Ämtern gebeten, nachdem er noch einmal von seinen alten Waffenbrüdern verteidigt wurde, aber die grundsätzliche Ablehnung der Generäle und Marschälle spürte. Vielleicht fühlte er sich auch ertappt, denn ein kleines Fünkchen Wahrheit lag in den Vorwürfen Stalins: Schukow hielt sich für den wahren Sieger im Großen Vaterländischen Krieg. Stalin kam für ihn erst an zweiter Stelle.

Es gibt also keinen politischen Prozess gegen Marschall Schukow. Doch Stalin lässt anderes belastendes Material sammeln: Bereits am 23. August 1946 legt ihm Bulganin ein Dokument vor, in dem von sieben Waggons voller Beutegut aus Deutschland die Rede ist, das angeblich dem Marschall gehörte. Und der ehemalige Adjutant Schukows, Semotschkin, fügt – nach entsprechender Bearbeitung in der Lubjanka – hinzu, Schukow habe einen »Koffer voller Kostbarkeiten«. Ella Schukowa erinnert sich: »Während unserer Abwesenheit gab es wieder Hausdurchsuchungen, erst in unserer Moskauer Wohnung, dann auf unserer Datscha in Rubljowo bei Moskau. Die Leute nahmen damals die Brillantbrosche der Ruslanowa mit. Angeblich sei das Beutegut aus Deutschland, dabei war es eine alte russische Arbeit. Außerdem Vaters ›Leica‹, Fotoalben, Notizbücher. Und – meine große Lieblingspuppe.« Schukow wird verdächtigt, sich in Deutschland persönlich bereichert zu haben. Von Kriegstrophäen ist die Rede, von Kisten mit Goldschmuck, unzähligen Gemälden, Gobelins, Möbelstücken, Teppichen.

Am 10. Januar 1948 erreicht Stalin ein Schreiben seines Ministers für Staatssicherheit W. S. Abakumow, in dem er von einer verdeckten Durchsuchung der Moskauer Wohnung Schukows berichtet. Auf Grundlage dieses Schreibens und der Aussagen seines ehemaligen Adjutanten Semotschkin wird Schukow noch am selben Tag ins Zentralkomitee gerufen und aufgefordert, den »Brillanten-Koffer« herauszugeben.

Den gibt es zwar nicht, aber manch andere Kostbarkeit: z. B. eine wertvolle Gemäldesammlung. Allerdings irrt der Schukow-Kritiker Sokolow, wenn er schreibt: »Schukows Sammlung bestand hauptsächlich aus Ölgemälden westeuropäischer Meister, erbeutet in deutschen Museen und Schlössern. Wie der ehemalige Stasi-Offizier H. Seufert, bezeugt, nahm Schukow aus der Weimarer Holzdorf-Sammlung mehr als zwei Dutzend Gemälde und andere Kunstgegenstände mit.« Die Bilder dieser Sammlung – unter anderem Werke von Cézanne, Delacroix, Picasso, Manet, Gauguin, van Gogh und Toulouse-Lautrec – gehen auf das Konto eines anderen hohen Militärs, das des ehemaligen

Entwurf für den Palast der Sowjetunion von Boris Iofan, im Gebäudekomplex war ein Museum für Welt-Kunst geplant, wo Kunstwerke aus den Sammlungen der Kriegsgegner gezeigt werden sollten. Der Bau wurde nie verwirklicht, heute steht an seiner Stelle die wieder errichtete Erlöser-Kathedrale

Mitstreiters von Schukow und späteren Marschalls der Sowjetunion, Tschuikow. Sie tauchen zufällig im Jahre 1991 wieder auf, als die ukrainischen Kunsthistoriker Akinscha und Koslow in der amerikanischen Kunstzeitschrift »artnews« eine Liste mit Werken veröffentlichen, die in den Beutekunstdepots der Petersburger Eremitage aufbewahrt werden.

Aus den Akten Marschall Schukows wissen wir nur, dass er »60 Gemälde in vergoldeten Rahmen, teilweise Gemälde von musealem Wert« mitgenommen hat, neben unzähligen anderen Kunst- und Gebrauchsgegenständen. »Sie füllten einige Eisenbahnwaggons« und sollten zur Ausstattung seiner Moskauer Wohnung und seiner Datscha dienen. Um welche Bilder es sich handelt, ist noch unbekannt.

Bei den Verhören werden Schukows Kampfgenossen, seine Marschälle und Generäle grob beschimpft und verprügelt, man droht, sie oder ihre Familienangehörigen zu töten. Und so kommen Aussagen zustande, in denen Schukow beschuldigt wird, in überheblichem Ton über Stalin gesprochen, sogar einige Maßnahmen des Oberbefehlshabers kritisiert zu haben. In einigen ist auch von der »Planung einer militärischen Verschwörung durch Schukow« die Rede. Doch Stalin stimmte gegenüber Berija einer Verhaftung Marschall Schukows ein zweites Mal nicht zu.

Am 12. Januar 1948 muss sich Georgij Schukow zu dem Vowurf der Plünderei schriftlich erklären. Er verwahrt sich gegen die Aussagen seines ehemaligen Adjutanten Semotschkin, die dieser nach seiner Verhaftung gemacht hat, anschließend listet er akribisch auf, was wem gehört, wo was und wie von ihm, Marschall Georgij Konstantinowitsch Schukow, in Deutschland gekauft wurde. Schukow beendet das Schreiben mit den Worten: »Ich habe immer ehrlich und gewissenhaft alle Anordnungen vom Genossen Stalin erfüllt. Ich schwöre als Bolschewik, zukünftig solche Fehler und Dummheiten nicht mehr zu begehen. Ich bin überzeugt, dass ich der Heimat, dem großen Führer Genossen Stalin und der Partei noch von Nutzen sein werde.«

Und Schukow muss noch eine weitere Kränkung hinnehmen: Inspekteure des Moskauer Verteidigungsministeriums bezeichnen die beste Division in Schukows Wehrkreis Odessa als in militärisch schlechtem Zustand.

Schukow erleidet einen Herzinfarkt. Später schreibt er in seinen Memoiren: »Stalin rief mich in sein Arbeitszimmer und forderte mich auf, ihm gegenüber Platz zu nehmen und eine dicke Akte mit Dokumenten durchzulesen. (…) Dann fragte er mich: ›Was sagen Sie dazu, Towarischtsch Schukow?‹ Und ich antwortete: ›Hier ist manches wahr, halb wahr, doch alles in allem ist das eine Lüge.‹ Danach sagte Stalin: ›Ich glaube Ihnen, Towarischtsch Schukow. Und jetzt machen Sie sich auf, zu Ihrem neuen Dienstort.‹«

Nach seiner Genesung wird Schukow im Februar 1948 abermals von Stalin verbannt. Noch weiter weg von Moskau, in den Wehrkreis Ural um Swerdlowsk, heute Jekaterinburg – tiefste russische Provinz. Auch diese Versetzung akzeptiert der Marschall als einen Parteibefehl. Er stürzt sich in die Arbeit: die Modernisierung der Truppen.

Stalin hat Schukow, mit dem er um die Gunst des Volkes buhlt, kaltgestellt. Doch damit nicht genug: Belastendes Material gegen Schukow wird auch weiterhin gesammelt. Unter anderem in den Ende 1948 stattfindenden Prozessen gegen General Krjukow und seine Frau, die Sängerin Lidija Ruslanowa. Auch ihnen wirft man vor, sich in Deutschland bereichert, vor allem aber Schukow verherrlicht zu haben. General Krjukow hatte vier Automobile aus Deutschland und auch noch einiges andere von Wert mitgebracht, Lidija Ruslanowa mehr als 100 Gemälde – Bilder von russischen Malern, die die Deutschen zuvor in Russland und der Ukraine erbeutet hatten. General Krjukow wurde zu fünfundzwanzig, seine Frau zu acht Jahren Straflager in Sibirien verurteilt. Nicht etwa wegen dieses Beutegutes, sondern weil die Ruslanowa den Namen »Georgij der Siegreiche« geprägt hatte. Damals, auf dem Bankett auf Schukows Datscha, nach der Siegesparade.

Mit General Krjukow und selbst mit der so beliebten Sängerin kann Iossif Wissarionowitsch Stalin hart abrechnen, ohne ernsthaften Protest aus dem Volk befürchten zu müssen. Marschall Schukow aber, der erste Soldat des Landes, wird von Millionen von Frontkämpfern verherrlicht, die den Sieg über die Deutschen errungen haben. Er bleibt für Stalin unantastbar. Vielleicht wittert der »Große Führer« aber auch nur die Gefahr, selbst gestürzt zu werden, wenn er Schukow beseitigt.

Zurück ins Zentrum der Macht
Erst nach Stalins Tod kommt Georgij Konstantinowitsch Schukow noch einmal zu militärischen und politischen Ehren. Bereits am 5. März 1953 – an Stalins offiziellem Todestag – wird er Stellvertretender Verteidigungsminister der Sowjetunion, noch bevor zwei Tage später die Ankündigung umfangreicher Änderungen in Partei und Regierung erfolgt. So wird das Marineministerium abgeschafft, es geht in einem neuen Verteidigungsministerium auf, an dessen Spitze N. A. Bulganin steht. Das Ministerium für Innere Angelegenheiten (MWD) und das Ministerium für Staatssicherheit (MGB) werden in einem Apparat, dem Ministerium für Innere Angelegenheiten vereint. Chef dieser überaus mächtigen Institution ist Berija, dem auch der Geheimdienst innerhalb der Armee untersteht.

Eine Woche lang kann sich Malenkow als Nachfolger Stalins fühlen, hat er doch beide Positionen inne – die des Parteisekretärs des Zentralkomitees und Vorsitzenden des Ministerrates. Dann übernimmt Nikita Sergejewitsch Chruschtschow den Posten als Sekretär des Zentralkomitees. Eine doppelte Führungsspitze ist entstanden.

Sieben Jahre nach seiner Entmachtung durch Stalin gehört Schukow nun wieder zu denen, die die Schalthebel der Macht bewegen. Bereits drei Monate nach Stalins Tod setzt er sich für die Freilassung seiner alten Freunde und Kampfgefährten aus den stalinistischen Lagern in Sibirien ein. Für General Krjukow und Lidija Ruslanowa zum Beispiel, die ja insbesondere seinetwegen für lange Jahre in die Verbannung geschickt wurden. In einem Brief an den Sekretär des Zentralkomitees der KPdSU, an Chruschtschow, schrieb er über seinen Freund: »Ich kenne W. W. Krjukow seit 1931 als einen äußerst gewissenhaften Kommandeur, der sich in den Kämpfen gegen die Hitler-Besatzer immer tapfer und mutig gezeigt hat.« Er bittet, das Gnadengesuch Krjukows zu befürworten, obwohl Wladimir Wladimirowitsch Krjukow gegen

Nikita S. Chruschtschow wird im September 1953 Erster Sekretär des Zentralkomitees der Partei

ihn, Schukow, ausgesagt hatte: »Man bezichtigte mich der Teilnahme an einem Militärputsch, an dessen Spitze Marschall Schukow stehe«, berichtete Krjukow, »zerschlagen, ausgehungert, erniedrigt, hielt ich der Folter nicht stand und unterschrieb. Bis heute kann ich mir dies nicht verzeihen. Aber ich habe die Hoffnung, dass einmal die Zeit kommen wird, wo ich die Wahrheit sagen kann, sagen kann, warum ich unterschrieben habe.«

Marschall Schukow wird ins Politbüro gewählt und versucht geschickt, seine politische Position zu festigen, indem er die aus der Verbannung heimgekehrten Generäle und Marschälle mit Schlüsselpositionen betraut. Er weiß, sie sind ihm zu Dank verpflichtet. Niemand kann ihn dabei bremsen, nicht einmal die Staatssicherheit. Schtemenko macht er zum Chef der GRU, der Militärischen Spionageabteilung, und gibt ihm seinen Generalsrang zurück. So wurde die GRU eine Organisation, die einzig und allein von der Armee abhing.

Am 17. Juni 1953 kommt es zum Volksaufstand in der DDR. Berija fliegt nach Berlin, um dort entsprechende Maßnahmen zu ergreifen. Das ist die Gelegenheit für Nikita Chruschtschow, sich am 26. Juni 1953 während einer Präsidiumssitzung des Ministerrats der UdSSR seines politischen Gegners zu entledigen.

Schukow verspricht ihm, das Militär werde bei einer Verhaftung Berijas nicht eingreifen, schickt sogar Truppen auf das Kreml-Gelände, um die Einheiten des Ministeriums für Staatssicherheit zu neutralisieren. Welche konkrete Rolle Schukow schließlich bei der Inhaftierung und Ermordung Berijas spielt, lässt sich heute nicht mehr klären. Allzu viele und unterschiedliche Versionen sind in Umlauf. Dass er an der Aktion beteiligt war, steht allerdings außer Frage. Hier Schukows eigene Version: »Als wir in den Saal kamen, sagte Malenkow mit mächtiger Stimme: ›Genossen! Jetzt wird der gefährliche Verbrecher und äußerst böse Feind der Sowjetmacht, Lawrentij Berija, festgenommen.‹ Als er diese Worte hörte, sprang Berija auf, tat beleidigt und schrie laut Beschimpfungen und Drohungen gegen alle Anwesenden hinaus. Malenkow beachtete ihn nicht, sah in meine Richtung und sagte mit fester Stimme: ›Genosse Schukow, gehen Sie ans Werk.‹ Als wir zu Berija gingen, war es so, als ob seine Marschall-Uniform nur noch an ihm herunterhing. Ich befahl ihm, vor uns zur Tür zu gehen (…).«

Vom Kreml aus bringt Schukow Berija in eine Zelle in der Ossipenko-Straße. Berija wird aller Posten enthoben, aus der Partei ausgeschlossen. Mitte Dezember 1953 findet der Prozess statt. Man beschuldigt ihn, Agent ausländischer Geheimdienste gewesen zu sein. Am 23. Dezember wird er auf Grundlage eines Gesetzes vom 1. Dezember 1934 zum Tode verurteilt. Das Urteil wird wenig später vollstreckt.

Erst im Jahr 1999 wurden die Dokumente von der Plenarsitzung des Zentralkomitees der KPdSU, die im Juli 1953 stattfand, veröffentlicht. Sie erlauben die Schlussfolgerung, dass Berija keinerlei Komplott gegen die kollektive Leitung geplant hatte. Es war wohl eher so, dass sich Chruschtschow, Malenkow und eine ganze Reihe anderer Leute gegen Berija verschworen hatten.

Im August 1953 finden in der Sowjetunion erste Kernwaffen-Versuche statt. Gleichzeitig beginnen russische Militärwissenschaftler laut über Neuerungen in der Armee, über die Nutzung des technischen Fortschritts nachzudenken. Kaum ein Jahr später kommt es zur Einführung von Nuklear-Raketenwaffen. Es beginnt eine lange Reihe von sowjetischen Atomtests.

Einen dieser Tests, der am 14. September 1954 auf dem Raketen-Testgelände von Tozkij, nordwestlich von Orenburg im Südwesten des Urals, stattfindet, befehligt Schukow. Er wird so Augenzeuge der immensen atomaren Zerstörungskraft. Mit anderen hohen Militärs befindet er sich in einem betonierten Beobachtungsposten: Um 8.30 Uhr Moskauer Zeit wirft ein Flugzeug die Bombe aus 9000 Meter Höhe ab. Sie explodiert 300 bis 400 Meter über der Erdoberfläche und zerstört ein großes Waldgebiet. 40 000 Wehrpflichtige müssen auf das verseuchte Gelände. 30 000 von ihnen sterben binnen kürzester Zeit an Verbrennungen und Strahlenschäden. Die restlichen 10 000 erkranken später an den Folgen der Strahlung. Auch ihre Familien, die vorsorglich evakuiert wurden, aber schon kurz nach dem Atomtest auf das kontaminierte Testgelände zurückkehren, müssen als Atomtest-Opfer gelten. Genaue Zahlen, wie viele Opfer insgesamt zu beklagen sind, gibt es nicht, denn die Tests unterlagen lange Jahre strengster Geheimhaltung.

Den Test rechtfertigt Georgij Konstantinowitsch später mit den Worten: »Vielleicht war diese Übung ja ein wichtiger Stein in der Mauer, die zur Barriere auf dem Weg zur atomaren Katastrophe werden wollte.« Über die Opfer sagte er nichts.

Am 9. Februar 1955 wird Schukow endlich von Nikita Chruschtschow zum Verteidigungsminister ernannt. Wahrscheinlich aus Dank dafür, dass Schukow ihn so engagiert bei der Festnahme von Lawrentij Berija unterstützt hatte. Auf seinem neuen Posten widmet sich Georgij Konstantinowitsch hauptsächlich der weiteren Modernisierung der Armee sowie dem Ausbau der Rüstungsindustrie. Unter seiner Führung finden wieder verstärkt Militärübungen und große Manöver statt. Gleichzeitig versucht Schukow die Armee umzustrukturieren, der militärischen Ausbildung mehr Aufmerksamkeit zu schenken als der politischen. Als er die »Sampolits«, die politischen Stellvertreter der Kommandeure entlässt und die Sonderabteilungen der Staatssicherheit in der Armee auflöst, verliert das MWB (Ministerium für Innere Angelegenheiten) zu dem die Staatssicherheit gehört, seinen Einfluss auf die Armee. Nun muss auch die Partei um ihren Einfluss fürchten.

Am 26. Juli 1962 wurde erstmals ein Foto von einer sowjetischen Atombombenexplosion veröffentlicht, es erschien in der »Soviet Weekly« in London

Im Februar 1956 findet der XX. Parteitag statt, der das Signal für den Beginn einer ersten offenen Diskussion über den Stalinschen Terror gibt. Natürlich hört auch Schukow die Rede Nikita Chruschtschows. Von ihr ist er offenbar sehr beeindruckt, denn er nimmt den Redetext mit nach Hause und präsentiert ihn Frau und Töchtern mit den Worten »Chruschtschow hat heute einen Vortrag gehalten. Hier ist der Text. Laut vorlesen darf man den nicht. Aber ihr solltet ihn kennen« und legt sich schlafen. »Was wir bis dahin über die Repressionen wussten, war nur ein Tropfen im Ozean. (…) Und ich glaube, dass auch mein Vater von vielen Dingen zum ersten Mal erfuhr.« So schildert Ella Schukowa diesen denkbaren Tag und fährt fort: »Offensichtlich erlebte er die tragischen Ereignisse der dreißiger und vierziger Jahre noch einmal. Er erinnerte sich daran, unter welchen Umständen seine Kameraden gefangen genommen wurden, nannte die Namen der als Volksfeinde verleumdeten Militärs. Wir überschütteten ihn mit Fragen wie, warum und weshalb all dies hatte geschehen können. (…) Auf die Frage, welche Rolle Chruschtschow dabei spielte, antwortete er: ›Er war in einer solchen Position, dass er über Repressionen mit entscheiden musste.‹ – ›Und du, was hattest du damit zu tun?‹, fragte ich. ›Nichts, überhaupt nichts‹, antwortete mein Vater mit fester Stimme und schaute mir dabei in die Augen.«

Ende der achtziger Jahre versuchte W. W. Karpow nachzuweisen, dass auch Schukow an den Denunziationen beteiligt war, und veröffentlicht ein »Dokument«, in dem Marschall Jegorow denunziert wird und das angeblich Schukows Unterschrift trägt. Doch wenig später kann nachgewiesen werden, dass die Unterschrift Georgij Konstantinowitsch Schukows gefälscht wurde. Wahrscheinlich wurde das Papier fabriziert, glauben Schukows Töchter, nachdem der Marschall auf der Plenarsitzung vom Juni 1957 seinen inzwischen populär gewordenen Ausspruch getan hatte: »Sucht nur, grabt nur, meine Unterschrift werdet ihr dort [in den Akten der Verurteilten] nirgends finden«.

Mitte des Jahres 1957 entwickelt sich in Moskau eine gefährliche Situation, als Molotow, Malenkow, Kaganowitsch und Bulganin versuchen, Nikita Chruschtschow zu stürzen. Doch Marschall Schukow droht, das Militär gegen diese Opposition einzusetzen. Am 22. Juni – dem Jahrestag des deutschen Überfalls auf die Sowjetunion – beruft Chruschtschow eine Plenarsitzung des Zentralkomitees ein, auf der auch Schukow spricht. Schukow erinnert sich: »Den einzigen Ausweg aus der Situation sah ich in einem beherzten Handeln. Ich verkündete: Ich bin kategorisch für eine sofortige Einberufung einer Plenarsitzung des Zentralkomitees. (…) Ich habe Material in Händen über ihre [gemeint sind Molotow, Kaganowitsch, Woroschilow, Malenkow] blutigen und bösartigen Taten, die sie in den Jahren 1937 und 1938 gemeinsam mit Stalin verübten, deshalb haben sie heute weder einen Platz im Präsidium des ZK noch einen solchen im Zentralkomitee der KPdSU. Und falls diese Gruppe heute die Entscheidung trifft, Chruschtschow vom Posten des Ersten Sekretärs zu entfernen, werde ich mich dieser Entscheidung nicht unterordnen und mich umgehend an die Partei wenden, und zwar über die Parteiorganisation der Streikräfte.« Weiter beschuldigt Georgij Konstantinowitsch Malenkow, Kaganowitsch und Molotow, sie hätten es zu verantworten, dass Zigtausende Wehrdienstleistende und Parteimitglieder in den Gulag gekommen seien. Und Schukow wirft ihnen vor, hochrangige Militärs – darunter Budjonnij, Timoschenko, Wassiljewskij und ihn, Marschall Schukow selbst – bespitzelt zu haben. Dabei beruft er sich auf einen Stapel Dokumente, die er kurz vorher zu Gesicht bekommen hat: »(…) 58 Bände mit den Aufzeichnungen der abgehörten Gespräche.« So rettet Schukow Nikita

Chruschtschow zum zweiten Mal. Auf dessen Dankbarkeit kann er allerdings nicht bauen.

Schukow versucht nun, den Einfluss der Partei auf die Streitkräfte zu reduzieren. Auf seinen Befehl werden alle Politfunktionäre und Parteikommissare aus der Armee entlassen. Außerdem befiehlt er der Politischen Hauptverwaltung der Sowjetischen Streitkräfte, sich nicht mehr in die Angelegenheiten der Armee einzumischen, und löst gleichzeitig alle in der Armee verbliebenen Sonderabteilungen der Staatssicherheit auf. Die Armee und mit ihr Verteidigungsminister Marschall Georgij Konstantinowitsch Schukow scheinen immer stärker zu werden. Ein Prozess, den die Partei nun mit allen Mitteln zu stoppen versucht, da sie um ihren Einfluss fürchtet.

Am 26. Oktober 1957 verlässt Schukow Moskau zu einem Staatsbesuch in Jugoslawien. Bei seiner Rückkehr erwartet ihn Marschall Konjew auf dem Flughafen. Er bittet ihn, umgehend zur Sitzung des Zentralkomitees der KPdSU zu kommen. Aber auch seine Frau und seine Töchter sind auf dem Flughafen eingetroffen. Sie können Georgij Konstantinowitsch einen Zettel zustecken, durch den er erfährt, dass er entlassen werden soll. Schukow ist gewarnt. Trotzdem ist seine Entlassung aus dem Amt des Verteidigungsministers der Sowjetunion, die auf dieser Sitzung des Zentralkomitees erfolgt, für Marschall Schukow ein schwerer Schlag.

Zwei Tage später wirft ihm der Sekretär des ZK der KPdSU, M. A. Suslow, auf der Plenarsitzung des Zentralkomitees vor, er habe das Zentralkomitee ignoriert, führe sich wie Bonaparte auf, strebe nach uneingeschränkter Macht und habe ohne Wissen der Partei eine Schule für Saboteure mit 2 500 Hörern ins Leben gerufen. Anders als 1937 und 1947 spricht sich 1957 – mehr als zehn Jahre nach Kriegsende – keiner der anwesenden hochrangigen Militärs für Schukow aus. Im Gegenteil. Schukow muss sich nicht nur der Kritik der Marschälle der Sowjetunion Konstantin Konstantinowitsch Rokossowskij und S. K. Timoschenko stellen, es wird auch einstimmig die Entscheidung gefasst, Schukow aus dem Präsidium und aus dem Zentralkomitee der KPdSU zu entfernen. Gekränkt und erschüttert verlässt Marschall Georgij Konstantinowitsch Schukow den Saal. Kurz darauf erleidet er einen zweiten Herzinfarkt.

Schukow ist auch Chruschtschow zu stark geworden. Deshalb entlässt er ihn und tut in der Folgezeit alles, damit Marschall Schukow, der Held von Berlin, in Vergessenheit gerät: Die Geschichte des Großen Vaterländischen Krieges und auch die Schulbücher werden kurzerhand

Schukow mit seiner Tochter Mascha aus zweiter Ehe

umgeschrieben. Einige Ausgaben erwähnen Schukow mit keinem einzigen Wort, sie zeigen auch kein Bild von ihm. Denn in der Sowjetunion ist es nun verboten, die Verdienste Marschall Georgij Konstantinowitsch Schukows für sein Vaterland Russland zu erwähnen.

Erzwungener Ruhestand

Ab Herbst 1957 wird es still um Schukow. Doch er hat noch eine Reihe von weiteren Erniedrigungen zu verkraften: Ende Februar 1958 wird er offiziell in den Ruhestand versetzt, fünf Tage später aus der Armee entlassen, ein Vorgang, der den Marschall schwer kränkt, seinen Willen aber nicht brechen kann: »Als ich nach all dem nach Hause kam, beschloss ich, mich nicht aufzugeben, nicht daran zu zerbrechen (…) 15 Tage lang habe ich mit kurzen Unterbrechungen geschlafen (…), das alles wohl im Schlaf verarbeitet. (…) Und dann, nach diesen 15 Tagen, bin ich ein paar Tage zum Angeln gefahren.«

Mit dem erzwungenen Ruhestand kann er sich nicht abfinden. Immer wieder aufs Neue bittet Schukow, ihm irgendeinen, sei es auch noch so unbedeutenden Posten in der Armee zuzuweisen. Doch die Parteiführung kommt seiner Bitte nicht nach und belässt ihn in seinem unfreiwilligen Urlaub. Ein schweres Los für diesen Militär, der 40 Jahre seines Lebens nur in, mit und für die Armee gelebt hat. Ella Schukowa beobachtete den Vater in jenen Jahren genau: »Als ich aus dem Institut nach Hause kam, sah ich einmal meinen Vater im Esszimmer am Fenster sitzen. Er hielt irgendein Blatt Papier in der Hand und war sichtlich niedergeschlagen. Auf meine Frage, was passiert sei, antwortete er, dass er nicht zum ersten Mal an Chruschtschow geschrieben habe, mit der Bitte, ihm irgendeine Arbeit zu geben. Er war bereit, irgendeinen Wehrkreis zu befehligen, einer Militärakademie vorzustehen, sogar als einfacher Lehrer zu arbeiten. Und schon wieder hatte er eine abschlägige Antwort erhalten. ›Ihnen zum gegenwärtigen Zeitpunkt eine Arbeit zu geben ist nicht zweckmäßig‹, las er mir eine Zeile aus dem Brief vor und war noch niedergeschlagener als sonst.«

Schukow ist und bleibt kaltgestellt – trotzdem wird er aber immer noch von der Staatssicherheit beobachtet, wird seine Akte mit dem Zusatz »Sonderakte – Streng geheim« weitergeführt: Sie enthält unter anderem Vermerke über Schukows Äußerungen beim Essen im Hause der Ruslanowa nach General Krjukows Beerdigung, darüber, wie er – im Jahre 1963 – seine sechs Jahre zurückliegende Entlassung vom Posten des Verteidigungsministers kommentiert. Zum Beispiel Bemerkungen zu hohen Staatsempfängen: »Niemand hat jemals die Frage gestellt, wie teuer solche Empfänge sind (…). Der Frau von Vido wurde ein Zobelmantel geschenkt, das habe ich selbst gesehen, die Frau eines anderen Delegationsmitglieds erhielt Brillanten, (…) Stalin hatte ja viele schlechte Charakterzüge, aber staatliche Gelder hat er nicht verschwendet (…) Empfänge hat er nicht so viele gegeben, und Geschenke hat er niemandem gemacht, wenn man einmal von seinen Autogrammen in den Büchern absieht.« Besonders ausführlich dokumentiert die Akte Marschall Schukows kritische Äußerungen zur sechsbändigen »Geschichte des Großen Vaterländischen Krieges«. Der damalige Vorsitzende des Komitees für Staatssicherheit, W. Semitschastnij, gibt sie folgendermaßen zu Protokoll:

»Geschönt ist sie, diese Geschichte. Ich finde, dass in dieser Hinsicht (…) die Geschichte bei den deutschen Generälen ehrlicher und wahrer beschrieben ist. Die ›Geschichte des Großen Vaterländischen Krieges‹ ist absolut entstellt. (…) Ich aber beschreibe alles [in den Erinnerungen] so, wie es war. Ungefähr 1 000 Seiten habe ich bereits fertig. Ich denke mir das so: Erst einmal schreibe ich 3 000 bis 4 000 Seiten und dann kann man die in Form bringen (…).«

Semitschastnij beendet seinen Bericht mit dem Hinweis: »Nach den uns vorliegenden Informationen beabsichtigt Schukow im Herbst gemeinsam mit seiner Familie in ein Sanatorium des Verteidigungsministeriums im Süden zu fahren. In dieser Zeit werden von uns Maßnahmen ergriffen, um uns mit dem Inhalt der von ihm bereits geschriebenen Erinnerungen bekannt zu machen.«

Diese letzten Eintragungen in Schukows Akte zeigen, wie sehr die Partei, wie sehr insbesondere auch Chruschtschow selbst die Herausgabe von Schukows »Erinnerungen und Gedanken« fürchteten. Welche Rolle wird darin der Militär Chruschtschow spielen? Wird Schukow mit Stalin abrechnen? Möglicherweise das makellose Bild der ruhmreichen Roten Armee beschädigen? Diese Fragen beschäftigten Partei und militärische Führung. Gleichzeitig geht aus diesem Dokument hervor, dass Schukows Buch nach seiner Fertigstellung sicher genau unter die Lupe genommen wird, bevor es dann tatsächlich in den Druck gehen kann.

Bereits Anfang 1958 befasste sich Schukow zum ersten Mal mit dem Gedanken, seine Erinnerungen zu Papier zu bringen. Aber Georgij Konstantinowitsch beeilt sich nicht, wer würde ihn wohl auch drucken wollen, ihn, den soeben aus der Armee entlassenen Marschall der Sowjetunion?

Erst als die oben erwähnte »Geschichte des Großen Vaterländischen Krieges« erscheint, macht er sich wirklich ans Werk, zumal man seiner Person seit dem Sturz Chruschtschows im Oktober 1964 endlich wieder ein wenig Aufmerksamkeit schenkt.

Zu den Feierlichkeiten anlässlich des 20. Jahrestages des Sieges im Großen Vaterländischen Krieg, am 9. Mai 1965, wird Marschall Schukow erstmals wieder offiziell eingeladen. In der »Militärisch-historischen Zeitschrift« veröffentlicht er seine ersten Artikel über den Kampf um Berlin und die Schlacht von Moskau. Wenig später, im Sommer 1965, tritt der Verlag der Nachrichtenagentur »Novosti« an ihn heran und erklärt sich bereit, die Veröffentlichung der Erinnerungen von Marschall Schukow »durchzudrücken«.

Schukow mit seiner zweiten Frau, Galina Alexandrowa, am 9. Mai 1965 im Kremlpalast, anlässlich einer Feier zum Tag des Sieges

Schukow macht sich an die Arbeit. Sobald er ein Kapitel fertiggestellt hat, gibt er es zur Durchsicht an seine Tochter Ella, die es mit ihrem Mann nach Rücksprache mit dem Marschall korrigiert und an »Novosti« weiterleitet. Dort wird der Text von einer Gruppe Militärexperten lektoriert und vor dem ersten Fahnenabzug den Zensurstellen vorgelegt. Diese stellen einen 50 Seiten starken Katalog mit Veränderungs»vorschlägen« auf. Im Klartext heißt das, das ganze Buch soll umgeschrieben werden. Kritisiert wird vor allem, dass Schukow seine Rolle im Krieg zu sehr hervorgehoben habe, die Rolle der Partei hingegen nicht genügend würdigt. Die Vorwürfe gipfeln in der Behauptung, »das Buch könne dem sowjetischen Volk Schaden zufügen«.

Erst nachdem Breschnjew eingeschaltet wird, legt sich der Widerstand der führenden Militärs. Eine weitere Kommission fordert nun ihrerseits zahlreiche Veränderungen. Und Breschnjew wünscht, dass man doch auch seine Rolle während des Krieges erwähnen möge. Schukow sträubt sich, lässt sich dann aber doch auf Kompromisse ein, denn er möchte sein Buch, an dem er so lange gearbeitet hat, publizieren. Als Schukows gedruckte »Erinnerungen und Gedanken« im Frühjahr 1969 endlich in den Buchläden liegen, erzählen sich seine Leser in Moskau schließlich folgende Geschichte: »Schukow und Stalin besprechen den Plan der ›Operation Berlin‹, da sagt Stalin: ›Haben Sie denn auch Oberst Breschnjew zu Rate gezogen?‹«

Erst die letzte Ausgabe von Schukows »Erinnerungen und Gedanken« aus dem Jahr 1995 entspricht dem ursprünglichen Manuskript. Sie

Georgij Schukow in seiner Moskauer Wohnung, aufgenommen von Jewgenij Chaldej, Fotograf auch des Bildes, auf dem ein sowjetischer Soldat das rote Banner mit Hammer und Sichel auf dem Deutschen Reichstag hisst

basiert auf dem Material, das in den Verlagsarchiven gefunden wurde. Im Vorwort heißt es: »Die erste Ausgabe des Buches, die 1969 herauskam, unterschied sich genauso wie die folgenden acht Ausgaben erheblich vom Originaltext des Autors. Aus Gründen der zur damaligen Zeit üblichen Zensur wurden alle Bewertungen des Marschalls bezüglich der Repressionen gegenüber militärischen Führungskräften in den Jahren 1937 bis 1939, über den Verlauf des Aufbaus der Streitkräfte der UdSSR und ihrer Einsatzbereitschaft sowie hinsichtlich der Rolle Stalins während des Krieges und im Zusammenhang mit einigen anderen Umständen und Ereignissen entfernt.«

1968 – im Alter von 72 Jahren – erleidet Georgij Konstantinowitsch einen zweiten, schweren Schlaganfall, von dem er sich nicht wieder vollständig erholt. Bevor sein Buch erscheint, schickt die »Hauptverwaltung zum Schutz vor der Veröffentlichung von Staatsgeheimnissen in der Presse« allen untergeordneten Stellen die Anordnung, das Buch von Schukow sei weder zu rezensieren noch zu kritisieren. Offensichtlich will die Partei Georgij Konstantinowitschs Buch totschweigen. Doch auch diese Vorkehrungen helfen nicht, Schukows Memoiren sind bald ausverkauft, denn viele Sowjetbürger hoffen endlich auf ein offenes Wort des Marschalls, auf ein Stückchen historische Wahrheit. Marschall Georgij Konstantinowitsch Schukow erhält kistenweise Post, viele Leser machen Korrekturvorschläge, andere bedanken sich nur dafür, dass Schukow mit seinem Buch auch die vielen namenlosen Kriegsteilnehmer geehrt hat. Noch im Krankenhaus liegend, bereitet Georgij Konstantinowitsch die zweite Ausgabe seiner »Erinnerungen« vor.

Im November 1973 stirbt Georgij Konstantinowitsch Schukows zweite Frau, Galina Alexandrowna, im Alter von 47 Jahren. Kaum sieben Monate später, am 18. Juni 1974 stirbt der Marschall. Schukow wollte neben Mutter und Schwester auf dem Friedhof des Neujungfrauenklosters beigesetzt werden. Doch der Wille des hoch dekorierten Marschalls und der seiner Familie zählen nicht: Trauerfeier und Beisetzung sind keine private, sondern eine politische Angelegenheit. Marschall Georgij Konstantinowitsch Schukows Leichnam wird eingeäschert. Ein seltener Vorgang in Russland, in der Sowjetunion. Die Urne wird in der Kremlmauer beigesetzt. »Wenn wir an Vaters Grabstelle kommen wollen«, erzählt Ella Schukowa, »benötigen wir jedes Mal eine Erlaubnis des Kreml-Kommandanten. Das ist eine lange Prozedur, irgendwie erniedrigend. Deshalb komme ich auch nicht gerne hierher, denn man hat Vater eingeäschert, obwohl er das nicht wollte. Und wir auch nicht. Aber nur so konnten sie ihm den Platz zuweisen, der ihm in ihren Augen gebührt.« – Einen kleinen Platz, verglichen mit dem für Stalin, Dserschinskij und Kalinin.

Am 18. Juni 1974 stirbt Schukow, seine Urne wird in der Kremlmauer beigesetzt

Literaturverzeichnis

George S. Patton

Allen, Robert S.: Lucky Forward. New York 1964.
Blumenson, Martin: Patton. The Man Behind the Legend, 1885–1945. New York 1985.
Blumenson, Martin: The Battle of the Generals. New York 1994.
Blumenson, Martin: The Patton Papers. New York 1974.
Carpenter, Allan: George Smith Patton, Jr. Miami 1987.
Codman, Charles R.: Drive. Boston 1957.
D'Este, Carlo: Patton. A Genius for War. New York 1995.
Essame, H.: Patton. A Study in Command. London 1974.
Farago, Ladislas: The Last Days of Patton. New York 1981.
Forty, George: Patton's Third Army at War. New York 1978.
Hatch, Alden: George Patton, General in Spurs. New York 1950.
Mellor, William Bancroft: Patton, Fighting Man. New York 1946.
Nye, Roger H.: The Patton Mind. The Professional Development of an Extraordinary Leader. New York, 1993.
Odom, Charles B.: General George S. Patton and Eisenhower. New Orleans 1985.
Patton, George S., Jr.: War As I Knew It. New York 1980.
Patton, Robert H.: The Pattons. A Personal History of an American Family. New York 1994.
Pearl, Jack: Blood and Guts Patton. New York 1961.
Province, Charles M.: The Unknown Patton. New York 1983.
Semmes, Harry H.: Portrait of Patton. New York 1955.
Sherwood, Midge: Days of Vintage, Years of Vision. San Marino 1987.
Whiting, Charles: Patton. New York 1970.
Williamson, Porter B.: Patton's Principles. New York 1982.

Bernard L. Montgomery

Bennett, Ralph: Behind the Battle. Intelligence in the War with Germany 1939–1945. London ²1994.
Berkel, Alexander: Krieg vor der eigenen Haustür. Rheinübergang und Luftlandung am Niederrhein 1945. (Studien und Quellen zur Geschichte von Wesel 17). Wesel 1994.
Boog, H./Rahn W./Stumpf, R./Wegner B.: Die Welt im Krieg 1941–1943, Bd. 1. und Bd. 2. Frankfurt am Main ²1990.
Campbell, Doon: Magic Mistress. A 30 Year Affair with Reuters. London, Sydney, Los Angeles 2000.
Carver, Michael: El Alamein. Hertfordshire 1962.
Chalfont, Alun: Montgomery of Alamein. London 1976.

Churchill, Winston S.: The Second World War, vol. VI: Triumph and Tragedy. London 1954.
Churchill, Winston S.: His Complete Speeches 1897–1963, vol.VI 1935–1942, edit. by Robert Rhodes James. New York, London 1974.
Eisenhower, Dwight D.: Crusade in Europe. New York 1948.
Goebbels, Joseph: Die Tagebücher von Joseph Goebbels. Teil II: Diktate 1941–1945. Bd. 12. April–Juni 1944, hrsg. von Elke Fröhlich. München, New Providence, London, Paris 1995.
Hamilton, Nigel: Monty, vol.I, London 1981; vol. II, London 1983, vol. III. London 1986.
Hamilton, Nigel: Monty. The Man behind the Legend. London 1987.
Heiber, Helmut (Hrsg.): Goebbels Reden, Bd. 2 1939–1945. Düsseldorf 1972
Henke, Klaus-Dietmar: Die amerikanische Besetzung Deutschlands. München 1996.
Hesketh, Roger: Fotitude. The D-Day Deception Campaign. London 1999.
Hinsley, F. H/Stripp, Alan (Hrsg.): Code Breakers. The Inside Story of Blechley Park. Oxford 1993.
Montgomery David/Alistair Horn: Monty. The lonely leader, 1944–1945. New York 1994.
Montgomery, Bernard L.: Normandy to the Baltic. London 1946.
Montgomery, Bernard L.: A History of Warfare. London 1958.
Montgomery, Bernard L.: Memoirs. London 1958.
Montgomery, Bernard L.: The Path of Leadership. London 1961.
Montgomery Brian: A Field Marshall in the Family. London 1973.
Rommel, Erwin: Krieg ohne Haß. Hrsg. von Lucie-Maria Rommel und Fritz Bayerlein. Heidenheim 1950.
Sanderson, L. G. S.: Variety is the Spice of Life. Montreux, London, Washington 1995.
Weinberg Gerhard L.: A World at Arms. Cambridge 1994.

Archive: Montgomery Collection, Imperial War Museum
Chester B. Hansen Papers

Charles de Gaulle

Schunck, Peter: Charles de Gaulle. Ein Leben für Frankreichs Größe. Berlin 1998 (neue und umfassendste, deutsche Biographie über Charles de Gaulle von Professor Peter Schunck, Fachberater der Fernseh-Dokumentation).
Crémieux-Brilhac, Jean-Louis: La France Libre. De l'appel du 18 juin à la libération, 1996.
Fabre-Luce, Alfred: de Gaulle. Zwischen Tadel und Bewunderung. Kritische Biographie. Flensburg 1961.
Gallo, Max: De Gaulle. L'Appel du Destin (1980–1940). Paris 1998.
Gallo, Max: De Gaulle. La Solitude du Combattant. Paris 1998.
De Gaulle, Charles: La Discorde chez l'ennemi. 1924, 1972.
De Gaulle, Charles: Vers l'armée de métier. 1934, 1971; dt. Übersetzung (gekürzt): Frankreichs Stoßarmee. Das Berufsheer – die Lösung von morgen. Potsdam 1935.
De Gaulle, Charles: Lettres, Notes et Carnets, 1980–1983, vol. 1: 1905–1918, vol. 2: 1919–juin1940, vol. 3: juin 1940–juillet 1941, vol. 4: juillet 1941–mai 1943, vol. 5: juin 1943–mai 1945.
De Gaulle, Charles: Discours et Messages. Pendant la guerre juin 1940 – janvier 1946. Paris 1970.

De Gaulle, Charles: Mémoires de guerre. Paris 1954–1959, vol. 1: L'appel 1940–1942, vol. 2: L'unité 1942–1944, vol. 3: Le salut 1944–1946; dt. Übersetzung: Memoiren. Der Ruf 1940–1942. Frankfurt/M. 1955; Memoiren. Die Einheit – Das Heil 1942–1946. Düsseldorf 1961.
De Gaulle, Philippe: De Gaulle. Paris 1989.
De Gaulle, Philippe: Mémoires accessoires 1921–1946. Paris 1997.
Kapferer, Reinhard: Charles de Gaulle, Umrisse einer politischen Biographie. Stuttgart 1985.
Lacouture, Jean: De Gaulle, I. Le Rebelle. 1890–1944. 1984.
Lacouture, Jean: De Gaulle, II. Le Politique. 1944–1959. 1985.
Linsel, Knut: Charles de Gaulle und Deutschland 1914–1969. Sigmaringen 1998.
Loth, Wilfried: Geschichte Frankreichs im 20. Jahrhundert. Frankfurt/M. 1992.
Malraux, André: Eichen, die man fällt ... Frankfurt/M. 1972.
Nicklas, Thomas: Charles de Gaulle, Held im demokratischen Zeitalter. Göttingen, Zürich 2000.
Peyrefitte, Alain: C'était de Gaulle, »La France redevient la France«, vol. 1, 1994.
Williams, Charles: The last great frenchman. A life of General de Gaulle. London 1993.

Georgij K. Schukow

Akinscha, K. u. a.: Operation Beutekunst. Nürnberg 1995.
Akinscha, K./Koslow, G.: Beutekunst – auf Schatzsuche in russischen Geheimdepots. München 1995.
Courtois, St: Schwarzbuch des Kommunismus. München 1998.
Gordijenko, A. N.: Marschall Schukow. Minsk 1998.
Lobow u. a.: Träger des Siegesordens. Moskau 2000.
Nikonorow: Marschall der Sowjetunion, G. K. Schukow. Moskau 1999.
Olefirenko, Wladimir: Georgij Schukow. Moskau 1995.
Rubzow, Ju. W.: Stalins Marschälle. Rostow/Don 2000.
Salesskij, K. A.: Stalins Imperium. Moskau 2000.
Schukow, G.: Erinnerungen und Gedanken. Stuttgart 1969.
Schukow, G. K.: Erinnerungen und Gedanken. Berlin (DDR) 1976.
Schukow, Georgij K.: Erinnerungen und Gedanken. Moskau 1995.
Schukowa, Ella und Era: Marschall des Sieges, eigene Gedanken und Überlegungen. Moskau 1996.
Spahr, W.: Aufstieg und Fall eines großen Marschalls. Novato 1993.
Sokolow, B.: Der unbekannte Schukow, Porträt ohne Retuschen. Minsk 2000.
Suworow, Viktor: GRU. Die Speerspitze. Stuttgart 1996.
Tissier, Tony le: Der Kampf um Berlin 1945. Frankfurt/M. 1993.
Tissier, Tony le: Durchbruch an der Oder. Augsburg 1997.
Tschujew, Felix: Soldaten des Reiches. Moskau 1998.
Waksberg, A.: Die Verfolgten Stalins. Aus den Verliesen des KGB, Reinbek 1993.
Wolkogonow: Stalin – ein politisches Porträt in 2 Bänden. Moskau 1999.

Mitarbeiter des Buches

Torsten J. Halsey
Geboren 1971, aufgewachsen in Kettering/England und in Wiesbaden. Studium der Neueren Geschichte und Deutschen Literatur an der University of East Anglia in Norwich/GB. Nach mehrjähriger Tätigkeit in der ZDF-Redaktion Zeitgeschichte arbeitet er heute am Dokumentationszentrum Reichsparteitagsgelände in Nürnberg.

Holger Hillesheim
Geboren 1959, Historiker und Dokumentarfilmer. Er war zehn Jahre beim ZDF tätig, wo er als Redakteur und Autor historische Dokumentationen betreute und produzierte. Seit mehreren Jahren Freier Autor. Für die ARD-Reihe »Vier Kriegsherren gegen Hitler« zeichnet er mit Wolfgang Schoen für Buch, Regie und Produktion verantwortlich.

Ingeborg Jacobs
Geboren 1957 in Solingen, Lehramts-Studium an der Universität zu Köln, Unterrichtstätigkeit u.a. an der Universität zu Köln und Universität Wolgograd/Russland. Lebt als freie Autorin in Leichlingen. Für ihre Dokumentarfilme und Fernsehdokumentationen erhielt sie mehrere Auszeichnungen, darunter 1995 den Dokumentarfilmpreis auf dem 11. World Television Festival in Nagasaki/Japan und den Bayerischen Fernsehpreis 1998 für »Op. Schicksale im Klinikum«.

Heike Rossel
Geboren 1965, Studium der Mittleren und Neueren Geschichte, Alten Geschichte und Allgemeinen und Vergleichenden Literaturwissenschaft in Mainz und Dijon. Arbeitete in der ZDF-Redaktion Zeitgeschichte, seit 2000 freie Mitarbeit für den SWR.

Wolfgang Schoen
Geboren 1948. Seit 1985 als freier Autor von Reportagen, Dokumentationen, Features zu kulturellen, gesellschaftspolitischen und zeitgeschichtlichen Themen für ARD und ZDF tätig. Leiter der »schoenfilm«, die u. a. Fernsehproduktionen für TV-Anstalten im In- und Ausland produziert.

Susanne Stenner
Geboren 1970 in Mainz, Studium der Literaturwissenschaft, Medienwissenschaft und Anglistik in Mainz und Marburg. Ab 1995 war sie als Redakteurin und Dokumentaristin in der ZDF-Redaktion Zeitgeschichte tätig. Als Autorin zeichnete sie u. a. für die Sendung »Unser Jahrhundert: So entstand die Bundesrepublik« (1999) und »Hitlers Kinder – Die Opferung« (2000) verantwortlich. Seit Juli 2000 arbeitet sie als freie Journalistin.

Mitarbeiter der Fernsehreihe

Patton. Verdammt zum Krieg Ein Film von Wolfgang Schoen

Buch und Regie	Wolfgang Schoen
Kamera	Alfred Ruoff, Frank Wurster
Schnitt	Monika Agler
Ton	Ulrike Sülzle, Mike Dippon
Dokumentation	Torsten J. Halsey
Fachberatung	Carlo D'Este, Gerhard Weinberg
Redaktion	Thomas Fischer
Produktion	schoenfilm, Frankfurt/M.

Montgomery. Verloren im Triumph Ein Film von Susanne Stenner und Günter Moritz

Buch und Regie	Susanne Stenner, Günter Moritz
Kamera	Alfred Ruoff
Schnitt	Monika Agler
Ton	Michael Horvat
Fachberatung	Nigel Hamilton, Gerhard Weinberg
Redaktion	Thomas Fischer
Produktion	schoenfilm, Frankfurt/M.

De Gaulle. Verpflichtet zum Kampf Ein Film von Holger Hillesheim

Buch und Regie	Wolfgang Schoen
Kamera	Mathias Omonsky
Schnitt	Mathias Omonsky
Ton	Philipp Said
Dokumentation	Heike Rossel
Fachberatung	Peter Schunk, Gerhard Weinberg
Redaktion	Thomas Fischer
Produktion	schoenfilm, Frankfurt/M.

Schukow. Verurteilt zum Sieg Ein Film von Ingeborg Jacobs

Buch und Regie	Ingeborg Jacobs
Kamera	Hartmut Seifert
Schnitt	Michel Weiss
Fachberatung	Gerhard Weinberg, Wladimir N. Lobow
Redaktion	Thomas Fischer
Produktion	schoenfilm, Frankfurt/M.

Personenregister

Abakumow, Viktor 166, 177, 190, 191, 193
Adenauer, Konrad 153
Akinscha, Kunsthistoriker 194
Alexander der Große 7, 22, 114
Alexander, Sir Harold R. L. G. 32
Antonow, A. I. 180, 188
Attlee, Clement 152
Auchinleck, Sir Claude 63

Bagramjan, Iwan Ch. 162
Barbie, Klaus 138
Bedell-Smith, Walter 89
Bennett, Ralph 74, 78
Berija, Lawrentij 165f., 177, 190, 194, 196–199
Bersarin, Nikolaj E. 182
Bidault, Georges 147, 149
Blücher 164
Boissieu, Alain de 120, 135
Bradley, Omar N. 11f., 15, 48–50, 97, 100, 146
Breschnjew, Leonid I. 205
Brooke, Sir Alan 16, 85, 94
Budjonnij, Semjon M. 171, 200
Bulganin, Nikolaj A. 196, 200
Busch 105

Campbell, Doon 88–92
Carver, Betty s. Montgomery, Betty
Carver, John 86
Cäsar 22
Cézanne, Paul 193
Chaffee, Adna 27
Chaldej, Jewgenij 206
Choltitz, Dietrich von 146
Chruschtschow, Nikita S. 189, 196–200, 204
Churchill, Winston 16, 26, 64, 73, 79, 85, 94, 96, 98, 100–102, 105, 107, 115, 123f., 128, 130, 133f., 134–146, 149, 150, 152, 167, 201
Clark, Mark 12, 81
Crerar, Henry D. 97

Darlan, François 134, 139f.
Dawnay (Kit) 98, 104
Delacroix, Eugène 193
Dempsey, Miles 96f.
Devers, Jacob 148, 150
Diethlem, André 142
Doman, Glenn 39
Dönitz, Karl 103
Dserschinskij Felix E. 207

Eideman 163
Eisenhower Dwight D. 11f., 32, 36–93, 41, 44, 47, 50–52, 55, 59, 61, 80–82, 89–91, 94, 97–101, 143, 145, 179, 184–186
Eklund, Coy 19

Feldman 163
Fiexier, Adrien 142
Fredendall, Lloyd 38
Friedeburg, Hans-Georg von 103–106
Friedel 103f.

Gauguin, Paul 193
Gaulle, Anne de 119, 121, 132
Gaulle, Charles-André-Joseph-Marie de 7, 9
Gaulle, Elisabeth de 119, 132
Gaulle, Familie de 113f., 119, 131, 148
Gaulle, Geneviève de 148
Gaulle, Henri de 113
Gaulle, Jeanne de 113, 117, 122, 126
Gaulle, Marie-Agnès de 114
Gaulle, Philippe de 119, 132
Gaulle, Pierre de 114, 148
Gaulle, Xavier de 114, 148
Gaulle, Yvonne de 117f.
Georg VI., König von Großbritannien 71f., 107f.
George, Alphonse Joseph George 142
Giraud, Henri 140–143
Goebbels, Joseph 79, 87f., 135, 150
Gogh, Vincent van 193
Golutschkewitsch, W. 165, 177

Gordon Jean 12
Gordon, Flash 41
Gott, Generalleutnant 64
Grigg, Sir James 83
Guderian, Heinz 27, 72
Guingand, Francis (Freddy) de 69, 74, 83, 94, 99

Hamilton, Nigel 67, 85, 105
Hansen, Chester 98 f.
Hitler, Adolf 24 f., 32, 35, 63, 73 f., 78, 88, 99, 102, 105, 109, 121 f., 126, 133, 135 f., 150 f., 167, 175, 180, 182
Hodges, Courtney H. 28, 97 f.
Hölderlin, Friedrich 47
Huntzinger, General 126

Iofan, Boris 194

Jakir 163
Jakowlew, Nikolaj N. 155
Jegorow 164
Jerjomenko, A. I. 162
Jeschow Nikolaj 162, 165
John, Robert S. 41

Kaganowitsch 200
Kalinin, Michail I. 207
Karpow, W. W. 200
Keitel, Wilhelm 184
Kesselring, Albert 76
Kiensel 103
Koenig, Pierre 136 f.
Konjew, Iwan 180–182, 192, 201
Kork 163
Koslow, Kunsthistoriker 194 f.
Krjukow, Wladimir W. 172, 186, 195 f., 203
Kruglow, S. 192

Larminat 131
Lattre, Jean de Tassigny de 148, 150, 185
Lebrun, Albert 124
Leclerc, Jacques 146
Legentilhomme, Paul 131, 142
Leigh-Mallory, Trafford 89
Ludwig XIV., König von Frankreich 9
Lyttleton, Oliver 134

Mac Arthur, Douglas 11 f., 47
Maillot, Jeanne s. Gaulle, Jeanne de
Malenkow, Georgij M. 196, 198, 200
Malyschewa 158

Manet, Édouard 193
Marshall, George 26, 47
Mayer, René 142
Mc Cloy, John Jay 55
McAuliffe, Andrew 39
Michelmore, Lady 67 f.
Molotow, Wjatscheslaw M. 171, 200
Monnet, Jeanne 142
Montgomery, Bernard Law 7 f., 14–16, 32, 35, 37–93, 42–44, 49 f., 138, 146, 179, 184–186
Montgomery, Betty 67–69, 102
Montgomery, Brian 67
Montgomery, David 69, 86 f.
Montgomery, Familie 67
Montgomery, Maud 66 f., 86
Moulin, Jean 138
Murville, Maurice Couve de 142
Mussolini, Benito 32

Napoleon I., Kaiser der Franzosen 7, 22, 114, 192
Nérot, Jean 118
Nichols, Lester 29
Nowikow 192

Patton, Anne (Nita) 20, 46 f.
Patton, Beatrice (Bee)/Tochter 24, 59
Patton, Beatrice/Ehefrau 20, 24, 56, 59 f.
Patton, Familie 19 f., 24, 45, 47, 54
Patton, George Smith 7, 80, 146, 151
Patton, George/Sohn 24
Patton, Ruth Ellen 24, 50, 59
Pawlow, D. G. 166
Pétain, Philippe 115 f., 120, 123–125, 128 f., 131, 133, 139, 148
Picasso, Pablo 193
Pieck, Arthur 183
Pieck, Wilhelm 183
Pilichin, Alexander 158 f.
Pilichin, Michail A. 157 f.
Plessy, Ferdinand 116
Pleven, René 142
Poston, John 102
Primakow 163
Putna 163

Ramsey, Bertram 89
Reynaud, Paul 121, 123 f.
Reynolds, Phyllis 87
Reynolds, Tom 76, 87
Ribbentrop, Joachim von 167
Rilke, Rainer Maria 47

Rogers, Buck 41
Rokossowskij, Familie 175
Rokossowskij, Konstantin K. 107, 162, 164f., 175, 178f., 185, 187, 192, 201
Rommel, Erwin 8, 27, 32, 35, 37, 42, 63f., 69–79, 88, 93, 136–138
Rommel, Manfred 72, 77, 88, 94
Roosevelt, Franklin D. 21, 26, 30, 105, 137, 140–144, 146, 150, 152
Rundstedt, Gerd von 51
Ruslanowa Lidija 172, 183, 185f., 193, 195f., 203

Sachaposchnikow 165, 172, 188
Schtemenko 197
Schukow, Aljoscha 156
Schukow, Familie 163, 176f., 183, 187, 201, 204
Schukow, Georgij Konstantinowitsch 7f., 57
Schukow, Konstantin A. 156, 158
Schukowa, Alexandra Dijewna 160f., 163, 185, 187
Schukowa, Ella 163, 165, 170, 172, 186f., 191, 193, 199, 203, 205, 207
Schukowa, Era 163, 172, 187
Schukowa, Galina Alexandrowa 205, 207
Schukowa, Maria 156, 175
Schukowa, Mascha 202
Schukowa, Ustinja Artjomjewna 156, 158, 163, 175
Scott, George C. 18
Semitschastnij, W. 203f.
Semotschkin, Adjutant 193f.
Seufert, H. 193
Sidi Muhammad V., Sultan von Marokko 34
Simpson, William H. 96–98
Sokolow, Boris 155, 193
Sorge, Richard 176
Speer, Albert 126, 135
Speidel, Hans 135, 138
Stagg, James 89
Stalin, Iossif Wissaronowitsch 48, 57, 105, 135, 143, 149f., 156, 165–172, 174f., 178, 180–184, 188–196, 203–205, 207
Stalin, Jakow 180
Stillmann, Richard 17, 52
Sujkowa, Alexandra Dijewna s. Schukowa, A. D.
Suslow, Michail A. 201

Tedder, Arthur 89f.
Thoma, General von 78f.
Timoschenko, S. K. 168–171, 200f.
Toulouse-Lautrec, Henri de 193
Truman, Harry S. 52
Tschuikow, Wassilij I. 194
Tuchatschewskij, Michail N. 163–165

Uborewitsch, I. P. 162–165

Vendroux, Yvonne s. Gaulle, Yvonne de
Vido 203

Wagner, Admiral 103
Wagner, Richard 12
Warren, Trumbell 104
Wassilewskij 188, 192
Wassilewskij, Familie 175, 200
Waters, John 54
Whitely 97
Wilhelm der Eroberer 18
Williams, Sir Edgar 71, 74, 98
Wolkogonow, Dmitrij 168
Wood John S. 28
Woroschilow, K. 162, 165

Nicht aufgenommen wurden in das Personenregister die den Protagonisten zugeordneten Seitenzahlen aus den jeweiligen Kapiteln über sie.

Bildnachweis

Dwight D. Eisenhower Library, Abilene (Kansas): 37
Bildarchiv Preußischer Kulturbesitz (bpk), Berlin: 55
Filmhaus Berlin / Jewgenij Chaldej: 8, 183, 185–187, 189, 191, 202, 205–207
Imperial War Museum, London: 16, 17 l., 39–43, 66–70, 72, 78, 80, 85, 90–97, 100, 103, 104, 106, 108, 109
National Archives, Washington: 14, 15, 34, 36, 49, 51–53, 57–59, 61, 124, 125, 130, 132, 142, 144 sowie Umschlag l.
Patton Museum, Fort Knox (Kentucky): 13, 24, 31, 81
Pictorial Press, London: 2 l. o., 10
Ullstein Bilderdienst, Berlin: 2 r. o. und l. u., 6, 62, 65, 75, 101, 107, 115 l., 118, 120, 127, 133, 145, 149, 154, 158, 166, 167, 170, 173, 174, 176, 177, 179, 181, 182, 184, 190, 197, 199 sowie die drei rechten Abbildungen auf dem Umschlag
United States Military Academy (USMA) Library, West Point (New York): 17 r., 50

Einige Abbildungen wurden folgenden Büchern entnommen:

Philippe de Gaulle, De Gaulle. (Privatarchiv Philippe de Gaulle): 2 r. u., 110, 112, 113, 115 r. 121, 128, 138, 139, 141, 147, 153
Carlo D'Este, Patton. A Genius for War: 60
Robert H. Patton, The Pattons (mit frdl. Genehmigung von Robert H. Patton): 19, 23, 46, 47
Roger H. Nye, The Patton Mind: 20, 25, 28
Olifirenko, Wladimir (Hg.), Georgij Schukow: 157, 159, 160, 163, 169, 178

Trotz intensiver Recherche ist es uns in einigen Fällen nicht gelungen, die Rechteinhaber der Fotos ausfindig zu machen. Wir bitten deshalb, eventuell nicht aufgeführte Rechteinhaber, sich im Verlag zu melden.